Grundlagen der Berufs- und Erwachsenenbildung
Herausgegeben von Prof. Dr. Rolf Arnold

Band 72

# Humanistische versus realistische Bildung

Eine Studie zur Ergänzung der Geschichte der „deutschen Sonderwege“

von

Wolf-Dietrich Greinert

Schneider Verlag Hohengehren GmbH

**Grundlagen der Berufs- und Erwachsenenbildung**
**Herausgegeben von Rolf Arnold**

**Umschlagentwurf:** Verlag

Gedruckt auf umweltfreundlichem Papier (chlor- und säurefrei hergestellt).

**Bibliografische Information der Deutschen Nationalbibliothek**

Die Deutsche Nationalbibliothek verzeichnet diese Publikation in der Deutschen Nationalbibliografie; detaillierte bibliografische Daten sind im Internet über ›http://dnb.d-nb.de‹ abrufbar.

ISBN: 978-3-8340-1159-6

Schneider Verlag Hohengehren, Wilhelmstr. 13,
D-73666 Baltmannsweiler


Printed in Germany – Druck: Esser, Bretten

Ich widme dieses Buch
dem Andenken zweier Handwerksmeister,
meinen Großvätern
Hermann Greinert (1872 – 1958)
und
Arthur Nicko (1891 – 1966)
sowie dem Andenken des Tiefbau – Ingenieurs
Engelbert Greinert (1911 – 1945)
meinem Vater

Die Vergangenheit erregt meine Neugier
weit mehr als die Zukunft,
und ich werde nie müde zu behaupten,
daß die Zukunft eine Hypothese ist. (…)
Die Vergangenheit dagegen ist eine Gewißheit.
Eine konkrete Größe, eine feststehende Realität,
eine Schule, ohne die man nicht überleben kann,
denn wer die Vergangenheit nicht kennt,
versteht die Gegenwart nicht und kann nicht versuchen,
mit Träumen und Phantasien auf die Zukunft
einzuwirken.

Oriana Fallaci: Die Wut und der Stolz

# Inhaltsverzeichnis

# Vorwort zur ersten Auflage

Dieses Buch könnte als ein neuerlicher Versuch der Abrechnung eines frustrierten Berufspädagogen mit dem Neuhumanismus und seinem Allgemeinbildungs-Ideal verstanden werden. Genau dies will es allerdings nicht sein, ganz im Gegenteil: In der vorliegenden Studie wird der Versuch unternommen zu zeigen, wie effektiv und pädagogisch arbeitsteilig sich die beiden Bildungsbereiche „Allgemeinbildung“ und „Berufsbildung“ in Deutschland zu einem besonderen integrativen Modell eines zentralen gesellschaftlichen Subsystems zusammengefügt haben, dem in anderen Industrienationen nichts Vergleichbares entspricht. Insofern kann es fast als Selbstverständlichkeit betrachtet werden, daß dieses für den deutschen Kulturraum typische Bildungsmodell im Zuge eines historischen Sonderweges entstanden ist.

In der Phase des auslaufenden Industriekapitalismus scheinen indes sowohl das Modell wie der Sonderweg an ihrem Ende angelangt. Daß der eigentliche Grund für den sich in aktuellen Mängeln und Defiziten äußernden Niedergang des deutschen Bildungs-, Ausbildungs- und Wissenschaftssystems in seiner weitgehend überholten Legitimation, Organisation und Steuerung liegt, die lange Zeit dieses System als einzigartig auszeichneten, ist keine neue Einsicht (vgl. z.B. van Lith 1998), allerdings eine, die von der bildungspolitischen Öffentlichkeit weitgehend verdrängt bzw. bestritten wird. Nicht zuletzt mit dem Einwand, daß diese Auffassung bislang nicht zweifelsfrei belegt ist. In der vorliegenden Studie wird zumindest ein erster Versuch dazu unternommen, ein Engagement, das sicherlich der Fortsetzung bedarf. Festgemacht ist unser Versuch in erster Linie an einer historischen Analyse der Reformbestrebungen im Bereich der Sekundarstufe II, der eigentlichen Schaltstelle für den Zugang zu den unterschiedlich anspruchsvollen und privilegierten Berufspositionen, also an einem eminent wichtigen gesellschaftspolitischen Verteilersystem. Dies rechtfertigt unseres Erachtens die strikt berufspädagogische Perspektive in dieser Studie.

Nach dem Abschluß der Arbeit verdichtet sich u. E. die Annahme zur Gewißheit, daß die von der staatlichen Bildungsbürokratie in den letzten Jahrzehnten geplanten und nur unvollständig durchgesetzten Anpassungsmaßnahmen der allgemeinen sowie beruflichen Bildungs- und Wissenschaftsproduktion an die veränderten politischen, technischen und sozio-ökonomischen Bedingungen als strategischer Ansatz ausgereizt sind. Der deutsche Sonderweg in Sachen Bildung ist an seinem Ende angelangt; gefordert ist ein völlig anderes Modell der Organisation und Steuerung von Schule, Berufsausbildung und wissenschaftlichem Studium (...).

Ich danke allen, die mein Manuskript gelesen und durch konstruktive Kritik und sachkundige Vorschläge zur inhaltlichen und formalen Gestaltung dieses Buches beigetragen haben. In diesem Zusammenhang obliegt es mir, auf zwei Arbeiten hinzuweisen, die nicht bzw. noch nicht veröffentlicht sind, die ich jedoch für meine Arbeit aus-gewertet habe. Es handelt sich um die Diplomarbeit von *Jutta Lehmann* über die Entstehung der Berliner Oberstufenzentren und um die Habilitationsschrift von *Friedhelm Schütte* über die Entwicklung des technischen Fachschulwesens in Deutschland. Wie der aufmerksame Leser feststellen kann, stützen beide Untersuchungen zentrale Kapitel meines Buches.

Mein besonderer Dank gilt dem Kollegen *Rolf Arnold* für die Übernahme meines neuen Werkes in seine bekannte Reihe und dem Verlag für die südlich-freundliche Zusammenarbeit bei der Herstellung des vorliegenden Buches.

Wolf-Dietrich Greinert

Berlin-Charlottenburg
im Oktober 2002

# Vorwort zur zweiten Auflage

Es erscheint etwas ungewöhnlich, wenn der zweiten Auflage eines Buches ein neuer Titel gegeben wird, es sei denn, gewichtige Gründe können dafür angeführt werden. In unserem Falle hat nach Meinung von Verlag und Autor in erster Linie eine eher unspezifische, ja nichtssagende Titelwahl den zügigen Absatz unsres Buches stark beeinträchtigt. Fragestellung und Anlage der Untersuchung dagegen wurden in den veröffentlichten Rezensionen durchaus positiv beurteilt (vgl. z. B. Lempert 2003).

Mit dem neuen Titel haben wir versucht, unsere Arbeit von vornherein sichtbar in den historischen Kontext einzuordnen, der der Untersuchung als spezifische Folie deutscher Geschichte zu unterlegen ist: Dies präzisiert den Begründungszusammenhang des von uns gewählten Untersuchungsgegenstandes. Einer umfangreichen Überarbeitung des vorhandenen Textes bedurfte diese Präzisierung des Deutungsmusters nicht. Wie das Vorwort zur ersten Auflage zeigt, war die jetzt durch den neuen Titel hervorgehobene Akzentuierung schon damals entwickelt. Völlig neu in der aktuellen Auflage ist lediglich das Schlußkapitel, das die seit 2007 feststellbaren Veränderungen zur definierten Thematik aufzeigt, die sich als Aufforderung bzw. Folge bildungspolitischer Aktivitäten der Europäischen Union ergeben. Dem neuen Titel nur vorsichtig angepaßt ist dagegen das Einleitungskapitel.

Ob die durch die Europäische Union geschaffenen neuen Rahmenbedingungen für die Qualifizierungspolitik der Mitgliedstaaten der EU das Ende des „deutschen Sonderweges" im Bildungswesen herbeiführen werden, ist durchaus noch offen. Das wieder erwachte internationale Interesse für das deutsche „Duale System" der Berufsausbildung basiert zwar fast ausschließlich auf einer ökonomischen Sichtweise der Interessenten. Kombiniert mit den aktuellen, demographisch verursachten Problemen, die in einer künftigen deutschen Schul- und Hochschulpolitik eine zentrale Rolle spielen werden, könnte eine Rückbesinnung auf die besondere bildungspolitische Tradition in Deutschland sehr wohl eine echte Chance besitzen.

Wolf-Dietrich Greinert

Berlin-Charlottenburg
Oktober 2012

# Vorwort des Reihenherausgebers

Die vorliegende geschichtliche Darstellung der realistischen Bildung in Deutschland von W.-D. Greinert schließt eine empfindliche Lücke in der pädagogischen Historiographie, welche bislang – sieht man einmal von wenigen Ausnahmen ab (z. B. Herwig Blankertz) – überwiegend aus dem Blickwinkel der Allgemeinbildung heraus die Geschichte von Bildung und Ausbildung in Deutschland rekonstruierte. Greinert setzt in dem vorliegenden Werk anders an: Er wendet sich vielmehr genau dieser für den deutschen „Sonderweg" so kennzeichnenden Integration von Allgemeinbildung und Berufsbildung zu und zeichnet sehr detailliert die Etappen nach, über die die Idee der realistischen Bildung in unserem Kulturraum Substanz und Form gewinnen konnte.

Seine historiographische Rekonstruktion spürt – nach einer detaillierten Darlegung der Fragestellungen und des Procedere der Studie – der Idee der Realistischen Bildung in sechs Epochen nach:

- Zunächst werden die Ursprünge und Vorläufer Realistischer Bildung im Zeitalter der Aufklärung aufgespürt und auch die ersten Beispiele ihrer erfolgreichen Institutionalisierung erörtert (z. B. Ecole Polytechnique).
- In einem weiteren Schritt wendet sich der Verfasser der Entwicklung der Realistischen Bildung im Kontext einer durch die Ideen des Neuhumanismus kontaminierten Bildungsmentalität zu und rekonstruiert auch einige der aussichtslosen oder gescheiterten Versuche, das „Gymnasialmonopol" in Frage zu stellen oder zumindest zu ergänzen.
- In seinem dritten Schritt (= Kapitel 4) untersucht Greinert das „Schisma von Allgemein- und Berufsbildung" im Deutschen Kaiserreich – dem eigentlichen Konsolidierungszeitraum der deutschen Berufsbildung.
- Weitere Schritte der Analyse beziehen sich auf die Entwicklungsphasen in der Weimarer Zeit und im Nationalsozialismus, wobei auch die soziale und politische Funktionalisierung der Berufsschule kritisch betrachtet wird.
- Die Nachkriegszeit wird als „Zwei Dekaden der Nicht-Reform" in ihren Auswirkungen auf die Institutionalisierung der beruflich-realistischen Bildung in Westdeutschland kritisch in den Blick genommen, gleichzeitig werden aber auch die allgemeinen bildungspolitischen Konzepte und Tendenzen betrachtet.
- Ein letzter Schritt der Analyse spürt den Gründen und dem Verlauf der großen Bildungsreform in den 60er und 70er Jahren nach und fragt auch nach dem Scheitern verschiedener Reformmodelle und -strategien.

Mit der vorliegenden Arbeit ergänzt der Autor zugleich seine bisherigen systemtheoretischen Konzeptionen zur Frage der Entwicklung von Berufsbildungssystemen. Dabei wird deutlich, dass soziokulturelle Besonderheiten und Traditionen ganz wesentliche sinnstiftende Größen sind, die auch die Selbstorganisation und die Systementwicklung in der Berufsbildung letztlich wohl entscheidend bestimmen.

Januar 2003

Rolf Arnold

# 1. Kapitel: Einleitung – Zu Fragestellung, Anlage und Ergebnis der vorliegenden Studie

„Gab es ihn oder gab es ihn nicht, den umstrittenen 'deutschen Sonderweg'?" So beginnt der Historiker *Heinrich August Winkler* seine bekannte Untersuchung „Der lange Weg nach Westen". In der Wissenschaft, so fährt er fort, überwiegen heute die verneinenden Antworten; er gibt indes zu bedenken, daß vielleicht von mehreren Sonderwegen zu reden ist, eine Vermutung, die er dann auch zum Ausgangspunkt seiner Untersuchung macht: Gibt es einzelne „deutsche Sonderwege", die bestimmte zentrale Eigenheiten deutscher politischer, sozialer, ökonomischer oder mentalitätsorientierter Entwicklungen verursacht haben, deren Auswirkungen bis in unsere Tage hinein ihre Wirksamkeit behalten haben?

Winklers zweibändige Analyse deutscher Geschichte kann mehrere derartiger Sonderwege aufzeigen, die sich als gegensätzlich zu entsprechenden Entwicklungen in westlichen Demokratien interpretieren lassen, In der vorliegenden Untersuchung soll als Ergänzung zu diesen Prozessen ein weiteres Beispiel hinzugefügt werden, das für die deutsche gesellschaftliche Entwicklung hochgradig charakteristisch ist und aufgrund seiner zentralen Bedeutung zweifellos die Sonderweg-These Winklers bestätigen und ergänzen kann: Wir meinen *die historische Genese des deutschen Bildungswesens.*

Schon dem an Bildungsfragen nur mäßig interessierten Betrachter fallen in diesem Zusammenhang einige deutsche Besonderheiten auf. Da ist zuallererst der spezifische Bildungsbegriff, für den es in keiner anderen Sprache eine mit der deutschen Fassung übereinstimmende Entsprechung gibt; da ist die viergliedrige Aufspaltung des Sekundarbereichs I, eine Hypothek der Vergangenheit, die erst jetzt, aufgrund der aktuellen demographischen Entwicklung endlich ihre Ein- bzw. Auflösung ankündigt; und da ist vor allem die Sekundarstufe II mit ihrer scharfen Trennung von allgemeinbildenden und berufsbildenden pädagogischen Institutionen, die im Laufe der Zeit mit sehr unterschiedlichen bildungspolitischen Berechtigungen ausgestattet worden sind, und die wie kein anderes gesellschaftliches Subsystem den verdeckten Klassencharakter unserer Gesellschaft weiter zementieren.

Spätestens die PISA-Studie der OECD hat die unvermeidlichen Folgewirkungen derartiger bildungsstruktureller Verkrustungen offengelegt: Der immer noch klassenspezifische Aufbau des deutschen Bildungswesens bewirkt über die festgestellten Ausbildungsmängel in den einzelnen pädagogischen Institutionen hinaus vor allem eines: In keinem demokratisch organisierten Industriestaat hängt der erworbene Bildungsabschluß der definierten Bildungsteilnehmer stärker von ihrer sozialen Herkunft ab als in der Bundesrepublik Deutschland (vgl. Bildung in Deutschland 2008).

# I.

Die heute zu beklagenden Umstände und Defizite unseres Schul-, Ausbildungs- und Wissenschaftssystems sind nicht vorzugsweise aus der gegenwärtigen Situation unseres Bildungswesens heraus erklärbar, sie sind vielmehr eher das Ergebnis einer spezifischen Entwicklung des deutschen Bildungswesens. Folgt man den wenigen explizit kritischen Aufarbeitungen der deutschen Bildungsgeschichte, so beginnt dieser besondere Weg des öffentlichen deutschen Erziehungswesens am Anfang des 19. Jahrhunderts, nämlich mit der sog. *neuhumanistisch inspirierten Bildungsreform*. Diese ist geprägt von einem spezifisch deutschen politisch-gesellschaftlichen Deutungsmuster, das durch das Paradigma *„Bildung und Kultur"* umrissen werden kann, und das nicht nur für die Entwicklung des Schul- und Ausbildungswesens in unserem Lande eine erstaunliche Langzeitwirkung entfaltet hat.

Der Kulturwissenschaftler *Georg Bollenbeck* versteht in seiner Untersuchung „Bildung und Kultur. Glanz und Elend eines deutschen Deutungsmusters" (vgl. Bollenbeck 1994) Bildung und Kultur als „Elemente der Weltdeutung mit möglicher Handlungsanbindung". Deutungsmuster sind nach seiner Auffassung kollektiv verfestigte Typen vorgängiger Erfahrung einer Gesellschaft; Sie dienen als Bestimmungsfaktoren der Gegenwart und können mit ihren programmatischen Überschüssen auch auf zukünftige Möglichkeiten verweisen. „Aus Sicht einer umfassenden Perspektive symbolischer Vergesellschaftung bestätigen und bekräftigen (Deutungsmuster, d. Verf.) die Organisation gesellschaftlicher Beziehungen, die soziale Identität (ihrer, d. Verf.) Trägerschicht wie die Anordnung und Verteilung gesellschaftlicher Bewußtseins- und Wissensbestände" (S. 19 f.). So weit der theoretische Ansatz.

Als Träger des deutschen Deutungsmusters, das durch *Bildung und Kultur* gekennzeichnet ist, figuriert eine spezifisch deutsche Ausprägung des Bürgertums, nämlich das sog. *„Bildungsbürgertum"*. Dieses Kompositum ist grundsätzlich betrachtet ein heuristisches Konstrukt der Soziologie und der Geschichtswissenschaft, das relativ heterogene Personen, Berufe, Einkommensgruppen wie gesellschaftliche Funktionsbereiche erschließen soll (vgl. Kocka 1989). Mit dieser analytischen Kategorie werden i. d. R. Personen erfaßt und bezeichnet, die durch eine „akademische" Ausbildung Anerkennung, Einfluß und Auskommen finden, die einen besonderen Lebensstil pflegen, die also einen bestimmten „Habitus" (Bourdieu) aufweisen. Zum Bildungsbürgertum zählen demnach unterschiedliche Berufe mit speziellem Leistungswissen, doch einem einheitlichen Bildungswissen: höhere Beamte, Professoren und Richter, Pfarrer und Lehrer, aber auch Vertreter der freien Berufe wie Anwälte, Ärzte, Apotheker, später Architekten und Journalisten sowie auch Vertreter der „Intelligenz" wie Schriftsteller und andere Künstler. Im Unterschied zum Wirtschaftsbürgertum, dessen Lebenslage und -chancen durch Eigentumsrechte bestimmt werden, sind soziale Position und Karrierechancen des Bildungsbürgertums durch „Bildungspatente" markiert (vgl. Conze/Kocka 1985, S. 11).

Diese Berufe gibt es natürlich auch in anderen Gesellschaften. Sie bilden die Funktionseliten, die sich im Zuge der Ausdifferenzierung gesellschaftlicher Subsysteme entwickelten, und die durch besondere Gemeinsamkeiten charakterisiert werden können: z. B. durch Herrschafts- und Leistungswissen, durch Teilnahme an politischen Entscheidungsprozessen, durch das Bemühen um gesellschaftliche Exklusivität, durch eine spezielle Berufsethik oder durch gesonderte Formen der Selbstrekrutierung. Derartige allgemeine Charakterisierungen gelten auch für das deutsche Bildungsbürgertum, und doch bildet es eine besondere, nur in Deutschland anzutreffende Erscheinung.

Das Aufkommen des durch Leistungswissen charakterisierten Experten im Zuge des Übergangs von der feudalen zur bürgerlichen Gesellschaft ist, so *Bollenbeck*, ein allgemeiner okzidentaler Trend. Doch der Typus des deutschen Protagonisten der Modernisierung unterscheidet sich von vergleichbaren Gruppierungen z. B. in England oder Frankreich wesentlich dadurch, daß sein Verständnis von Gesellschaft und von seinen Beziehungen zu dieser nicht auf das Bild einer „societas civilis" bezogen ist – das Politik, Gewerbe und Technik als Elemente von „civilisation" ganz selbstverständlich mit einbezieht – sondern auf „Bildung und Kultur", ein Deutungsmuster, das diese Elemente ganz im Gegenteil mehr oder weniger abwertet bzw. ausgrenzt.

## II.

Diese Weltanschauung bzw. dieses Selbstverständnis muß weitgehend als ein Produkt der besonderen sozialen und politischen Lage des deutschen Bürgertums in der Übergangszeit von der ständisch-agrarischen zur bürgerlich-kapitalistischen Gesellschaft verstanden werden. Sie ist wesentlich durch die historisch vermittelten Gegebenheiten seit dem Ausgang des *Dreißigjährigen Krieges* bestimmt. Aufgrund der nach dem Krieg verfügten politischen Zersplitterung Deutschlands fehlte dem Bürgertum – im Unterschied zu den Führungsschichten in Frankreich wie in England – sowohl ein einheitlicher Nationalstaat wie eine entfaltete Ökonomie. Noch in den ersten Jahrzehnten des 19. Jahrhunderts erscheint Deutschland politisch wie ökonomisch „als eine Art Hinterland des Westens". Das keineswegs unpolitische, jedoch politisch gehemmte Bildungsbürgertum, das spätestens seit der Mitte des 18. Jahrhunderts zu einer sozialen Macht herangewachsen war, versetzte diese Rückständigkeit in eine erzwungene Isolation, aus der es sich, wie *G. Bollenbeck* die Situation interpretiert, durch einen Akt „kultureller Hegemonisierung" zu befreien versuchte (vgl. Bollenbeck 1994, S. 197). Das ideologische Grundmuster für dieses Emanzipationsbestreben vermittelte dem deutschen Bildungsbürgertum die *Geistesbewegung der idealistischen Philosophie und des Neuhumanismus*.

Das was man mit dem Begriff „Humanismus" bezeichnet, hat seinen Ursprung in der Antike, doch erst die Rückbesinnung der nach-antiken Welt auf die als beispielhaft empfundene Norm vollendeten Menschentums macht den Humanismus als

Lehrmeinung bzw. als Weltanschauung aus. Unbestreitbar gilt *Wilhelm von Humboldt* als der herausragende Repräsentant des explizit deutschen neuhumanistischen Bildungsideals. Er verkörpert sowohl seine problemgeschichtliche Tradition wie seine bildungspraktische Wirkung. Humboldts zentrale, aufklärerisch inspirierte Idee der politisch-gesellschaftlichen „Reform durch fortschreitende Bildung“ reflektiert dabei die „deutschen Verhältnisse“. Sie beruht im Grunde auf der auch von anderen Vertretern der damaligen deutschen Intelligenz geteilten Vorstellung, erst den Menschen zu ändern und dann erst die politischen Verhältnisse. Die damit vollzogene Abwendung von den realen Gegebenheiten der Gegenwart läßt für die Neuhumanisten das alte Griechenland zum historischen Ort werden, an dem ihr Bildungsideal sich orientiert. Die griechische Kultur galt ihnen als gelungene Realisierung wahren Menschentums, die Polis als Beispiel verwirklichter freier politischer Betätigung der Bürger; griechische Literatur, Philosophie, Architektur, Plastik und Lebensart figurieren als einzigartige Verkörperungen humanistischer Ideale.

Dieses Bild des antiken Griechenland kann historiographischer Nachprüfung nicht standhalten. Schon *Friedrich Nietzsche* hatte das antike Volk der Griechen als „die Staatsnarren der alten Geschichte“ bezeichnet. Bis zur „äußersten Folgerichtigkeit“, so *Egon Friedell* in seiner „Kulturgeschichte der Neuzeit“, hat dieses Volk fast jede mögliche Form der menschlichen Gemeinschaft karikiert: Aristokratie, Tyrannis, militaristischen Kommunismus, extreme Demokratie. „Das Leben im griechischen Staat muß für moderne Begriffe schlechterdings unerträglich gewesen sein“ (vgl. Friedell 1961, S. 821). Selbst die griechische Klassizität – „edle Einfalt, stille Größe“ – erscheint in der fulminanten Analyse Friedells als ein einziges Mißverständnis des deutschen Idealismus bzw. Neuhumanismus, und dies gilt für Politik, Kultur und selbst für die griechische Kunst gleichermaßen.

Doch der Tatbestand, daß dieses Bild des antiken Griechenland eher als ein „Dunstbild“ gelten muß, und das wahre Griechenland der Antike uns eher als ausgesprochen exotisch erscheinen muß, spielt für die Wirkungsgeschichte des neuhumanistischen Bildungsideals in Deutschland praktisch keine Rolle. *Wilhelm von Humboldt*, so Bollenbeck, denkt trotz der offensichtlichen Fehlinterpretationen nachhaltig geschichtsmächtig, indem er mit „seinem Bildungsideal die gewachsenen Verschiebungen im geistigen Erfahrungskapital der deutschen Intelligenz aufgreift und vorantreibt. Sein Synkretismus bündelt unterschiedliche Traditionen, bringt die Kritik am Absolutismus, an der Revolution und am bürgerlichen Erwerbsleben zum Ausdruck, und er formuliert mit dem Bildungsideal die Ansprüche der Schicht, die ihre erhöhten Individualisierungschancen nutzen will und sich selbst seit Ende der 1790er Jahre mit der Redefigur ‘gebildete Stände bzw. Klassen’ aufzuwerten beginnt“ (Bollenbeck 1994, S. 147 f.).

Den Schöpfern und Trägern der neuhumanistischen Bildungsidee ging es also nicht nur um eine gemäßigte Antwort auf das Gesellschaftsbild der französischen Revolution und auf die ihrer Meinung nach verfehlte Pädagogik der Aufklärung, sondern auch um die geistige und bildungspolitische Begründung einer neuen Elite, jener bürgerlichen „Geistesaristokratie“ (ein Begriff, den sowohl *Humboldt, Fichte* und *Schelling* verwenden), die teils an Stelle des an Bedeutung verlierenden Geburtsadels, teils in gesellschaftlicher Angleichung an ihn berufen wäre, den künftigen deutschen Nationalstaat zu tragen (vgl. Fiedler 1972). Dieser neuen Elite bot die neuhumanistische Bildungsidee einen doppelten Vorteil: sie ermöglichte einerseits die Standesabgrenzung zum gewerbetreibenden Kleinbürgertum, der „subalternen Klasse“ bzw. dem „dürftigen Mittelstand“; andererseits schuf höhere Bildung die Legitimation für den Gleichheitsanspruch, den das Bürgertum jetzt gegenüber der Aristokratie vertrat.

Nicht zufällig wird dabei das Griechische gegen den französischen Lebensstil von Hof und Adel sowie gegen die römische Drapierung des napoleonischen Kaisertums ausgespielt. Die gleichfalls vom fernen Griechentum abgeleitete und gegen die bürgerliche Erwerbsgesellschaft gerichtete Berufung auf „allgemeine Menschenbildung“ – die sich dann didaktisch in der Form zweckfreier „Allgemeinbildung“ niederschlägt – verweist ebenfalls auf einen impliziten Verwendungszusammenhang: die Verpflichtung der Gebildeten und der Bildungsanstalten auf Zweckfreiheit und Allgemeinbildung erlaubte – im Unterschied zu der Standes- und Berufserziehung der Aufklärungspädagogik – eine Distanzierung von der realen Welt der Politik, der Ökonomie und der Technik; der scheinbar freiwillige Verzicht auf die Mitgestaltung der zentralen Handlungsfelder eines Staatswesens spiegelt bzw. reflektiert also ziemlich genau die eingeschränkten politisch-gesellschaftlichen Handlungsmöglichkeiten, die der damaligen Schicht der deutschen Intelligenz offenstanden.

Auf diese politisch resignative Tendenz des deutschen Bildungsidealismus hat der Bildungssoziologe *Willy Strzelewicz* schon sehr früh aufmerksam gemacht. allerdings mit wenig Erfolg. Doch wenn es so ist, daß das deutsche Bürgertum die Kompensation für die fehlende Realisierung seines gesellschaftlichen Führungsanspruchs in der Durchsetzung von „Bildung“ als macht- und sozialgestaltendes Deutungsmuster suchte und fand, so Strzelewicz, dann kann das neuhumanistische Bildungsideal nicht vorzugsweise daran gemessen werden, inwieweit seine Vorstellungen unter dem pädagogischen Blickwinkel bedeutsam bzw. wirksam waren; in erster Linie ist vielmehr diese spezifische Bildungsideologie unter politischer Perspektive zu betrachten. Und unter diesem Gesichtspunkt ist die klassische deutsche Bildungsidee – wie es *Strzelewicz* pointiert formuliert – „schon der Ausdruck eines gesellschaftlichen Scheiterns“ (Strzelewicz 1966, S. 12 ff.). Der neuhumanistisch inspirierte deutschen Bildungsidealismus ist also – ideologiekritisch betrachtet – letztlich ein zentrales Symptom für die gesellschaftliche und politische Kapitulation des deutschen Bürgertums, seine mehr oder weniger willig von ihm akzeptierte Unterordnung unter der Führung der weiterhin in Deutschland dominierenden feudalen Eliten.

## III.

Zum Durchbruch verhalfen dem neuen Bildungsideal allerdings nicht die Theoretiker wie Humboldt sondern die philosophisch geschulten Praktiker wie z.B. *Reinhold Bernhard Jachmann* (Direktor des Conradinums in Jenkau), *Friedrich Immanuel Niethammer* (Professor der Theologie und höherer Staatsbeamter) oder *Johann Wilhelm von Süvern* (Professor für alte Literatur und hoher Beamter im preußischen Kultusministerium). Mit ihren pädagogischen Konzepten drängten sie die dem Merkantilismus des spätabsolutistischen Staates verfallene Aufklärungspädagogik ins bildungspolitische Abseits und begründeten mit dem neuen Gymnasium und der neuen Universität eine „Zwei-Klassen-Einteilung der Lebens- und Bildungswege" (Schelsky). Die Durchsetzung des Deutungsmusters „Bildung und Kultur" auf der Grundlage der neuhumanistischen Bildungstheorie, dies ist festzuhalten, schafft in Deutschland schon Anfang des 19. Jahrhunderts eine tiefe Kluft zwischen einer unmittelbar religiösen Volkserziehung und einer „Bildung" durch Wissenschaft und Kunst, also ein explizit zweigeteiltes Bildungswesen.

In diesem Zusammenhang werden in Deutschland Examen, Titel und Ämter zum Ausweis besonderer „Berechtigungen", das heißt. quasi-ständischer Privilegien. Bis 1848 hatten z.B. Beamte einen eigenen Gerichtsstand. In Preußen wurde über die sog. „Einjährig-freiwillige Dienstpflicht" eine Koppelung zwischen Bildungsabschluß und (Reserve)Offizierslaufbahn hergestellt (vgl. Kapitel 4.5). Und im Süden Deutschlands konnten sogar Personen „von Bildung und Besitz" vom Militärdienst ganz befreit werden wenn sie einen Ersatzmann stellten (vgl. Bollenbeck 1994, S. 182).

Daß der Bildungsbegriff bzw. die Ideologie der Allgemeinbildung als Instrument der sozialen Differenzierung in der deutschen Gesellschaft nach wie vor virulent ist, zeigt der erstaunliche Erfolg eines Bestsellers der letzten Jahrhundertwende mit dem schlichten Titel „Bildung – Alles was man wissen muß" (vgl. Schwanitz 1999). Den Ausgangspunkt seines Werkes bildet für den Autor der „Verfall der Bildung", den er als ehemaliger Professor für Anglistik an der Universität Hamburg vor allem bei seinen Studenten wahrnehmen zu können glaubte. Sein Buch ist indes nichts anderes als die voluminöse Skizze eines hegemonialen Kanons von Wissen, was man seiner Meinung nach parat haben sollte, um als „gebildet" gelten zu können.

*D. Schwanitz* gruppiert sein Kompendium von Bildung um die Themen Geschichte, darstellende Kunst, Musik, Philosophie und – als Zugeständnis an den Zeitgeist – die sog. „Genderfrage". Die Naturwissenschaften erscheinen lediglich in stark reduzierter Form, auf einige ihrer wissenschaftlichen Großtaten beschränkt. Der prinzipielle Verzicht auf so entscheidende Gebiete wie Technik, Ökonomie, Recht, Medizin, Sozialwissenschaften etc. wird folgendermaßen begründet: „Sozialer Konsens ist, das für Bildung zu halten, was man nicht fragen darf, und nicht für Bildung, was man fragen darf. Man darf unter gebildeten Menschen nicht fragen, wer Molière ist, oder man blamiert sich schrecklich. Man darf aber ruhig nach dem zweiten Hauptsatz der Thermodynamik fragen, ohne als Banause zu gelten. Naturwissenschaften sind traditionell nicht Teil der Bildung und daran habe ich mich in meinem Buch gehalten“ (vgl. Schwanitz im STERN 40/1999, S. 31).

Der phänomenale Erfolg des Buches von Schwanitz belegt zum einen die überraschende Lebendigkeit der traditionellen Bildungsvorstellungen in unserer Gesellschaft, trotz des fast vollständigen Verfalls ihrer Bestandsvoraussetzungen, zum anderen aber auch ihre massive Deformation. Nach wie vor funktioniert traditionelle Bildung offensichtlich noch als Mittel sozialer Ab- bzw. Ausgrenzung, allerdings nur in einer verdinglichten Form, die man mit *Theodor W. Adorno* eher als „Halbbildung“ bezeichnen sollte. Eine in diesem Sinne trivialisierte „Bildung“ erscheint eher als Besitz, als „sozialreputativer Aktivposten, mit dem man sich schmückt“ (Bollenbeck 1994, S. 27), also in einem ziemlich fragwürdigen Verwendungszusammenhang. Ohne Zweifel handelt es sich jedoch bei dem Bestseller von Schwanitz um einen starken Nachhall bürgerlicher Bildungsideologie. Eine vergleichbare Tendenz prägte – wie sollte es sonst auch sein – bis in unsere Tage die traditionelle Richtung der deutschen Erziehungswissenschaft. Wie anders als kritisch bzw. vornehmlich ideologisch motiviert sollte man die Versuche von zahlreichen Fachkollegen beurteilen, den Bildungsbegriff trotz seiner heute offensichtlichen Bedeutungsleere mit immer neuen – offensichtlich als modern empfundenen – Inhalten zu füllen (vgl. z. B. die Bildungskommission NRW 1995, Klafki 1996, v. Hentig 1996, Giesecke 1998)?

Mit den letzten Absätzen haben wir schon aus unterschiedlichen Blickwinkeln auf die „soziale Verwendungsgeschichte“ des Deutungsmusters „Bildung und Kultur“ hingewiesen. Die Nicht-Identität von Anspruch und Verwendung bildet den zentralen Untersuchungsansatz in Bollenbecks Buch. Es geht um den Widerspruch zwischen den hochgestimmten, philosophisch imprägnierten Konzepten und der Logik ihrer sozialen bzw. politischen Nutzung, ein Bruch, der letztlich dazu führte, daß die hehren Ziele des Bildungsideals nicht erreicht wurden und seine Funktionalisierung schließlich in die Modernisierungskrise des deutschen Bildungsidealismus einmündete. Bollenbeck konzentriert sich in seiner Untersuchung vornehmlich auf die Bezüge des Deutungsmusters „Bildung und Kultur“ zur Organisation der gesellschaftlichen Beziehungen, zur Identität seiner Trägerschaft und zur Verteilung und Anordnung gesellschaftlicher Bewußtseins- und Wissensbestände (vgl. S. 195 ff.). Nur beiläufig behandelt dagegen wird das Deutungsmuster im Hinblick auf seine Verwendung zur Gestaltung und Legitimation einer bestimmten inneren und äußeren Organisationsform des Bildungswesens. Bollenbeck bleibt dort, wo er die Konzepte der „Schulmänner“ behandelt, in der Regel im Bereich der Ideengeschichte.

Wir folgen dagegen seinem Verweis auf *Arnold Gehlen* und dessen Postulat, daß Ideen oder Vorstellungen sozial wirkungsvoll nur dann überleben, *wenn Institutionen sie verkörpern*. Die Institutionalisierung des Deutungsmusters „Bildung und Kultur“ beginnt in Deutschland im Zeitalter der napoleonischen Kriege, das zugleich das Zeitalter großer Reformen ist, in Preußen wie in den Rheinbundstaaten. Diese Reformen können als Antwort auf die Herausforderungen der Revolution interpretiert werden, als Versuch einer „defensiven Modernisierung“, in der die alte Ordnung durch Reform „von oben“ gegen den Aufbruch „von unten“ gefestigt werden sollte. Zu diesen Reformen gehörte vor allem die Schaffung eines neuen Bildungswesens in Deutschland, wobei Preußen die Vorreiterrolle zufiel. Die von uns vorgelegte Untersuchung fragt daher über Bollenbeck hinaus nach dem spezifischen Verwendungszusammenhang des Deutungsmusters „Bildung und Kultur“ im Hinblick auf die Gestaltung und Legitimation eines Bildungswesens, das vornehmlich auf die Durchsetzung bildungsbürgerlicher Interessen ausgelegt wurde, eine Funktionalisierung, aus der sich unseres Erachtens heute noch weitgehend seine – gemessen an demokratischen Normen – typische Deformation und seine unübersehbaren Mängel ableiten lassen.

Zusätzlich zu dieser Fokussierung unserer Untersuchung nehmen wir in Bezug auf die Darstellung Bollenbecks einen Perspektivwechsel vor. Während in dieser die Geschichte von „Glanz und Elend“ des deutschen Deutungsmusters „Bildung und Kultur“ nachgezeichnet wird, fragen wir nach dem, was im Zuge seiner bildungspolitischen Funktionalisierung verdrängt, ausgegrenzt, verleugnet und bekämpft wurde, was gesellschaftlich nicht oder nur unzureichend zur Geltung bzw. zur Entwicklung kam, kurz: was bei der Gestaltung des deutschen Bildungswesens keine oder keine adäquate Realisierungschance hatte. Bei unserer Untersuchung handelt es sich also um eine deutsche Bildungsgeschichte, die ganz aus der Perspektive eines anderen, konkurrierenden „Bildungsmusters“ geschrieben ist, das im deutschen Bildungswesen nur in unzureichender Weise zum Zuge kam, nämlich der *„realistischen Bildung“*.

## IV.

Unter *realistischer Bildung* verstehen wir ein Lernkonzept, das vor allem die Qualifikationsbestände in Betracht zieht, die den Menschen befähigen, „Lebenssituationen zu bewältigen“ (Robinsohn), die ihn also explizit einbinden in Gesellschaft und Geschichte. Diese Qualifikationen werden sich vor allem in und im Umfeld der Berufsarbeit finden lassen. Diese ist und wird auch weiterhin in Europa die entscheidende – und für die Mehrheit der Individuen einzige – Stelle sein, an der individuelles Handeln in gesellschaftliche und politische Dimensionen hineinwächst. Die Berufstätigen sind in ihrer Arbeit – so in einer schmalen aber gewichtigen Arbeit über die „Soziologie der Arbeit und der Berufe“ – faktisch schon immer in einem grundlegenden Sinne „Subjekte der Geschichte“ (vgl. Beck/Brater/Daheim 1980, S. 237). „Die Berufstätigen wirken – ob ihnen dies bewußt ist oder nicht – in ihrer äußerlich technisch-funktionellen Arbeit objektiv an der Erhaltung und Entwicklung gesellschaftlicher und politischer Strukturen, Beziehungen und Abläufe mit, und dies gilt selbst dort, wo es scheinbar nur um den sachlich-neutralen Vollzug eines Verwaltungsaktes (Bankangestellte) oder das Bedienen einer Maschine (Drucker) geht“ (ebenda, S. 236).

*Die ausschlaggebende Weichenstellung zur Einmündung in diese Berufswelt, in die spezifischen Positionen der bestehenden Berufshierarchie, vollzieht sich in der Sekundarstufe II des Bildungswesens. Daher steht auch die Entwicklung dieser Schulstufe im Mittelpunkt unserer Untersuchung. Ausgreifende Darstellungen nach unten – in die Sekundarstufe I – und nach oben – in das Hochschulwesen – erweisen sich indes an bestimmten Stellen als unausweichlich.*

Deutsche Bildungsgeschichte bleibt also auch dann unvollständig, wenn sie zwar die eher auf „realistische" Schulfächer, wie insbesondere die Naturwissenschaften, ausgerichteten Schulformen mit einbezieht, die Institutionen der *beruflichen Bildung* jedoch ignoriert. Dem kundigen Leser dürfte bekannt sein, daß es eine derartige Darstellung der Entwicklungsgeschichte des deutschen Bildungswesens bis heute nicht gibt. *Herwig Blankertz* hat zwar in seine „Geschichte der Pädagogik" (1982) einige Kapitel über die Entwicklung auch des beruflichen Schul- und Ausbildungswesens aufgenommen, von der Dominanz des „allgemeinbildenden" Sektors konnte er sich indes nicht wirklich lösen. Dies bedarf auch besonderer Anstrengungen, denn ein Wirkungszusammenhang des bildungsbürgerlichen Deutungsmusters „Bildung und Kultur" besteht letztlich auch darin, daß die Historiographie des deutschen Bildungswesens sich bis heute in strikter Abgrenzung präsentiert: die sog. *„allgemeine" Erziehungswissenschaft* hat sich ausschließlich mit der Geschichte der Ideen und Institutionen der „allgemeinen" Bildung beschäftigt, die *Berufs- und Wirtschaftspädagogik* nur mit der historischen Entwicklung der Ideen und Institutionen der beruflichen Bildung.

Der Verdacht liegt nahe, daß sich aus einer vollständigen – die allgemeine wie die berufliche Bildung gleichermaßen einbeziehende – Untersuchung neue, bis heute nicht zutage geförderte Einsichten in die Eigentümlichkeiten der deutschen Bildungsentwicklung gewinnen lassen, dies auch im Hinblick auf die aktuelle Problemsituation des deutschen Schul- und Ausbildungswesens. Handelt es sich um einen der von Winkler gemeinten „Sonderwege" (vgl. Winkler 2000)? Läßt sich die Linie dieses Sonderweges, dieser besonderen deutschen Bildungstradition, weiter verfolgen? Kann man die überkommene Organisationsform deutscher Bildung samt ihrer einzigartigen Legitimationsfigur unter Erhaltung zweifellos vorhandener Stärken durch konstruktive Strukturveränderungen transformieren, d.h. in ein Bildungssystem verwandeln, das zukunftsfähig und den gewandelten Anforderungen gewachsen ist? Oder aber hilft angesichts der schon seit längerem zweifellos zutage getretenen Mängel und Schwächen nur noch die konsequente Übernahme international ausgeprägter Organisationsformen und Standards?

## V.

Angesichts der festgestellten Gespaltenheit des modernen deutschen Bildungswesens kann es kaum überraschen, daß die Institutionalisierung dieses Systems durch zwei verschiedene Startphasen gekennzeichnet ist. Die erste Phase ist Teil der sogenannten „Preußischen Reformen" im Zeitraum nach 1808, in dem die führenden Politiker und die neuhumanistischen Schulreformer sich darin einig zeigten, daß gesellschaftliche Reformen ohne Bildungsreform keine Wirkung zeigen würden. Über diese Reformbewegung und ihr ehrgeiziges Programm, möglichst allen heranwach senden Mitgliedern der Gesellschaft eine „allgemeine Menschenbildung" zu vermitteln, ist viel geschrieben und spekuliert worden, weit weniger allerdings über die Frage, welche politischen und sozialen Bedingungen ursächlich dazu beigetragen haben, das ursprünglich egalitäre Programm des Neuhumanismus in der Folgezeit institutionell und inhaltlich-didaktisch in Form eines interessengeschützten Primats der höheren Bildung praktisch in sein Gegenteil zu verkehren (vgl. Herrlitz u. a. 1998, S. 43 ff.).

Die zweite Phase setzt im letzten Jahrzehnt des 19. Jahrhunderts ein, in dem die Folgen der verstärkten Industrialisierung in Deutschland erstmals mit bislang ungekannter Wirkung auf das gesamte Bildungswesen durchzuschlagen begannen. Dieser zweite „take off" des deutschen Bildungswesens ist gekennzeichnet durch vier herausragende, doch scheinbar kaum zusammenhängende Ereignisse: Zum ersten erwies es sich als notwendig, (1.) nach der sozialrestriktiven Einengung des höheren Schulwesens im zweiten Drittel des 19. Jahrhunderts an seinem Ende diesen Schulzweig durch Gleichstellung von Realgymnasien und Oberrealschulen mit dem klassischen humanistischen Gymnasium kräftig expandieren zu lassen. Zusätzlich erwies es sich als erforderlich, (2.) zur Ableitung der Bildungsansprüche des mittleren Wirtschaftsbürgertums ab den 90er Jahren ein modernes Fachschulwesen in Preußen-Deutschland aus der Taufe zu heben. Im Jahre 1897 legte der Reichstag mit der Verabschiedung des sog. „Handwerkerschutzgesetzes" – einer wichtigen Novelle zur Gewerbeordnung – (3.) den Grundstein für den Aufbau des sog. „Dualen Systems" der Berufsausbildung, dem bis heute wichtigsten Instrument der Erwerbsqualifizierung in Form von beruflicher Breitenqualifikation in Deutschland. Und letztlich wurde 1899 (4.) der Gleichstellungskampf der Technischen Hochschulen mit den Universitäten durch Gewährung des Promotionsrechtes an erstere durch kaiserlichen Erlaß beendet.

Im Grunde kann erst diese zweite Gründungsphase als die eigentliche Geburtsstunde des modernen Bildungswesens in Deutschland angesehen werden, wenn auch die allgemeine Erziehungswissenschaft bislang Mühe hat, dies nachzuvollziehen. Erst am Ende des 19. Jahrhunderts stellt sich in Deutschland das System der Bildungs- und Wissenschaftsproduktion auf das Modell der Industriegesellschaft ein: die realistische, technische und berufliche Bildung erhalten – zwar gegen erhebliche Widerstände – neben der traditionell-humanistischen eine dauerhafte Verfassung. Tradition und Moderne verbinden sich erstmals in größerem Rahmen. Trotz der Verteidigung der „old order" durch die traditionsbefangenen Eliten – konservative Politiker, höheres und mittleres Staatsbeamtentum, akademische Berufsstände – bilden sie nun zumindest im Bereich des Bildungswesens keinen schroffen Gegensatz mehr, „sie sind vielmehr insofern identisch, als es sich (...) um eine spezifische, (...) *traditionsverbundene Moderne* handelt" (vgl. „Bildung und Erziehung", 1977, S. 82; Hervorh. vom Verf.).

Der Ausbau der gespaltenen Struktur des deutschen Bildungswesens ist das Charakteristikum der folgenden Epochen – Weimarer Zeit, Nationalsozialismus, Bundesrepublik bis zu den 60er Jahren. Während dieser Jahrzehnte verfestigt sich auf der einen Seite ein quasi monopolartiger Bildungsweg für die Führungspositionen in Staat, Wirtschaft und Gesellschaft, dessen Engführung nur über Gymnasium und Hochschule führte, und der immer wieder mit mehr oder weniger restriktiv orientierten Legitimationsmustern und entsprechenden administrativen Eingriffen gegen drohende „Überfüllung" geschützt werden mußte. Scharf getrennt von diesem System der „höheren Bildung" etablierte sich während dieser Zeit ein Bildungsweg für die eher abhängigen Positionen im System gesellschaftlich organisierter Arbeit, dessen quantitatives Fassungsvermögen und Ausbildungsqualität mit erstaunlicher Kontinuierlichkeit über drei sehr unterschiedliche politische Epochen deutscher Geschichte ausgebaut wurden. Auch dieses neue Subsystem des Qualifikationssektors wird nach anfänglichem Zögern von bestimmten Interessengruppen in seiner traditionell korporatistischen Verfassung hartnäckig verteidigt, zuerst vom Handwerk, dann jedoch mit weit größerem konzeptionellen, politischen und materiellem Einsatz von der Industrie.

Dieses „Duale System" der Berufsausbildung versprach etwa seit Mitte der 20er Jahre ein fester Bestandteil der deutschen Variante des „Industrialismus" zu werden. Man kann diese für jedes Land eigentümliche institutionelle Verfaßtheit von Arbeit auch mit dem Begriff „Arbeitskultur" umreißen, auf jeden Fall läßt sich im Rückblick feststellen, daß sich das deutsche Bildungswesen auf die für Deutschland prägnante Form von „Arbeitskultur" in hervorragender Weise eingestellt zeigte (vgl. Konietzka 1999), und zwar gerade aufgrund seiner Gespaltenheit. Das deutsche Produktionsmodell mit seinen spezifischen Merkmalen (vgl. dazu Baethge 2000, S. 92 ff.) erweist sich insbesondere mit dem als integrativ zu betrachtenden „Dualen System" als eine Ordnung von hoher Funktionalität. Doch nicht nur das: die Existenz eines umfassenden und effizienten Systems der beruflichen Breitenqualifizierung bildete geradezu eine wesentliche Voraussetzung für das Funktionieren eines Systems hochselektiver Elitenqualifizierung. Dieses – auf die sozialen Oberschichten ausgerichtete System sozialrestriktiver Begabungsauslese – sicherte durch seine strikte Abkoppelung vom System der „niederen", praktischen Bildung vor allem der Industrie den zielsicheren Zugriff auf die „besten Söhne des Volkes" (Burkart Lutz). Beide Subsysteme erreichten im Zuge ihrer Entwicklung einen international anerkannt hohen Ausbildungsstandard und gelten teilweise bis heute weltweit als nachahmenswerte Vorbilder, ja als „Exportschlager" – wie das Duale System der deutschen Berufsausbildung.

Seine durch die besondere soziale Arbeitsteilung gestützte hohe Stabilität bewies das deutsche Bildungswesen insbesondere in der Zeit nach dem *Zweiten Weltkrieg*. Während Länder wie Frankreich, Italien oder Schweden und Japan schon relativ früh die Expansion von Sekundarstufe II und Universität in Gang setzten – und prompt mit dem Problem steigender Akademiker-Arbeitslosigkeit konfrontiert wurden – schien die soziale Reproduktionsfähigkeit des deutschen Bildungswesens noch lange ungebrochen (vgl. Lutz 1979). Das Duale System der Berufsausbildung zeigte sich aufgrund seiner spezifischen Struktur noch weiterhin in der Lage, den aufstiegswilligen Mittelschichten eine alternative Karrierechance zu den akademischen Berufen zu bieten.

Die soziale Aufspaltung des deutschen Bildungswesens wurde in dem Augenblick erstmals zum wirklichen Problem, als im Zuge der speziellen Entwicklung des deutschen Industrialismus in der Nachkriegszeit – auch „Rheinischer Kapitalismus" genannt – verstärkte Wohlstandsentfaltung und Angleichung der Lebensweise breiter Bevölkerungsschichten deren bis dahin traditional stabiles Bildungs- und Berufswahlverhalten dynamisierte. Die damit notwendig gewordene politische Steuerung einer bis dahin unvorstellbaren Bildungsexpansion überforderte indes sowohl die pädagogischen Experten in Wissenschaft und Verwaltung wie die verantwortlichen politischen Macht- und Entscheidungsträger. Insbesondere die Beseitigung der ungleichen Privilegierung der sog. „allgemeinbildenden" und „beruflichen" Bildungsgänge in der Sekundarstufe II, der entscheidenden „Zuteilungsapparatur von Sozialchancen" (Helmut Schelsky), endete letztlich im Dickicht partei- und gesellschaftspolitischer Interessen.

Dies alles ist Geschichte; die gegenwärtigen Chancen einer Problemlösung haben sich inzwischen – wie im Schlußkapitel des Buches beschrieben – auf die Ebene der europäischen Bildungspolitik verlagert. Doch – wie deutlich zu bemerken – der Nachhall deutscher Bildungstradition dauert an: der Sonderweg des deutschen Bildungswesens – so scheint es – ist noch nicht zu Ende.

# 2. Kapitel: Die Ursprünge der realistischen Bildung im Zeitalter der Aufklärung

Wir beginnen unsere Untersuchung im Zeitalter der Aufklärung, einer Geistesbewegung, die die Spaltung zwischen realistischer/beruflicher und humanistischer Bildung noch nicht kannte. Als Zeitalter der Aufklärung im engeren Sinne gelten das 17. und das 18. Jahrhundert; niemals zuvor wurde das Thema der menschlichen Autonomie, die Möglichkeit und die Pflicht des Individuums, sich in universeller Weise der eigenen Vernunft zu bedienen, derartig bestimmend zum Mittelpunkt des allgemeinen Weltverständnisses erhoben. In seiner zumindest für den deutschen Sprachraum verbindlichen Form wird das Programm der Aufklärung zwar erst gegen Ende der Epoche formuliert (vgl. Kant 1784), als umfassende europäische Kulturbewegung reicht diese Geistesbewegung jedoch bis in die Renaissance, den Humanismus und in die Reformation zurück, als „Projekt der Moderne“ werden ihre Perspektiven bis heute diskutiert (vgl. Wagner 1995).

Es erübrigt sich, in unserem Zusammenhang eine umfangreichere Analyse des Aufklärungszeitalters zu präsentieren, es genügt vielmehr an dieser Stelle, die Charakterzüge dieser Epoche, die unsere Thematik unmittelbar berühren, kurz aufzuzählen. Es sind dies:

(1.) Der auf eine umfassende neue Weltanschauung gegründete Versuch, der *Befreiung vor allem der aufstrebenden bürgerlichen Schicht aus feudaler und kirchlicher Abhängigkeit und Bevormundung*. Die ständische Gesellschaftsordnung und ihre Rechtfertigung durch ein vorgegebenes religiöses Weltbild sollte einer auf Vernunft gegründeten Form menschlichen Zusammenlebens weichen.

(2.) *Der Glaube an die wissenschaftliche Erforschbarkeit und Erklärbarkeit der äusseren und der inneren Natur.* Vor allem von Mathematik, Naturwissenschaften und einer dem rationalen Prinzip verpflichteten Philosophie erwartete man die Bereitstellung des notwendigen Wissens zu Erklärung und Beherrschung von Natur und Gesellschaft.

(3.) *Die Bewertung von Arbeit und Beruf als ökonomische Leistung in der Perspektive eines neuen sozio-ökonomischen Denkens.* Nicht mehr die soziale Herkunft, sondern die berufliche Leistung sollte künftig über die gesellschaftliche Stellung des Individuums entscheiden.

(4.) *Das Verständnis gesellschaftlicher Emanzipation als Prozeß von steuerbaren individuellen Lernprozessen.* Die Verbindung von Individuum und Vernunft, vermittelt als geplante Erziehung, galt als wichtigste Voraussetzung für individuelle Mündigkeit und gesellschaftliche Emanzipation.

(5.) *Die Postulierung von individueller Vollkommenheit und gesellschaftlicher Brauchbarkeit als zentrale Erziehungsziele.* Dies setzt indes den Glauben an eine Harmonie von Individual- und Gemeinschaftsinteresse voraus, der sich in der Erziehungsrealität schnell als utopische Erwartungshaltung erwies und daher auch das Haupteinfallstor für die neuhumanistische Kritik wird.

Die im Begriff der Aufklärung enthaltene erzieherische Perspektive ist im Grunde so beherrschend, daß man das Jahrhundert der Vernunft bzw. das philosophische Jahrhundert mit gleichem Recht – wie *Joachim Heinrich Campe* im Vorwort seines Revisionswerkes (1785) schreibt – auch das *Jahrhundert der Pädagogik* nennen könnte. *Herwig Blankertz* subsumiert die entscheidenden Gemeinsamkeiten, die für nahezu alle Aufklärungsphilosophen bzw. -pädagogen galten, unter die folgenden Punkte:

(1.) Erziehung liegt in der Hand des Menschen und kann zum Gegenstand einer eigenen Reflexion gemacht werden.

(2.) Es gibt die Methode der richtigen Erziehung; ihre Eigenstruktur kann über alle Deformationen und Mißbräuche hinweg freigelegt werden.

(3.) Erziehung muß das Kind als Kind, und nicht als kleinen Erwachsenen sehen; die Zuversicht erziehen zu können, gründet also in der Hinwendung zum Kind.

(4.) Erziehungsbedürftigkeit begründet die Forderung nach einer allgemeinen Schulpflicht; der Staat ist aufgefordert, ein lückenloses Schulsystem aufzubauen.

(5.) Die Möglichkeit einer rational verankerten und vorgehenden Pädagogik entbindet die Schule von der Bevormundung der Kirche.

Trotz dieser eindeutigen Prinzipien konnte sich die Aufklärungspädagogik der merkantilistischen Wirtschaftsgesinnung bzw. -praxis des spätabsolutistischen Staates nicht entziehen. Deren Hauptproblem bildete die Organisation einer Ökonomie, die den gestiegenen Geldbedarf des neuzeitlichen Staates zu befriedigen vermochte. Bei diesen Überlegungen wurde dem Erziehungswesen von den wichtigen Theoretikern und Planern eine zentrale Rolle zugewiesen: wenn der auf allgemeine Wohlfahrt und wirtschaftliche Prosperität festgelegte „aufgeklärte" absolute Staat von seinen Untertanen effiziente Berufsleistungen erwarten wollte, so lag es natürlich nahe zu verlangen, daß er dann auch geeignete Maßnahmen ergreifen sollte, um den Erwerb der Voraussetzungen für diese Leistungen zu garantieren.

Auf diese Weise entwickelte sich das 18. Jahrhundert zum „Zeitalter der Standes- und Berufserziehung" (*A. Heubaum*), d. h. die Aufklärungspädagogik verstand sich zu einer Koalition mit der Wirtschaftsgesinnung des Spätabsolutismus, die eine Ausrichtung der Erziehung auf Erwerb und arbeitsteilige Berufsausbildung vorsah, eine Position, die der nachfolgende Neuhumanismus als zutiefst fragwürdig und daher bekämpfenswert ansah. Indessen können die von den Merkantilisten entwickelten Schulpläne im 17. Jahrhundert – die alle nicht realisiert wurden – als erste Konzepte einer besonderen beruflich-realistischen Bildung für die Jugend der bürgerlichen Schicht gelten. In der Bildungshistoriographie werden immer wieder die Namen von drei „Projektemachern" genannt: *Johann Raue* (Professor an den Universitäten von Erfurt und Rostock, dann Lehrer an der Ritterakademie in Soroe/Dänemark), *Johann Joachim Becher* (handelspolitischer fürstlicher Agent, Polyhistor und Autor von etwa 50 Büchern) und *Veit Ludwig von Seckendorff* (Staatsbeamter in Gotha und Preussen, beteiligt an der Gründung der Universität Halle).

Werfen wir anschließend einen Blick auf das Bildungswesen in der Zeit der Aufklärung. Gegen Ende des 18. Jahrhunderts ließen sich in Deutschland drei institutionelle Formen der Nachwuchserziehung unterscheiden. Zum einen gab es die überlieferten Ausprägungen von Schule; auf dem oberen Niveau die „Lateinschulen", die z. T. schon den Namen „Gymnasium" führten. Auf diesen Einrichtungen wurde eine kleine Minderheit von (männlichen) Jugendlichen auf gelehrte und theologische Berufe vorbereitet. Diese Schule wurde schon lange nicht mehr als zeitgemäß angesehen und unterlag daher vehementer Kritik von allen Richtungen der Aufklärungspädagogik. Insbesondere die unteren Klassen der Lateinschule, die sog. „Trivialschule", die den spezifischen Bildungsinteressen der städtisch-bürgerlichen Mittelschichten Rechnung tragen sollte, hatte sich nicht auf diese Aufgabe einstellen können.

Zu den überlieferten Schulen gehörte auch die religiös ausgerichtete „Elementarschule", die als „Armenschule" die große Masse der Jugendlichen erfaßte. Diese Schule hatte im 18. Jahrhundert zumindest quantitativ, mit der zunehmenden Durchsetzung der allgemeinen Unterrichtspflicht, eine starke Ausweitung erfahren und existierte in den größeren Städten auch als „Stadtschule", eine Einrichtung, die sich von der Armenschule vorzugsweise dadurch unterschied, daß hier die Eltern Schulgeld zu entrichten hatten. Als Alternative zur Elementarschule entwarfen die Aufklärungspädagogen die sog. „Industrieschule", ein Konzept, mit deren Hilfe die Durchsetzung der Schulpflicht vorangetrieben werden sollte, indem man die Notwendigkeit der Kinderarbeit einfach akzeptierte und zum Bestandteil der Schule selbst machte. Industrieschulen, so *H. Blankertz*, waren „im Grunde von Kindern betriebene Gewerbeunternehmen, die den Bedürfnissen der Elementarschulen angepaßt waren" (Blankertz 1982, S. 60).

Neben diesen allgemeinen Schulen existierte in Deutschland im 18. Jahrhundert noch verbreitet die *traditionelle Lehrlingsausbildung*, vor allem im Handwerk, zu der indes auch nur eine qualifizierte Minderheit von (männlichen) Jugendlichen Zugang hatte. Die Lehrlingsausbildung bildete fast über 800 Jahre hinweg in Europa den wichtigsten Teil eines ständisch geprägten Gesamterziehungsprozesses, d. h. sie war für die Angehörigen des alten Mittelstandes die entscheidende Institution gesellschaftlicher wie fachlicher Qualifizierung. Im deutschen Kulturraum behielt diese traditionelle Erziehungsform besonders lange eine Orientierungsfunktion, was es gerechtfertigt erscheinen läßt, sich mit ihren Besonderheiten kurz auseinanderzusetzen.

## 2.1 Traditionelle Berufserziehung – das Modell der ständischen Handwerkslehre

Seit dem 12. Jahrhundert bestimmten die in der mittelalterlichen Stadt entstandenen Zünfte mit ihrem i. d. R. nicht kodifizierten Gewohnheitsrecht den äußeren Rahmen der ständischen Handwerkererziehung. Die Zunft (von ahd. zumft = das was sich ziemt) war in umfassender Weise zugleich eine politische, militärische, polizeiliche, religiöse, kulturell-gesellige und wirtschaftliche Institution, die als Lebens- und Werkgemeinschaft sowohl das familial-häusliche Leben ihrer Mitglieder, wie auch ihre Arbeits-, Werk- und Geschäftsregeln normierte (vgl. John 1987).

Diese umfassenden Funktionen schlossen die Regelung der Nachwuchsrekrutierung und -qualifikation ganz selbstverständlich mit ein. In wohl nicht zufälliger Parallele zur Adels-, Geistlichen- und Gelehrtenerziehung hatten die Zünfte einen gestuften Ausbildungsgang entwickelt – vom *Lehrling über den Gesellen zum Meister*, dem Vollgenossen der Zunft – dessen pädagogische wie methodische Vorbildlichkeit bis heute nachwirkt. Das Meisterrecht verbürgte und legitimierte sowohl die Beherrschung der handwerklichen Fertigkeiten wie der zünftigen Verhaltens- und Lebensweise. Aus der Zunftmitgliedschaft leitete sich die Befugnis ab, das Handwerk in selbständiger Form zu betreiben, aus beidem – Meisterrecht und Zunftmitgliedschaft – ergaben sich Recht und Verpflichtung der ständischen Nachwuchserziehung, d. h.der Übertragung der fachlichen Kompetenz und der korporativ-ständischen Tugenden auf die nachwachsende Generation.

Der ständisch-handwerkliche Qualifizierungsprozeß kannte, obwohl gestuft, nur einen verbrieften Qualifikationsnachweis: den Meisterbrief. Bei den sog. „Lehrzeugnissen" handelte es sich nicht um Gesellenbriefe im heutigen Verständnis, die fachpraktische, fachtheoretische und sonstige Leistungen bestätigen, nachgewiesen in einer fachlichen Examinierung. Die traditionellen Lehrbriefe bestätigten lediglich die formelle Erfüllung des ersten Abschnittes des handwerklichen Sozialisationsprozesses, der „Lehrzeit". Allein wichtig für den weiteren Werdegang der „Ausgelernten" war die „Freisprechung vor offener Lade", der Zunftlade nämlich, d. h. die rituelle Entlassung „in Ehren" aus dem Schutzverband des Meisterhaushaltes. Nur diese Freisprechung, nicht der Nachweis spezifischer fachlicher Qualifikationen, eröffnete dem Lehrling den Zugang zu den Gesellenbruderschaften, und damit den Eintritt in die nächste Qualifikationsstufe, die sog. „Wanderjahre" (vgl. Stratmann 1967).

Den engeren Rahmen ständisch-handwerklicher Erziehung markierte die Familie des Lehrmeisters. Bei Eintritt in die Ausbildung ging nicht nur die Erziehungsgewalt der Eltern des Lehrlings an den Meister über, der Lehrling wechselte auch ganz in dessen Lebens- und Tätigkeitsbereich über: er trat in sein „Haus", und das bedeutete *in seine Werkstatt und seinen Haushalt*, ein, war also dem Mitvollzug des Lebensalltags im Meisterhaushalt ganz unterworfen (vgl. Brunner 1968). Das handwerkliche wie familiale Erziehungsverhältnis ist durch direkte, persönliche Autoritätsausübung, d. h. einen pädagogisch-unmittelbaren Bezug zwischen Erzieher und Zögling geprägt, nicht durch vorwiegend formale Organisationsprinzipien, wie z. B. in der Schule oder der Lehrwerkstatt. Die Vermittlung von Fertigkeiten, Kenntnissen wie berufsspezifischen Verhaltensweisen und Einstellungen, also das berufliche Lernen, findet also im direkten persönlichen Umgang von Meister und Lehrling statt, nicht nach dem Muster einer didaktischen „Theorie“. Die Person des Meisters in seiner Eigenschaft, als „ehrbarer Zunftgenosse“, als Lehrherr, Hausvater und Familienoberhaupt gibt also die unmittelbare Zielperspektive der traditionellen Lehre ab; die *Imitation* seiner beruflich-fachlichen Fähigkeiten und die *Identifikation* mit seinen personalen Kompetenzen definiert das überkommene handwerkliche Modell beruflichen Lernens.

Das Modell handwerklich-ständischer Sozialisationskultur bildet also einen in sich geschlossenen Zirkel beruflich-fachlicher Information. Das Erziehungsprinzip von Imitations- und Identifikationslernen verkörpert einen wichtigen Mechanismus von Tradition: über das Nachahmen und Vorleben sollen die bewährten Normen des Standes verinnerlicht, die überkommenen fachlichen Bestände angeeignet und als verpflichtende „Gewohnheit“ weitervermittelt werden. Abweichungen von der Tradition, auch in technischen Dingen, sind dabei weder vorgesehen noch erlaubt, da sie ein unerwünschtes Potential von Gefährdung und Risiko in die Geschlossenheit der ständischen Welt einschleusen könnten. „Dem Lehrling eine andere Technik zu vermitteln, als sie der Meister für gut befand, hieß, ihn ‘verführen’, ihn vom rechten Weg abbringen und zu bösen Dingen verlocken. Anders zu arbeiten als der Meister war abwegig“ (Stratmann 1993, S. 237).Das technische Vermögen des Meisters, oder aber auch sein Unvermögen, galt als Norm, an der nicht zu rütteln war. Berufliche Tüchtigkeit im Sinne individueller Konkurrenzfähigkeit konnte unter dieser Perspektive nicht das Ziel ständisch-handwerklicher Berufserziehung sein, sehr viel wichtiger war die verläßliche Einfügung in den vorgebenen Traditionszusammenhang.

Angesichts dieser Sachlage verwundert es nicht, daß die Zunftvorschriften über die Lehre in den einzelnen Berufen keine inhaltlichen, sondern fast ausschließlich formale Vorschriften enthalten. Das entscheidende war die straffe Regelung des Zugangs zur Zunft. Die Aufnahmebedingungen für Lehrlinge bildeten insofern das Instrument der Abgrenzung nach außen und der Wahrung von Geschlossenheit nach innen. In der Regel wurde von den Bewerbern um eine Lehrstelle neben der körperlichen und geistigen Eignung der Nachweis der ehrlichen, christlichen und ehelichen Geburt verlangt; Mädchen waren genauso vom Zugang zu handwerklichen Berufen ausgeschlossen wie beispielsweise die Juden.

Auch die Lehrlingsausbildung wurde – wie die didaktisch überholten Lateinschulen und die pädagogisch kaum zu legitimierenden Armenschulen – als Veranstaltung der alten Feudalgesellschaft von Seiten der Aufklärungspädagogik wie von den Verfechtern einer merkantilistischen Wirtschaftsordnung beständiger und massiver Kritik unterzogen (vgl. Stratmann 1967). Der Verfall des klassischen berufsständischen Erziehungsmodells, dessen Beginn spätestens mit dem Ende des Dreißigjährigen Krieges anzusetzen ist, war im 18. Jahrhundert bereits weit fortgeschritten: die beiden zentralen Sozialisationsagenturen, die Zunft und „das ganze Haus“ des Meisters hatten ihre prägenden Wirkungen endgültig verloren. Der Niedergang der Zünfte, beschleunigt durch die zunehmenden Mißbräuche, vor allem im Handwerk, hatte den Staat herausgefordert, eine verbindliche Handwerksordnung wieder herzustellen: so verloren 1731 in Deutschland durch „Reichsabschied“ die Zünfte ihr Recht auf Selbstgestaltung ihrer Verhältnisse – das Zeitalter autonomer Handwerkskultur in Deutschland war damit faktisch beendet.

Die Auflösung des Meisterhauses als Erziehungsinstitution erzwangen die sich verändernden Produktionsverhältnisse, die letztlich zum Austritt von Lehrlingen und Gesellen aus dem unmittelbaren Familienverband führten. Die damit verbundene Reduzierung der Lehre von einem sittlichen Verhältnis zu einem auf die technische Qualifizierung beschränkten Vertragsverhältnis stellte sich sehr schnell als eine „Krise der Berufserziehung“ dar, die nach neuen Qualifikationsmustern verlangte (vgl. Stratmann 1967).

Als Antwort auf eine eher als allgemein empfundene Erziehungskrise hatten sich im 18. Jahrhundert bereits neue Einrichtungen herausgebildet, die teils von der Aufklärungspädagogik gefördert wurden, teils als ihre unmittelbaren Hervorbringungen angesehen werden müssen. Hierzu zählen die „Ritterakademien“ für die Jugendlichen des Adels, ihre quasi bürgerliche Variante in der Form der „Philantropine“ als eine Alternative zur traditionellen Lateinschule, die mathematisch-ökonomischen Realschulen für die städtisch-wirtschaftsbürgerlichen Schichten und die ersten berufsbezogenen Fachschulen.

## 2.2 Eine neue Institution – die „realistischen“ Schulen des 18. Jahrhunderts

Das zunehmende Versagen der Lenkungsmechanismen der ständischen Gesellschaft und der Verfall der etablierten Berufs- und Standeserziehung seit dem 17. Jahrhundert beförderten schon um die Wende zum 18. die Entstehung neuartiger Institutionen zur Ergänzung, Korrektur und Kompensation des überlieferten Sozialisationsmodells.

Schon 1699 plante der Pietist *Hermann August Francke (1663–1727)* ein „Pädagogium, das Realien und nützliche Kenntnisse“ vermitteln sollte. Sein Zeitgenosse *Christoph Semler (1669–1740)* konkretisierte diese Absicht im Vorschlag einer „mathematischen Handwerksschule“ (1705) in Halle, der ab 1709 in Form der „Mathematischen und Mechanischen Realschule“ kurzzeitig realisiert wurde. Anschließend an diese Vorbilder eröffnete dann *Johann Julius Hecker (1707–1768)* in Berlin als Erweiterung seiner zentralen Schulgründung 1746 eine „mechanische Real-Classe bey seiner Schule“ – eine Art Übergangsklasse zwischen allgemeiner Schulbildung und Berufsausbildung –, deren Programm er 1747 einer „ökonomisch-mathematischen Realschule“ mit eigenen Klassen übertrug (vgl. Homann 2001, S. 15 ff.). Diese in der deutschen Schulgeschichtsschreibung zu dauerhaftem Ruhm gelangte Einrichtung war für junge Leute gedacht, die nicht studieren, sondern „künftig durch die Feder, durch die Handlung, durch Pachten, durch Wirtschaften auf dem Lande, durch schöne Künste, durch gute Manufakturen und Professionen“ sich ihren Lebensunterhalt verdienen sollten (zit. nach Müller 1977, S. 641).

In einem System von Parallelunterricht wurden die Schüler in Fachklassen unterrichtet, deren Niveau vom Leistungsvermögen, nicht vom Alter der Schüler bestimmt waren. Neben Sprachen (Latein, Griechisch, Hebräisch, Französisch) und Elementarunterricht (Lesen, Schreiben, Rechnen) wurden besondere Klassen für Mathematik, Physik, Geographie, Geschichte, Architektur, Manufaktur, Bergwerk und Ökonomie angeboten. Es sollte nicht das Ziel der Realschule sein, „die jungen Leute, (...) zu gewissen Profeßionen ganz fertig zu machen: sondern der Zweck gehet dahin, sie durch die Vorbereitungs-Wissenschaften tüchtiger zu machen in ihrem künftigen Metier das nöthige besser und geschwinder zu fassen, aus der Natur-Lehre und Mathematik erlernte Sachen auf ihre Umstände zu appliciren“ (zit. nach Homann 2001, S. 29 f).

Den frühen Realschulen des 18. Jahrhunderts war letztlich eine doppelte Aufgabe zugewiesen: sie sollten zum einen das Berufswahlproblem in der immer weniger ständisch normierten Gesellschaft des 18. Jahrhunderts entschärfen, zum anderen die zunehmend in die Kritik geratene handwerkliche Berufsausbildung durch Theorievorgaben fundieren und sie dadurch im Hinblick auf den technischen Wandel effizienter machen (vgl. Stratmann 1966 und 1971).Diese Realschulen wurden indes nicht in der Absicht gegründet, die handwerkliche Lehre zu ersetzen, was letztlich zur Sprengung des Instituts der Meisterlehre hätte führen müssen; sie markieren lediglich den Versuch des Merkantilismus, „indirekt und vermittels besser vorbereiteter Jugendlicher eine inhaltliche, aber auch organisatorische Veränderung der nachfolgenden Lehre zu bewirken“ (Stratmann 1971, S. 658).

Nach Stratmanns Interpretation war dieses Programm *fundamental*, sofern es die für die gewerblichen Lehrlinge notwendigen bzw. brauchbaren mathematischen und naturwissenschaftlichen Grundlagen ihrer künftigen beruflichen Arbeit zu vermitteln suchte; indes war es aber auch weitgehend *berufsunspezifisch*, sofern es sich ausdrücklich nicht auf berufliche Spezialisierung hin konzipiert verstand. Mit den Realschulen des 18. Jahrhunderts, so Stratmann, war (noch) nicht eine Rationalisierung der handwerklich-betrieblichen Ausbildung intendiert, sie müssen vielmehr als spezifisch berufspädagogischer Umsetzungsversuch der großen philosophisch-pädagogischen Idee des 18. Jahrhunderts verstanden werden, im Sinne der Aufklärung die Freisetzung der Vernunft des Individuums zu befördern.

Realschulgründungen in der beschriebenen Form setzten sich im späten 18. Jahrhundert und im 19. Jahrhundert fort, so z. B. in Österreich und in Bayern, doch wenige Jahrzehnte später brach diese erste Realschulentwicklung abrupt ab: die bestehenden Schulen verloren ihren Berufsbezug und wurden in das Lager der

„Allgemeinbildung“ überführt (vgl. Grüner 1967). Gescheitert war das Programm der Realschulen aus vielfältigen Gründen, nicht zuletzt jedoch an dem – hier erstmals aufbrechenden – zentralen didaktischen Dilemma der beruflichen Grundbildung: soll diese die Generalia vermitteln, die – streng im Sinne des exemplarischen Prinzips – für alle Berufe (oder zumindest für eine große Gruppe) Gültigkeit und Nutzen besitzen, so muß bei der Curriculum-Konstruktion mehr oder weniger der Berufsbezug aufgegeben werden. Diese Konsequenz kollidiert indes massiv mit dem entscheidenden Struktur- bzw. Entwicklungsprinzip der Berufswelt, nämlich mit ihrer Tendenz zur (fortschreitenden) Spezialisierung. Betrachtet man die innere und äußere Organisation der frühen Realschulen etwas genauer, so äußert sich diese Diskrepanz sowohl in einer unsicheren, d. h. eher beliebigen Fächerwahl als auch in z. T. inkonsequenten Klassenbildungen. Auch wenn die zukünftige Schulpolitik nicht vom Neuhumanismus beherrscht worden wäre, hätte sich dieser Schultyp wohl kaum durchsetzen lassen. Schon unter dem Nachfolger *J. J. Heckers* setzte die „Verwirklichung der Tendenz zur Gelehrtenschule“ ein, d. h. die außergymnasialen Zweige der Schule verkümmerten, und 1797 mutierte das „Pädagogium“ – ein Teil der ursprünglichen Gründung – zum „Kgl. Friedrich-Wilhelms-Gymnasium“ (vgl. Lundgreen 1975, S. 11 f.; Homann 2001, S. 46 ff.).

Neben dem Bemühen, Berufswahl und Berufsvorbereitung der angehenden Handwerker auf eine modernere Grundlage zu stellen, läßt sich im 18. Jahrhundert indes auch ein breiter angelegter Versuch ausmachen, auf den zunehmenden Verfall der zunftorientierten Lehre direkt zu reagieren. Nichts anderes nämlich manifestiert sich in der Gründungswelle von zahlreichen „Zeichen- und Handwerkerschulen“ zwischen 1770 und 1800 in privater, kommunaler und auch z. T. staatlicher Trägerschaft (vgl. Lipsmeier 1971, S. 80 ff.). Mit diesen Schulen verband sich die pädagogische Absicht, dem traditionellen Qualifikationsmodell durch eine schulisch-systematische Ergänzung die fehlende Modernität zu verschaffen.

Erste Schulen dieser Art wurden in Hamburg (1767), Karlsruhe (1768) und Durlach, Weimar (1775), Eisenach (1784), Hannover (1791), München (1793) und Lübeck (1795) gegründet. Verbindlichen Charakter für angehende Maurer und Zimmerleute bekamen diese Schulen erstmals 1768 durch *Markgräfliches Generaldekret in Baden*, eine Maßnahme, die für die Entstehung des „deutschen Systems der Berufsausbildung exemplarische Bedeutung erhielt (vgl. Stratmann 1967, S. 239 ff.). Neben dem konstruktiven Verständnis galt es vor allem „den Geschmack der Handwerker zu veredeln“; beides zielte in erster Linie auf die Bau- und Baunebenberufe, für die diese Schulen explizit gegründet worden waren. Obwohl z. B. auch Tischler, Dreher, Schlosser, Gürtler und Sattler die Zeichenschulen frequentierten, wurde i. d. R. – nach einem Grundkurs in Geometrie – ausschließlich das Architekturzeichnen geübt: und dies war hauptsächlich Ornament- bzw. Dekorationszeichnen. Dies lag einmal daran, daß als Lehrer fast nur Architekten gewonnen werden konnten, zum anderen aber auch an der – später in die sog. „Kunstgewerbebewegung“ einmündende – Überzeugung, daß die Rettung des Handwerks nur von seiner erfolgreichen Spezialisierung auf Erzeugnisse „des guten Geschmacks“ zu erwarten sei (vgl. Lipsmeier 1971, S. 223 ff.).

In Preußen übernahmen diese Funktion die (Provinzial)Kunst- und Handwerkerschulen, deren Prototyp 1797 in Berlin eingerichtet wurde – „zu mehrerer Vervollkommnung aller Mechanischer Handarbeiter (Professionisten)“. Auch hier bildete Zeichnen das Zentrum der Ausbildung, indes finden sich ebenso Mathematik, Geometrie, Architektur, Perspektive und Optik im Lehrplan. Die „Kunstzeichenschule“ unterstand der Kunstakademie, die in den nächsten Jahren noch weitere Institute in den preussischen Provinzen einrichtete, so in Königsberg (1790), Halle (1791), Breslau (1791), Magdeburg (1793), Danzig (1803) und Erfurt.

Die nach dem Rotationsprinzip arbeitenden Schulen – alternativ wurden sowohl Lehrlinge wie Gesellen ausgebildet – bedienten bis zu 30 „Professionen“, bei denen es auf eine „geschmackvolle Bearbeitung von Sachen“ ankam, z. B. so unterschiedliche Berufe wie Tischler, Posamentierer, Formstecher, Seidenwirker, Gürtler, Maler, Schlosser, Stuhlmacher, Bildhauer, Kupferstecher, Maurer und Goldarbeiter (vgl. Lundgreen 1975, S. 13).

Das Ornament- und Dekorationszeichnen war für die geistige Durchdringung der Handwerkspraxis natürlich nicht die geeignete Disziplin, insbesondere nicht für die sog. „konstruierenden Berufe“, wozu hauptsächlich die Bauberufe zählen. Da es auf diese jedoch besonders ankam, erfolgte schon um 1800 für die Kunst- und Handwerkerschulen Preußens eine amtliche Lehplankorrektur: neben das freie Handzeichnen, Modellieren und Bossieren traten einige für die konstruktiv-technische Ausbildung wichtige analytische Fächer (Arithmetik, Geometrie nebst geometrischem Zeichnen, Mechanik, architektonisches und Entwurfszeichnen (vgl. Lundgreen 1975, S. 14 f.).

Während also die Zeichen- und Handwerkerschulen sowie die Realschulen des 18. Jahrhunderts sich noch mehr oder weniger auf den Rahmen der mittelalterlich-ständischen Tradition bezogen, findet sich am Ende des 18. Jahrhunderts auch der erste konsequente Versuch der Abkoppelung beruflicher Bildung von diesen überkommenen Beständen. Auf dem Höhepunkt der Revolution wurde 1794/95 in Paris die *Ecole Polytechnique* gegründet, eine Einrichtung, die während der ersten Jahre des 19. Jahrhunderts für zahlreiche europäische Staaten zum beherrschenden Orientierungsmuster für die innere und äußere Organisation der technischen Bildung wurde.

## 2.3 Ecole Polytechnique – das erste Konzept einer wissenschaftlich-technischen Grundbildung

Im Gegensatz zu den Realschulen verfügte die Ecole Polytechnique bereits von Anfang an über ein organisierendes didaktisches Prinzip: die *géométrie descriptive* des Mathematikers *Gaspard Monge (1746–1818)*, Hauptinitiator und zeitweiliger Direktor dieser Schule. Monge ging bei seinen didaktischen Überlegungen von der Frage aus, welcher Art die Kenntnisse sein müßten, die der höhere Techniker bei seiner Arbeit benötigt. Seine Antwort basierte auf der Erfahrung, daß technische Gebilde stets körperhaft sind, sich in Bewegung befinden und aus bestimmten Stoffen bestehen. Die Kenntnisse des künftigen Ingenieurs müßten sich also auf die Formen der Körper, auf ihre Bewegungen und ihre stoffliche Beschaffenheit beziehen. Zur Analyse der Form der Körper entwickelte Monge seine *Darstellende Geometrie*, die dann im Zuge der Einrichtung sog. polytechnischer Schulen wichtiger Bestandteil der Ingenieurausbildung wurde. Sie ist bei Monge eine mathematische Disziplin, ebenso wie die als praktische Mathematik begriffene Mechanik, welche die Kenntnisse über die Bewegungen der Körper liefern sollte (vgl. Paul 1980).

Die Kenntnisse von ihren stofflichen Eigenschaften sollte vorzugsweise durch das Studium der Physik erworben werden, durch Experimente in Labor und Werkstatt. Mathematik und Physik mit ihren zahlreichen Anwendungen bildeten deshalb den Schwerpunkt im Lehrplan der Ecole Polytechnique. Technik wurde bei Monge also vorzugsweise als angewandte Mathematik und angewandte Physik begriffen; eine eigenständige Maschinenlehre, wie sie 50 Jahre später *F. Redtenbacher* in Karlsruhe begründete, lag noch außerhalb der didaktischen Überlegungen von Monge.

Folgen wir der Interpretation von *Blankertz*, so war damit ein verändertes Verhältnis von Theorie und Praxis definiert: das Prinzip der Utilität rückte in den Vordergrund; „aller Unterricht bekommt ein praktisches Ziel, nämlich die späteren Ingenieure zu befähigen, Mathematik und angewandte Wissenschaften in allen nur denkbaren Anwendungsbereichen einsetzen zu können. Die Möglichkeitsbedingung dafür, alle Bereiche zu erfassen, wurde in der *Polyvalenz* von Mathematik und Naturwissenschaften gesehen" (Blankertz 1969, S. 68 f.). Nicht mehr durch die nachträgliche Applikation mathematischer und naturwissenschaftlicher Erkenntnisse zu den traditionsgebundenen Erfahrungsregeln der einzelnen Gewerbe und Berufe sollte die praktische Verfügbarkeit über die materielle Welt hergestellt werden, sondern durch die Unterwerfung jeglicher Praxis unter das mathematische Kalkül und das naturwissenschaftliche Experiment.

Diesem neuartigen Theorie-Praxis-Verhältnis hatte selbstverständlich auch die Neuorganisation der Technischen Schulen im revolutionären Frankreich zu folgen: die Ecole Polytechnique sollte nicht als additive Zusammenführung aller technischen und naturwissenschaftlichen Ausbildungsgänge an die Stelle der bestehenden Spezialschulen (Ecole des Ponts et Chaussees, Ecole des Mines etc.) treten, sondern als *école préparatoire* mit einer „Theorie der technischen Weltbeherrschung" (Blankertz) auf den nachfolgenden Besuch der *écoles d'application* – wie die Spezialschulen künftig genannt wurden – vorbereiten. In dieser Weise muß das Adjektiv „poly-technisch" verstanden werden.

Die Ecole Polytechnique ist mit ihrer "konstitutiven Idee, daß nur auf der Basis umfassender mathematisch-naturwissenschaftlicher Kenntnisse das Rüstzeug beschafft werden könne, um die mechanischen, physikalischen und chemischen Naturkräfte zu beherrschen und nutzbar zu machen, und mit ihrem Lehrsystem" das normsetzende Vorbild der polytechnischen Lehranstalten in Österreich, Deutschland und der Schweiz geworden (vgl. Manegold 1970, S. 21 f.). Als „Urbegriff aller höheren technischen Bildungsanstalten" (Ladomus) spielte sie in den ersten Jahrzehnten des 19. Jahrhunderts bei allen Erörterungen und Plänen zur Begründung von Schulen dieses Typs eine wichtige Rolle. Im deutschen Sprachraum entstand nach einigen Vorläufern 1806 das „Ständische Polytechnische Institut" in Prag durch die Initiative von *Franz Josef Ritter von Gerstner.* Die „Emporbringung der vaterländischen Gewerbe durch wissenschaftlichen Unterricht" – vor allem der zu dieser Zeit schon beachtlichen böhmischen Textilindustrie – beförderte als Motiv auch 1815 die Einrichtung des „K.k. Polytechnischen Instituts" in Wien, eine Anstalt, aus der *K. Karmarsch* und *F. Redtenbacher*, die wichtigen Beförderer technischer Bildung in Hannover und Karlsruhe, hervorgingen. Die 1825 durch Erlaß des *Badischen Großherzogs Ludwig* aus Bau- und Ingenieurschule geschaffene „Polytechnische Schule" mit Hochschulrang in Karlsruhe blieb in Deutschland indes die einzige spätere Technische Hochschule, die weitgehend dem französischen Vorbild der Ecole Polytechnique folgte (vg. Grüner 1967, S. 15). Die übrigen sog. „polytechnischen Schulen" in Deutschland hatten, wie *Gustav Grüner* in seiner Untersuchung schreibt, um 1850 lediglich Fachschulcharakter (vgl. S. 16 ff.).

# 3. Kapitel: Der Sieg der „humanistischen“ über die „realistische“ Bildung unter dem Banner von Neuhumanismus und idealistischer Philosophie

Es bedarf einer besonderen Erklärung, daß in Deutschland die Reform des Bildungswesens am Anfang des 19. Jahrhunderts, an der Schwelle zum Industriezeitalter, sich nicht an den modernen von der Aufklärung eröffneten Perspektiven und rational begründeten Disziplinen orientierte, sondern an einer geistesgeschichtlichen Bewegung, die eine folgenreiche Rückwendung zur Antike vollzog.

Wie schon in der Einleitung angedeutet, ist die Hinwendung der Deutschen zur griechischen Kultur nicht verständlich ohne die vorgängige kulturelle Dominanz des Französischen, insbesondere der französischen Literatur mit ihrer Orientierung am Bildungsideal des Hofes und der Adelsgesellschaft. Wichtiger erscheint indessen, daß der Neuhumanismus mit seiner Hinwendung zu den Griechen einen wesentlichen Bestandteil der sog. „Deutschen Bewegung“ bildete, eine für die Entwicklung des deutschen Nationalbewußtseins zentrale geistesgeschichtliche und künstlerische Strömung, die – wie die einschlägige Literatur ausweist – etwa vom Ende des Siebenjährigen Krieges bis zum Vormärz reicht oder von 1781, dem Erscheinungsjahr von *Kants* „Kritik der reinen Vernunft“ bis 1831, dem Todesjahr *Hegels*. In dieser Zeitspanne, die literarisch den „Sturm und Drang“, die „Weimarer Klassik“ und den Beginn der deutschen Romantik umfaßt, festigte sich ein spezifisches bildungsbürgerliches Welt- und Kulturverständnis, das aufgrund der beschriebenen politischen Machtlosigkeit seiner Trägerschicht in der konsequenten Abtrennung der „Bildung“ von der gesellschaftlichen Wirklichkeit und in der Abwendung von Kultureinflüssen der westlichen Nachbarn die entscheidende Chance sah, wenigstens so etwas wie eine kulturell-geistige Hegemonie, ein gesellschafts- und geschichtsmächtiges Deutungsmuster durchzusetzen.

Die Polemik der neuhumanistischen „Schulmänner“ gegen die Aufklärungspädagogik ist in ihrer oft maßlosen Übertreibung ein sicheres Zeichen dafür, daß es hier nicht um pädagogische „Lehren“ oder „Wahrheiten“ geht, sondern um Macht und Einfluß. Man kann dabei das böswilligste Produkt dieses geistigen Feldzuges, die Streitschrift von *Ernst August Evers* (Rektor an der Kantonschule zu Aarau, Schüler von F.A. Wolf) „Über die Schulbildung zur Bestialität“ getrost beiseite lassen. *Friedrich Immanuel Niethammer*, der Freund Hegels, Briefpartner von Goethe, Schiller, Fichte und Schelling, der in den kirchen- und schulpolitischen Auseinandersetzungen seiner Zeit eine wichtige Rolle spielte, bietet in seiner bekannten Schrift „Der Streit des Philanthropinismus und Humanismus in der Theorie des Erziehungsunterrichts unserer Zeit“ (1808) ein ausreichendes Zeugnis von bewußtem und gezieltem Mißverstehen der Aufklärungspädagogik und ihren durchaus ehrenwerten Bemühungen.

*Niethammer*, seit 1804 im bayerischen Staatsdienst aktiv, vertrat als Reformkonzept eine ähnliche Schulorganisation wie sie das bekannte *Humboldtsche* preußische Reformmodell vorsah. Beide favorisierten ein stufenmäßig gegliedertes Bildungswesen, das sich konsequent am Prinzip der „allgemeinen Menschenbildung" orientierte. Als Beispiel sei das für die deutsche Bildungsentwicklung wichtigere preußische Modell kurz skizziert, das *Wilhelm von Humboldt* als kurzzeitiger Geheimer Staatsrat und Direktor der *Sektion des Kultus und Unterrichts im Preußischen Innenministerium* mit seinen wichtigen (und weit länger in diesem Bereich tätigen) Mitarbeitern *Johann Wilhelm Süvern* und *Georg Friedrich Nicolovius* in den Jahren von 1808 bis 1819 zu realisieren versuchte. Es beruhte – wie *Clemens Menze* dies anschaulich analysiert (vgl. Derselbe 1975, S. 121 ff.) – auf vier Grundsätzen:

(1.) Auf dem Vorrang der allgemeinen Menschenbildung vor aller speziellen Berufs- oder Standeserziehung. Humboldt zieht einen scharfen Trennstrich zwischen den allgemein-öffentlichen Bildungsschulen und den auf die „Bedürfnisse des Lebens und der einzelnen Gewerbe" ausgerichteten Fachschulen. Er erkennt wohl ihre Notwendigkeit an, verwirft aber eine Mischung von allgemeiner und beruflicher Bildung (vgl. Litauischer Schulplan).

(2.) Auf der Überzeugung daß es nur eine Art von allgemeinbildendem Unterricht geben könne, das Schulwesen also ein horizontal, nach Altersstufen gegliedertes Einheitsschulsystem sein müsse. Die Elementarschule bildet hier nicht mehr eine separate Schule für die armen Volksmassen, sondern die grundlegende Schule für die Vermittlung eines für alle gleichen Unterrichts unter der Zielperspektive allgemeiner Menschenbildung.

(3.) Auf der Forderung, daß der Staat aus der Zuständigkeit für die „Bildung" zu entlassen sei, wie Humboldt es in seiner Jugendschrift über die Grenzen des Staates verlangt hatte. Er setzte dabei voraus, daß der preußische Staat diesen Akt der Selbstbegrenzung aus eigenem Antrieb vollziehen würde. Unter dieser Voraussetzung verstand er auch seine Rolle als Staatsdiener.

(4.) Auf dem Vertrauen zur Kraft der Bildung, die den Menschen zur Selbstbestimmung, *auch zur politischen*, ermächtigen werde. Dieses spezifisch politische Moment der Bürgerfreiheit gehörte in besonderem Maße in den Kontext des Reformwerkes des *Reichsfreiherrn vom und zum Stein.*

Die reformerische Radikalität dieses Programms verantwortet sicherlich einige ihm anzulastende Brüche, auch ist sie nicht vollständig mit der sozio-ökonomischen wie politischen Realität Preußens nach 1810 zu vermitteln. Doch sie entsprach ziemlich exakt dem übergeordneten Sinn der *Stein-Hardenbergschen Reformen*, deren auf das Agrar-, Städte-, Verwaltungs- und Militärwesen gerichtete Maßnahmen alsbald aufgrund des reaktionären Widerstandes im Lande ins Stocken gerieten. Humboldt hatte angesichts dieser Umstände die Bedeutung einer langfristig wirkenden Bildungsreform wohl begriffen; seine abrupte Demission als Sektionschef nach nur sechzehn Monaten, weil ihm der bei seiner Berufung zugesagte Kabinettsrang nicht eingeräumt wurde, war sicherlich nicht – er blieb der preußischen Politik ja verbunden – von persönlichem Geltungsdrang diktiert.

Humboldt hat in diesen wenigen Monaten die preußische Bildungsreform – mit Gymnasialreform und Universitätsgründung als Kern – in den Hauptzügen eingeleitet und bildungspolitische Perspektiven vorgegeben, die fast ein ganzes Jahrhundert lang nicht nur die deutsche Schul- und Wissenschaftspolitik beeinflußten. Doch mit Humboldt setzt auch die Verrechtlichung des modernen Bildungswesens ein, das Berechtigungswesen, das mit der Monopolisierung des Abiturientenexamens als Zulassungsbedingung zu allen Universitätsstudien weitreichende Folgen heraufbeschwor. Wir zitieren nochmals *Herwig Blankertz*: „Man kann die gesamte Entwicklung der höheren Schulen in Deutschland während des 19. Jahrhunderts vom Kampf um dieses Gymnasialmonopol her aufschlüsseln. Humboldt hat diese Wirkung weder beabsichtigt noch vorhergesehen“ (Blankertz 1982, S. 125).

Jedoch nicht nur die Entwicklung des höheren Schulwesens zeigt sich beeinflußt vom Berechtigungswesen, mehr war noch das Schicksal der realistisch orientierten Bildungsinstitutionen betroffen. Werfen wir deshalb einen Blick auf das vom Neuhumanismus ausgegrenzte Fachschul- bzw. Gewerbeschulwesen, dessen Entwicklung seit der Zeit der Aufklärungspädagogik ja nicht vollständig abgebrochen worden war. Zu Beginn des 19. Jahrhunderts ergab sich für Deutschland, insbesondere für Preußen, hervorgerufen von den ersten Ansätzen regionalspezifischer Industrialisierung und vom ökonomischen Wiederaufbau nach den napoleonischen Kriegen, die Notwendigkeit, die Qualifizierung für die technischen Berufe neu zu überdenken.

Dabei lassen sich für Preußen, das von den deutschen Ländern dem Industrialismus den größten Entfaltungsspielraum einzuräumen geneigt war, vier mögliche Optionen für eine organisatorisch-didaktische Neustrukturierung ausmachen (vgl. Jost 1982, S. 44 f.):

- das Modell „Ecole Polytechnique“,
- das Modell „Bauakademie“,
- das Modell „Gewerbliche Fachschule“ und
- das Modell „Realschule“ resp. „Bürgergymnasium“.

Jedes dieser Modelle – d. h. eher die dahinterstehende grundsätzliche Ausbildungskonzeption – hat im Verlauf der Neuformation der technischen Bildung in Preußen eine gewisse Rolle gespielt, mit der Konsequenz, daß sich erst am Ende des Jahrhunderts ein vorläufiges Endergebnis der entsprechenden bildungspolitischen Auseinandersetzungen abzeichnete.

## 3.1 Ecole Polytechnique in Berlin? – ein vergeblicher Gründungsversuch

Anfang der 20er Jahre des 19. Jahrhunderts, kurze Zeit nachdem *Christian Peter Wilhelm Beuth (1781–1853)* als Leiter der Gewerbeabteilung im Preußischen Handelsministerium sein Konzept von Gewerbeförderung praktisch umzusetzen begann, unternahm das Preußische Kultusministerium den Versuch, eine Technische Hochschule nach dem Muster der Pariser Ecole Polytechnique zu gründen (vgl. Manegold 1966). Wie beim französischen Vorbild sollte der Schwerpunkt der Ausbildung auf mathematisch-naturwissenschaftlichen Studien liegen, in angeschlossenen Spezialschulen sollte der Qualifizierungsprozeß, orientiert an den spezifischen technischen Anwendungsgebieten, zum Abschluß gebracht werden. Für die geplante Eliteschule in der preußischen Hauptstadt war vorgesehen, die Eingangsvoraussetzungen noch oberhalb des Abiturs anzusetzen.

Der hohe wissenschaftliche Rang des Projektes sollte anfangs (1823) durch die Berufung des bekannten Göttinger Mathematikers *Carl Friedrich Gauß* deutlich gemacht werden, der indes nicht für einen Berliner Lehrstuhl zu gewinnen war. Auch die wiederholten Bemühungen in den Jahren 1827/28 sowie die in den 30er und 40er Jahren brachten das Kultusministerium der Realisierung seines Vorhabens nicht näher, obwohl das ehrgeizige Projekt auch von angesehenen Berliner Wissenschaftlern, wie z. B. von *Alexander v. Humboldt*, unterstützt wurde.

Fragt man nach den Gründen des Scheiterns, so bieten sich verschiedene Erklärungsversuche an. Das Fehlen entsprechender Finanzmittel dürfte vielleicht als unmittelbare Ursache für das Mißlingen der Pläne des Ministeriums und seiner Verbündeten infrage kommen, doch die wirklichen Gründe sind nicht so leicht aufzudecken (vgl. Lundgreen 1975, S. 30 ff.). Schon eher kommt in Betracht, daß mit Errichtung dieser Hochschule mit ihren elitären Eingangsvoraussetzungen das ganze System der preußischen Beamtenrekrutierung infrage gestellt worden wäre (vgl. Jost 1982, S. 48). H. Blankertz hat indes in seiner Auseinandersetzung mit dem Modell der Ecole Polytechnique darauf hingewiesen, daß ihre strikt auf Wissenschaft ausgerichtete Perspektive „dem aktuellen technisch-industriellen Entwicklungsstand" vorgegriffen habe, daß die ersten Jahrgänge von Absolventen in der beruflichen Praxis überhaupt nicht einsatzfähig gewesen wären (vgl. Blankertz 1969, S. 81 f. und S. 85).

Diese Einschätzung dürfte in Bezug auf die deutschen Verhältnisse von entscheidender Bedeutung sein: angesichts des geringen Bildungsstandes der Gewerbetreibenden – den z. B. die preußischen Beamten des Handelsministeriums immer wieder beklagten – versprach eine auf hohe Wissenschaft programmierte Bildungseinrichtung wie die Ecole Polytechnique – die erklärtermaßen für die Fachbildung technischer Beamter, und nicht für die von Gewerbetechnikern vorgesehen war – keine positiven Auswirkungen auf die Förderung der gewerblich-industriellen Produktion. Die Beamten des Preußischen Handelsministeriums, und hier besonders der junge Dynamiker *C.P.W. Beuth*, favorisierten daher eine andere Form von Gewerbeförderungspolitik, die eher auf Bildungsinstitutionen setzte, die sich der gewerblich-praktischen Ausbildung widmeten. Am Widerstand des Handelsministeriums, dem das Projekt Ecole Polytechnique nicht in das Konzept seiner Gewerbeförderung paßte, ist das Vorhaben einer frühen Gründung einer Technischen Hochschule in Berlin denn wohl auch letztlich gescheitert (vgl. Manegold 1966, S. 195).

## 3.2 Die „Bauakademie“ – ein Zwischenspiel

Die im Jahre 1799 gegründete Bauakademie ist nicht nur dem Datum nach eine Schulschöpfung des 18. Jahrhunderts. Sie zählt zu den Fachhochschulen, die der merkantilistisch orientierte Staat zur Ausbildung seiner zivilen und militärischen Beamtenschaft zwecks allgemeiner Steigerung des wirtschaftlichen und gesellschaftlichen Potentials einrichtete. Preußen knüpfte hierbei an das weithin beachtete französische Vorbild an und begründete 1770 eine Bergakademie, 1788 eine „Ingenieur“-Akademie (für Festungsbauingenieure), 1791 eine Artillerie-Akademie und eben 1799 die Bauakademie. Neben diesen Fachhochschulen, die eng auf den öffentlichen Dienst bezogen waren, existierten noch die Kunst-Akademie und die Militär-akademie (vgl. Lundgreen 1980, S. 51).

Der Vorgänger der Bauakademie, die „Architektonische Lehranstalt“ bei der Kunstakademie, vereinigte noch die beiden Ausbildungsgänge zum Bauhandwerker und zum Baubeamten, mit der Gründung der Bauakademie war indes eine Verlagerung auf das „Kameralbauwesen“ verbunden, d.h. die berufliche Qualifizierung von Baumeistern und Feldmessern als staatliche Baubeamte trat in den Vordergrund des Interesses. Die Ausbildung von Bauhandwerkern wurde einer neu geschaffenen „Bauhandwerkerschule“ übertragen, einer Teilzeitschule auf dem Niveau der Provinzial-Kunstschulen. Die Ausbildungszeit an der Akademie zum Feldmesser war mit eineinhalb, die zum Baumeister mit vier Jahren bemessen.

Die verlangten Vorkenntnisse – leserliche Handschrift, sichere Orthographie, eine Grundlage in der französischen und lateinischen Sprache sowie die Beherrschung der allgemeinen Rechenfertigkeiten – waren eher bescheiden angesetzt; sie unterschieden sich kaum von den Voraussetzungen, die für die Erlernung eines anspruchsvolleren Handwerks nötig waren, ein Umstand, der bereits 1802 zu einer Reorganisation der Schule führte und zur Anhebung der Eintrittsvoraussetzungen (Tertia- bzw. Sekundareife des Gymnasiums). Diese Regelung leitete die langjährige Trennung der Ausbildung der Baubeamten von der der Gewerbetreibenden im Bausektor ein, ein Dualismus, der erst mit der Gründung der Technischen Hochschule Berlin-Charlottenburg im Jahre 1879 aufgehoben wurde.

Die Bauakademie unterstand ebenso wie die Kunstakademie administrativ dem Preußischen Kultusministerium. Nachdem 1809 beide Anstalten wieder vereinigt worden waren, begann der Niedergang der Bauakademie, was schon 1812 dazu führte, daß das Handelsministerium aktiv wurde, das auch für die Bauverwaltung zuständig war, und daher ein erhebliches Interesse an gut vorgebildeten Baubeamten und Bauhandwerkern haben mußte. Wie *Peter Lundgreen* in seiner gründlichen Untersuchung über „Techniker in Preußen während der frühen Industrialisierung" im Detail beschreibt (vgl. Lundgreen 1975, S. 32 ff.), präferierte das Kultusministerium eine Reform der Bauakademie nach dem Muster der Ecole Polytechnique (vgl. dazu Kapitel 2.4.1), während das Handelsministerium auf eine anwendungsbezogene Ausbildungsreform für Baumeister und Feldmesser drängte. Nach einem jahrelangen Kleinkrieg um Ressort- und Etatfragen mußte 1820 das Kultusministerium kapitulieren und seinen Rückzug von der „Spezialbildung" (Lundgreen) einleiten.

Nach einem königlichen Machtwort wurde zum 1. April 1824 eine Trennung der Zuständigkeiten für die Ausbildung im Baugewerbe in zwei Veranwortungsbereiche vollzogen: die „höhere Bildung der eigentlichen Architekten" verblieb beim Kultusdepartement, institutionell angesiedelt in der zu reorganisierenden Akademie der Künste. Die Ausbildung von „gewöhnlichen Feldmessern und praktischen Baubedienten" wurde dem Handelsministerium zugeschlagen. Die in diesem Zusammenhang reorganisierte Bauakademie erhielt unter ihrem Direktor *C. P. W. Beuth* den treffenderen Namen „Allgemeine Bauschule" (1831 – 1849) und führte den Collegzwang ein. Auf der unteren Ebene verblieb die freie Kunst- und Handwerkerschule beim Kulturessort, während die sog. „Baugewerkschule" dem Handelsministerium unterstellt wurde (vgl. Lundgreen 1975, S. 35).

Die Ausbildung an der Bauakademie entwickelte sich vor allem nach 1848/49 zu einem fachlich begründeten zusammenhängenden Bildungsgang. Bei zunehmender Verschärfung der Eingangsbedingungen ergab sich über die Verknüpfung von gymnasialer Vorbildung und fachspezifischer Spezialbildung eine Statuszuweisung und Kompetenzabsicherung für die staatlichen Baubeamten, die ihnen den gesamten technischen Entscheidungsbereich in der Verwaltung vorbehielten. Auch als später, wie beispielsweise beim Eisenbahnbau, Entscheidungen getroffen werden mußten, die zweifelsfrei eine ingenieurwissenschaftliche Qualifikation voraussetzten, blieb es zunächst bei den überkommenen Kompetenzregelungen (vgl. Jost 1982, S. 47).

Erst mit der Vereinigung der Bauakademie mit dem Berliner Gewerbe-Institut zur *Königlichen Technischen Hochschule Berlin-Charlottenburg* im Jahre 1879 ziehen die Ingenieurwissenschaften ausbildungs- und berechtigungpolitisch mit der „höheren Baukunst" gleich. Fast noch bedeutungsvoller erscheint dieses Datum unter einem zweiten Blickwinkel: mit der Gründung der Technischen Hochschule beseitigt Preußen den von ihm lange als Prinzip verstandenen Dualismus von technischer Fachschule für den öffentlichen Dienst und technischer Fachschule für die private Wirtschaft.

## 3.3 Die Beuthschen Gewerbeschulen in Preußen – ein erstes flächendeckendes Fachschulsystem

Während das Projekt der Berliner Ecole Polytechnique wie auch die realisierte Berliner Bauakademie hinsichtlich der Rekrutierung ihrer Schüler ein eher elitäres

Konzept verfolgten, setzte – wie schon mehrfach angedeutet – der bedeutendste Vertreter preußischer Gewerbepolitik, *Christian Peter Wilhelm Beuth*, auf eine Strategie, die eher eine gezielte Breitenausbildung in Handwerk und Gewerbe im Blick hatte (vgl. Jost 1982, S. 51 ff.).

Beuth gilt nicht nur als der eigentliche Schöpfer des gewerblich-technischen Schulwesens in Preußen, sein gewerbepolitisches Instrumentarium kann auch unter gegenwärtiger Perspektive noch als vorbildlich gelten. Es umfaßte als wichtigste Institutionen neben dem Gewerbedepartement die „Königlich Preußische Deputation für Gewerbe" und den „Verein zur Beförderung des Gewerbfleißes in Preußen". Während die 1808 gegründete und 1819 durch Beuth reorganisierte Deputation eine beratende bzw. begutachtende Behörde für das Ministerium war, bildete der Verein eine private Organisation, die vor allem das Ziel hatte, die Eigeninitiative von Bürgern und Fabrikanten zu stärken. Als entscheidende Aktivität des Vereins kann die Herausgabe der ersten technischen Zeitschrift in Deutschland, der „Verhandlungen des Vereins zur Beförderung des Gewerbfleißes", gelten. 1839 zählte der Verein bereits 976 Mitglieder. Alle wichtigen Beamten der preußischen Staatsführung und alle größeren Fabrikanten waren vertreten (vgl. Meyser 1994, S. 75).

Die Ministerialinstitution für die preußische Gewerbeförderung bildete das „Departement für Handel und Gewerbe", das von 1818 bis 1848 von Beuth geleitet wurde. Hier wurden die strategischen Konzepte für die Gewerbepolitik in Preußen entwickelt und ihre taktische Umsetzung geplant. Trotz wechselnder Zuordnung des Departements zum Innen-, Finanz- bzw. zu einem selbständigen Handelsministerium hatte Beuth keine Schwierigkeiten, sein Konzept von Gewerbeförderung zielstrebig über die Jahrzehnte hinweg kontinuierlich auszubauen.

Als zentrale Maßnahme im Rahmen dieser Politik kann der Versuch des Aufbaues eines ganzen Systems von Gewerbeschulen in Preußen gelten. Die entscheidenden Überlegungen Beuths zu diesem Plan stammten dabei aus dem Jahre 1820. Im Unterschied zu einem früheren Konzept ging Beuth in seiner konkreten Organisationstätigkeit von einer generellen Stufung der Ausbildung aus, die die Qualifikationshierarchie der „Bauleute" – Bauhandwerker, Feldmesser, Baumeister – auf einen ein- bis dreiklassigen Schulaufbau bezog (vgl. hierzu und den folgenden Ausführungen Lundgreen 1975, S. 44 ff.).

Die typische Handwerkerschule sollte nur die unterste – die „dritte" – Klasse dieses Systems umfassen, also der Berliner Bauhandwerksschule (Baugewerkschule) entsprechen, die 1824 als einzige Institution aus dem Verband des alten Kunstschulwesens der Handelsadministration zugeschlagen worden war. Das Konzept dieser Schule, die als gewerbliche Fortbildungsschule in Teilzeitform auch für andere Gewerbe als das Bauhandwerk gedacht war, wurde indes vom Ministerium 1821 zugunsten des Modells einer Vollzeitschule für Handwerker verworfen, eine Entscheidung, die allerdings nicht die gewünschte Klarheit herstellte, sondern auf der Ebene der preußischen Handwerkerschulen, die seit etwa 1826 „Provinzial-Gewerbeschulen" hießen, eine weitgehend ungeregelte Entwicklung zuließ.

Bis zum Jahre 1850 wurden in Preußen zwanzig Provinzial-Gewerbeschulen mit einer Kapazität für etwa 800 Schüler eingerichtet, Schulen, deren Variationsbreite vor der Reorganisation nicht weniger als fünf verschiedene Typen umfaßte. Es hatten sich herausgebildet:

- Abend- und Sonntagsschulen in Teilzeitform,
- einklassige, zwei- und dreiklassige Vollzeitschulen und
- mit Realschulen verbundene Gewerbeschulen.

Die folgende *Tabelle* gibt eine entsprechend gegliederte Übersicht über das flächendeckende System des Beuthschen Fachschulwesens in Preußen.

| Provinzial-Gewerbeschulen | Zahl der Schüler | Studenten auf dem Gewerbe-Institut |
|---|---|---|
| (1) *Abend- und Sonntagsschulen* | | |
| Posen | 30 | 4 |
| Frankfurt/O. | 2–10 | 4 |
| Erfurt | 30 | 2 |
| (2) *Gewerbeschulen mit 1 Klasse* | | |
| Königsberg | 37 | 3 |
| Gumbinnen | 11 | 2 |
| Danzig | 20 | 2 |
| Graudenz | 22 | 3 |
| Potsdam | 40 | 4 |
| Oppeln | 50 | 2 |
| (3) *Gewerbeschulen mit 2 Klassen* | | |
| Stettin | 20 | 4 |
| Stralsund | 32 | 1 |
| Halberstadt | 35 | 3 |
| Naumburg | 20 | 3 |
| Bielefeld | 17 | 3 |
| Hagen | 75 | 7 |
| Köln | ? | 2 |
| (4) *Gewerbeschulen mit 3 Klassen* | | |
| Liegnitz | 50 | 4 |
| (5) *Gewerbeschulen in Verbindung mit Realschulen* | | |
| Elberfeld | 36 | 2 |
| Aachen | 50 | 4 |
| Trier | ? | 5 |

Die preußische Handelsverwaltung favorisierte entschieden das Modell Vollzeitschule, obgleich damit – vor allem wegen der von den Schülern bzw. deren Eltern aufzubringenden sog. „Opportunitätskosten" – eine offensichtliche Selektionsfunktion verbunden war. Doch erst nach 1850 avancierte dieser Typ der Provinzial-Gewerbeschule in zweijähriger Form zur allgemeinen Norm. In der ersten Entwicklungsphase boten die Schulen dieser Kategorie i. d. R. einen Unterricht von täglich mindestens vier Stunden in den Fächern Geometrie, verbunden mit Zeichnen und Modellieren, Handzeichnen, Rechnen (insbesondere Flächen- und Körperberechnung) und Naturkunde (d. h. die wichtigsten Sätze aus der Mechanik und Chemie). Diese „allgemeine Grundbildung“ für Handwerk und Gewerbe erscheint aus heutiger Sicht als noch ziemlich diffus, kaum über das Konzept der Realschulen des 18. Jahrhunderts hinausgehend.

Die Vorbildung der Gewerbeschüler entsprach den Eingangsvoraussetzungen, die die Schüler der Berliner Baugewerkschule nachzuweisen hatten, nämlich einfache Elementarbildung. Diese Rekrutierungsnorm war indes schon 1823 als zu niedrig angesehen worden. Im Organisationsstatut von 1850 wurde dann offen zugegeben, daß der Besuch einer Elementarschule für den Eintritt in die Provinzial-Gewerbeschule nicht ausreiche. Neu einzurichtende Handwerker-Fortbildungsschulen sollten hier Abhilfe schaffen. Als Alternativlösung wurden der Besuch einer höheren Bürgerschule oder Stadtschule sowie des Gymnasiums bis zur Quarta angeregt.

Während sich also die Provinzial-Gewerbeschulen in der ersten Hälfte des 19. Jahrhunderts zu „recht flexiblen, gewerblich-technisch orientierten Institutionen (entwickelten, d. Verf.), deren Unterrichtswirklichkeit weder dem allgemeinbildenden noch dem beruflichen Bildungswesen eindeutig zuzuordnen war, so erfolgten die Reorganisationsmaßnahmen von 1850 in der Absicht, diese Schulen auf das Niveau und die Funktion einer zweijährigen, berechtigungslosen Fachschule zu begrenzen“ (Schiersmann 1979, S. 281).

In der Hauptstadt Berlin wurde keine Provinzial-Gewerbeschule gegründet, dafür aber eine „Technische Schule“ (1821), die im Jahre 1827 den Namen „Gewerbe-Institut“ erhielt. Diese Gründung markiert indes auch die zweite Abweichung – die erste bestand im Votum für die Vollzeitform der Provinzial-Gewerbeschule – von dem ursprünglichen Beuth-Plan von 1820. In diesem war vorgesehen, an einigen „wenigen Orten der Monarchie“ Handwerkerschulen einzurichten, die die mittlere („zweite“) und oberste („dritte“) Qualifikationsstufe repräsentieren sollten. Doch es blieb bei der Berliner Gründung, die die zugrundegelegte Stufenordnung noch dadurch durcheinanderbrachte, daß ihre zwei Klassen eigentlich der Stufe „drei“ (= gewöhnliche Handwerkerschule = Provinzial-Gewerbeschule) und „zwei“ zuzuordnen waren, gleichwohl offiziell mit „zweite“ und „erste“ bezeichnet wurden (vgl. Lundgreen 1975, S. 54 ff.).

Diese offenkundige Überschneidung führte in der Folgezeit zu einem Konformitätsdruck des Gewerbe-Instituts auf die Provinzial-Gewerbeschulen, der letztere sehr schnell in ein Abhängigkeitsverhältnis brachte, das dann 1850 mit der Zuweisung einer bloßen „Zubringerfunktion“ legalisiert wurde. Vor 1850 hatten die Provinzial-Gewerbeschulen lediglich jährlich ihre besten Schüler nach Berlin zu melden, die dann entweder in die untere oder sofort in die obere Klasse des Gewerbe-Instituts aufgenommen wurden (vgl. Tabelle). Ein derartiger Zugang war indes auch über die Realschulen möglich, obgleich deren mathematisch-naturwissenschaftlicher Unterricht i. d. R. als unzureichend angesehen wurde.

Bei der umfassenden Reorganisation des preußischen Gewerbeschulwesens in den Jahren von 1848 bis 1850 spielten schon die Professionalisierungsinteressen der Lehrerschaft dieser Schulen eine entscheidende Rolle (vgl. Lundgreen 1975, S. 64). Nach umfänglichen Beratungen dreier – u. a. mit Direktoren und Lehrern besetzten – Kommisionen wurden am 5. Juni die drei „Normen" zur Neuorganisation der Provinzial-Gewerbeschulen und des Berliner Gewerbe-Instituts erlassen.Danach verlor das Gewerbe-Institut seine „untere" Klasse, d. h. es wurde in Mathematik und Naturwissenschaften kein Elementarunterricht mehr erteilt. Der bisher zwei Jahre dauernde „höhere" technische Unterricht wurde auf drei Jahre erweitert (eineinhalb Jahre gemeinsamen wissenschaftlichen Unterricht für alle Studenten, eineinhalb Jahre Fachunterricht für Mechaniker, Chemiker und Bautechniker). Für die Aufnahme in das Gewerbe-Institut wurde nun das Zeugnis einer zu Entlassungsprüfungen berechtigten Provinzial-Gewerbeschule oder einer Realschule verlangt. Die Provinzial-Gewerbeschulen wurden im neuen Organisationsplan als zweiklassige Vollzeitschulen normiert; bloße Elementarbildung reichte nicht mehr aus für den Zugang zu ihrem Bildungsgang (vgl. Schiersmann 1979, S. 194 ff.).

Die angezielte Reorganisation war das Ergebnis eines Kompromisses zwischen zwei sehr unterschiedlichen Auffassungen zur künftigen Funktion der Provinzial-Gewerbeschule: einerseits sollte sie nun als *mittlere Fachschule* Technikern für „spezialisierte Verrichtungen" eine abgeschlossene Ausbildung vermitteln, andererseits war ihr nun ganz eindeutig die Aufgabe als *Vorbereitungsanstalt für das Berliner Gewerbe-Institut* zugewiesen worden (vgl. Stundentafel, abgedruckt bei Grüner 1967, S. 32 f.). In letzterer Funktion geriet die Provinzial-Gewerbeschule in eine eher unfreiwillige Konkurrenz zu Gymnasium und Realschule, eine Konstellation, die letztlich über ihr weiteres Schicksal entscheiden sollte.

Die Entwicklung des gewerblich-technischen Schulwesens in Preußen zwischen 1850 und 1879 faßt *Lundgreen* folgendermaßen zusammen: „(1) Das Gewerbe – Institut hatte 1850 das Unterrichtsniveau einer Akademie erreicht, war aber hinsichtlich der Lehrverfassung noch eine Schule geblieben. Das änderte sich 1860 mit der Einführung der Lehrfreiheit, und 1866 erhielt das Institut offiziell den Namen „Gewerbe-Akademie". Das Verfassungsstatut von 1871 definierte die Gewerbe-Akademie als ‚eine technische Hochschule'. Die Annäherung an die Bauakademie war damit sehr weit gediehen. Erstmals 1876 wurde durch die ‚Vorschriften über die Ausbildung und Prüfung für den preußischen Staatsdienst im Bau- und Maschinenfach' die Möglichkeit eröffnet, daß Studenten der Gewerbe-Akademie als Maschinenbeamte in den Staatsdienst eintreten konnten. Im gleichen Jahr sprach sich das preußische Abgeordnetenhaus für eine Vereinigung von Gewerbe-Akademie und Bau-Akademie aus, die 1879 erfolgte und einen inzwischen zum Anachronismus gewordenen Zustand der Trennung dieser beiden Institutionen beendete. (…) (2)

Die zweiklassige Provinzial-Gewerbeschule von 1850 versuchte zwanzig Jahre lang, ihre beiden Funktionen gleichzeitig zu erfüllen, eine abgeschlossene mittlere Fachbildung und eine ausreichende Vorbildung für höhere technische Studien zu vermitteln. Um der Kritik zu begegnen, trieb die Reorganisation von 1870 beide Prinzipien auf die Spitze: Die Provinzial-Gewerbeschule wurde jetzt zur dreiklassigen Schule. Die beiden unteren Klassen boten ein verkürztes Realschulprogramm, während die oberste Klasse in vier Fachabteilungen spezialisiert war, in eine Klasse zur Vorbereitung auf die Gewerbe-Akademie sowie in drei technische Fachklassen für Bauhandwerker, Mechaniker und Chemiker. Die Kritik an der mangelhaften Erfüllung *beider* der Provinzial-Gewerbeschule zugedachten Funktionen wurde indessen nur noch heftiger, und 1878 kam es zur erzwungenen Option: Die Mehrheit wählte die Form der grundständigen neunklassigen lateinlosen Oberrealschule, während eine Minderheit sich für die Form einer sechsklassigen Realschule mit zwei anschließenden Fachschuljahren entschied – diese wiederum in die drei genannten Abteilungen untergliedert“ (Lundgreen 1975, S. 74 f.).

## 3.4 Höhere allgemeine realistische Bildung? – ein gescheitertes Konzept

Neben dem Beuthschen Versuch der Etablierung eines Systems gewerblich-technischer Schulen läßt sich in Preußen das umfängliche Wirken eines weiteren Staatsbeamten umreißen, der sich der Aufgabe der Verbesserung der „Bildung des Fabriken- und Handelsstandes“ verschrieben hatte: die Aktivitäten des Staatsrats *Gottlob Johann Christian Kunth* (1757–1829). Kunths Versuch, parallel zu Gymnasium und Universität – der „gelehrten Bildung“ – einen gleichberechtigten realistischen Bildungsgang für das Wirtschaftsbürgertum durchzusetzen, stand zwar ersichtlich im Gegensatz zu dem Beuthschen Modell fachlich-praktischer Qualifizierung des Gewerbe- und Handwerkerstandes, und hatte aufgrund der damals gegebenen Machtkonstellation keine Realisierungschance. Aus heutiger Perspektive erscheint das Modell von „Gewerbeförderung durch Bildung“ von Kunth indes als die modernere, demokratischere Lösung, und insofern lohnt sich eine Auseinandersetzung damit.

Kunth wurde 1816, nach einer abgebrochenen Verwaltungskarriere, zum „General-Handels- und Fabriken-Kommissarius“ ernannt. Seine Aufgabe bestand nun darin, als Beobachter, Berichterstatter, Gutachter und Berater dem entsprechenden Ministerium zuzuarbeiten (vgl. dazu Goldschmidt 1888; Lundgreen 1975, S. 24 ff.). Seine Idee einer Schule, in der angehende Gewerbetreibende in den ihren Tätigkeiten zugrundeliegenden Wissenschaften die nötigen allgemeinen Vorkenntnisse erhalten sollten, sah er erstmals in der von *J. M. F. Schulz* als Privatanstalt gegründeten „Handlungsschule“ in Berlin realisiert, deren Direktoriumsmitglied er von 1803 bis 1806 war.

Kunth vertrat zunächst das Konzept einer ausschließlich wissenschaftlichen Fachbildung für „Kaufleute, Manufakturisten und Fabrikunternehmer“, indes sah er bald ein, daß eine derartige Schule ohne „allgemeinbildende" Fächer gegenüber dem Gymnasium nicht konkurrenzfähig sein würde. Im Jahre 1816 nahm er daher Ideen des Berliner Professors am Grauen Kloster (Abt. Köllnisches Gymnasium) *Ernst Gottfried Fischer* in einem Memorandum an den Minister v. Bülow wieder auf, parallel zu Gymnasium und Universität die Errichtung eines „Realgymnasiums" und einer „Real-Akademie" zu empfehlen. Das Gewerbedepartement zeigte sich verständlicherweise uninteressiert, ganz im Gegensatz zu einigen preußischen Kommunen mit aktivem Wirtschaftsbürgertum.

Kunth gewann mit seinem Gutachten von 1820 „über Bildungsanstalten für den Gewerbestand" einigen Einfluß auf die Umorganisation von Stadtschulen zu Realschulen I. Ordnung und auf Neugründungen in Erfurt, Magdeburg und in Berlin („Städtische Gewerbeschule"; vgl. Lundgreen 1975, S. 27ff.). Doch letztlich entschied sich das Schicksal dieser Schulen an der „Berechtigungsfrage", und dafür stand das Vorhandensein oder Nicht-Vorhandensein des *Faches Latein* im Lehrplan. So versuchte z.B. Kunth für die Absolventen der Realschule in Magdeburg, einer Gründung, der er große Anteilnahme entgegenbrachte, die Bauakademie zu öffnen und den Zugang zu den staatlichen Abschlußexamina vor der Oberbaudeputation möglich zu machen. Realschulabsolventen ohne Lateinkenntnisse sollten seiner Meinung nach genauso zugelassen werden wie Gymnasiasten, denn Bildung sei nicht nur über alte Sprachen zu erlangen. Doch Beuth und seine Beamten bestanden auf der durchgesetzten Rechtslage: für die Zulassung zu allen bauakademischen Examina seien Lateinkenntnisse – dem Sekundaabschluß entsprechend, der inzwischen als Zulassungsvoraussetzung für die Akademie galt – nachzuweisen (vgl.Jost 1982, S. 50).

Beuths Ausbildungskonzept entpuppt sich unter dieser Perspektive als eine typisch klassenspezifische Lösung: es ging ihm nicht zuletzt um eine klare Trennung zwischen Bildungsbürgertum („höhere Baukarriere") und dem gewerbetreibenden Mittelstand („niedere Baukarriere"). Kunth dagegen sah nicht nur die Notwendigkeit einer allgemeinen und fachlichen Bildung für alle Gewerbetreibenden unter der Perspektive angemessener moderner Qualifikation, er verband sein Bildungskonzept auch ganz offen mit einer sozialpolitischen Option. Die Förderung der realistischen Bildung und ihrer Institutionen, so seine Erwartung, „würde auch dazu beitragen (...), die Scheidelinie auszulöschen, durch welche dieser höchstachtbare Stand (der Gewerbetreibenden, d. Verf.) sich in seinen übrigen öffentlichen und privatgesellschaftlichen Verhältnissen von dem sogenannten gebildeten und höheren, zu großem Nachteil für beide, noch immer getrennt sieht" (zit. nach Jost 1982, S. 50).

Der Konflikt zwischen den Bildungskonzepten von Beuth und Kunth samt der Auflösung, die er fand, steht exemplarisch für das Schicksal der „realistischen" Bildung im 19. Jahrhundert. Um diesen Konflikt jedoch in seiner objektiven, gesellschaftspolitischen Dimension verstehen zu können, ist ein kurzer Blick auf den Strukturwandel der Realschule in dieser Zeit notwendig. – Die maßgebliche Untersuchung zu dieser Thematik hat *Detlef K. Müller* vorgelegt (vgl. Müller 1977; Kurzfassung 1981). Wir folgen im wesentlichen seiner Analyse.

Die Realschule des 19. Jahrhunderts hat ihre Wurzeln in der „Stadtschule", eine Bildungsinstitution in kommunaler oder privater Trägerschaft, die scharf abgetrennt gegenüber den sog. „Armenschulen", schulgeldpflichtig war und eine doppelte Funktion zu erfüllen hatte, nämlich „eigentliche Bürgerschule" sowie Vorbereitungsanstalt für die Mittelklassen der Gymnasien zu sein. Die Stadtschulen bzw. Bürgerschulen sollten über die schlichte Elementarbildung der Armenschulen wesentlich hinausgehen, ohne allerdings wie das Gymnasium die Grundlagen wissenschaftlicher Bildung zu vermitteln. Statt auf künftige Erkenntnisprozesse bezogene Denkfähigkeit vorzubereiten galt als ihr Ziel, eine „abgeschlossene bürgerliche Menschenbildung", d. h. instrumentell verfügbares, in sich begrenztes Wissen zu vermitteln – über die Kumulation der verschiedensten Realien (vgl. Müller 1981).

Erst am 6. Oktober 1859 verfügte das preußische Kultusministerium für Real- und höhere Bürgerschulen eine einheitliche Unterrichts- und Prüfungsordnung, die sich weitgehend an der Organisation der bestehenden, voll ausgebauten Realschulen orientierte. Die amtliche Verfügung schuf eine neue Hierarchie unter den Realschulen: Vorschule und neunjähriger Lehrgang mit abschließender Abiturprüfung, inhaltliche Anpassung an den Lehrplan der Gymnasien – vor allem obligatorischer Latein-Unterricht –, Anstellung akademisch ausgebildeter Lehrer in Mittel- und Oberstufe und verwaltungstechnische Gleichstellung mit den Gymnasien begründeten die „Realschule I. Ordnung" endgültig als grundständige höhere Schule. Stadtschulen, die den offiziellen amtlichen Lehrplan nicht übernahmen, erhielten einen besonderen Status, der dem der späteren „Mittelschulen" entsprach („Realschulen II. Ordnung").

## 3.5 Realschulen gegen Gymnasialmonopol – ein aussichtsloser Kampf

Die amtliche Lehrplanregelung von 1859 begründete den Konflikt im Berechtigungswesen der höheren Schulen in Preußen-Deutschland, der erst im Jahre 1900 durch kaiserliches Machtwort entschieden wurde. Die Ursache dafür bildete der Umstand, daß nun gleiche Klassenziele und gleiche Abschlußprüfungen von Gymnasium und Realschule mit bürokratisch unterschiedlich sanktionierten Berufs- und Karrierechancen kollidierten. Schon 1868 hatten sich die Posener, 1870 die Berliner Realschullehrer mit Petitionen an das Kultusministerium gewandt, in denen sie die völlige berechtigungspolitische Gleichstellung ihrer Schule mit dem Gymnasium verlangten. Die Absolventen der Realschulen I. O. besaßen zu diesem Zeitpunkt keine generelle Studienberechtigung. Ihnen wurde auf Antrag an der Universität eine Art Gasthörerrecht für einige Semester eingeräumt; das Recht auf Staatsexamen wurde nur im Einzelfall nach Prüfung angemessener Bewährung zuerkannt.

Vor einer Entscheidung über die Petition der Realschullehrer versicherte sich das preußische Kultusministerium 1869 des Votums der preußischen Universitätssenate und der Fakultäten. Die bornierte standespolitische Reaktion dieser Gremien fiel erwartungsgemäß recht eindeutig aus (vgl. Müller 1977, S. 702 f.). Der Senat der berühmten Berliner Universität klassifizierte die Realschulen als „administrative Fehlgriffe“ ungebildeter Kommunalpolitiker, deren Anerkennung zur „Neo-Barbarei“ einer erwerbs- und genußsüchtigen Generation führe, der die durch griechische Lektüre zu gewinnende Disziplin fehle (vgl. Müller 1981, S. 136). Lediglich die philosophische und die medizinische Fakultät der Universität Greifswald setzten sich für ein weitgehendes Studien- und Examensrecht der Realschul-Abiturienten ein, um „damit den Sinn für die höchste menschliche Kultur auch unter denjenigen Klassen zu verbreiten“, die man bisher davon ausgeschlossen halte (Müller 1981, S. 137).

Mit dem Lehrplan-Erlaß vom 31. März 1882 wurden in Preußen drei unterschiedlich profilierte höhere Schulen (= Vollanstalten) amtlich legitimiert: neben das altsprachliche Gymnasium trat die „Oberrealschule“, „nachdem sie ihre anrüchige Herkunft aus der Provinzial-Gewerbeschule abgestreift hatte und den Nachweis ihrer ‘allgemeinbildenden’ Qualität (...) im Schwerpunktbereich der modernen Fremdsprachen und Naturwissenschaften, aber unter völligem Verzicht auf die beiden alten Sprachen zu erbringen suchte“ (Herrlitz 1982, S. 101). Die Realschule I.Ordnung erhielt den Namen „Real-Gymnasium“, nachdem der Stundenanteil ihres Lateinunterrichts drastisch erhöht worden war. Die Einschätzung *F. Blättners*, daß sich das altsprachliche Gymnasium im Laufe des 19. Jahrhunderts durch allmähliche „Verwissenschaftlichung“ unvermerkt in eine Realschule verwandelt habe (vgl. Blättner 1960, S. 143), weist selbst der Gymnasialpädagoge Herrlitz als falsch zurück. Nicht die interne Verwandlung des alten Gymnasiums in eine realistische Schule ist das wesentliche Merkmal der skizzierten Situation, sondern die offensichtliche Anpassung des Realschulkonzeptes an die herrschende Definition von Allgemeinbildung.

Im Lehrplan-Erlaß von 1882 heißt es dazu: „Die Unterscheidung der Gymnasien und Realschulen ist als sachlich begründet und durch die Erfahrung bewährt aufrecht zu halten.“ Die Forderung nach einer einheitlichen Schule, die die Ziele und Aufgaben von Gymnasium und Realschule zu integrieren hätte, sei – „wenigstens unter den gegenwärtigen Kulturverhältnissen“ – nicht durchführbar und würde die „geistige Entwicklung der Jugend“ auf das schwerste gefährden (zit. nach Giese 1961, S. 186).

In Wirklichkeit ging es jedoch bereits darum, wie das Berechtigungsmonopol des altsprachlichen Gymnasiums gegen den Gleichheitsanspruch der „realistischen Vollanstalten“ durchgehalten werden konnte. Denn im letzten Drittel des 19. Jahrhunderts hatten sich die sozio-ökonomischen Verhältnisse in Deutschland im Vergleich zu der Zeit vor 1850 stark verändert. Während sich das funktionale Verhältnis von Angebot und Nachfrage von gymnasialer Selektion und akademischer Berufsvorbereitung an der Universität in der ersten Hälfte des 19. Jahrhunderts offenbar noch im Gleichgewicht befand, setzten verstärkte Industrialisierung und die sog. „Große Depression“ – die langanhaltende wirtschaftliche Krisenphase von 1873 bis

1897 – eine gesellschaftliche Dynamik in Gang, die sich unter allgemein soziologischer und politischer Perspektive als Übergang zum „Massenzeitalter" charakterisieren läßt (vgl. Rosenberg 1967; Wehler 1972).

Im Bildungswesen machte sich diese Entwicklung insbesondere in Form einer verstärkten Nachfrage nach Studienplätzen an den Universitäten bemerkbar. Waren im Deutschen Reich im Jahre 1875 etwa 16.300 Studenten eingeschrieben, so zählte man 1889 schon 29.000 Studierende. Doch während die Zahl der Studenten an den Universitäten nach Beginn der wirtschaftlichen Depression stark nach oben schnellte, zeigte die entsprechende Entwicklung an den Technischen Hochschulen eine gegenläufige Tendenz. Bei der Entwicklung der höheren Schulen läßt sich für den kritischen Zeitraum eine parallele Bewegung aufzeigen: während die Zahl der Realgymnasiasten und Oberrealschüler nach einem kräftigen Aufschwung seit etwa 1860 dann ab Mitte der 70er Jahre stagnierte, setzte sich der Aufwärtstrend in der Entwicklung der Frequenzen des klassischen Gymnasiums in den 70er und 80er Jahren ungebrochen fort (vgl. Titze 1973, S. 255).

Dies legt die Interpretation nahe, daß das durch die langanhaltende wirtschaftliche Krisensituation verunsicherte Bürgertum offensichtlich bestrebt war, seine Söhne in gesicherten Staatsstellungen unterzubringen. Dabei bevorzugte das mittlere Bürgertum den Lehrerberuf mit Studium an den philosophischen Fakultäten, während die Söhne des Besitzbürgertums vor allem das Jurastudium als Zugangsvoraussetzung für eine Beamtenkarriere wählten (vgl. Titze 1973, S. 256). Die preußische Kultusbürokratie hatte schon zu Beginn der 80er Jahre die damit verbundenen komplexen Verschiebungen im Universitätsbereich registriert; doch auch in der Öffentlichkeit artikulierte sich seit dieser Zeit die Befürchtung vor der ungewollten Produktion eines „geistigen Proletariats" (oder „Abiturientenproletariats" wie Bismarck den Tatbestand definierte) als künftigen Verursacher massiven sozialpolitischen Zündstoffes, wobei vor allem der „Juristenüberschuß" als besonders bedenklich angesehen wurde.

Als wirksames Mittel der Abwehr derartig befürchteter negativer sozialer Entwicklungen bot sich prima vista eine Art „Umschleusungsstrategie" an, d.h. es kam darauf an, durch Änderung des Berechtigungswesens den angeschwollenen Strom höherer Bildung in eine sozialpolitisch neutrale,unpolitische Richtung zu lenken, und das hieß praktisch, auf die lateinlosen realistischen höheren Schulen zu verweisen. Als Beleg für die konkrete Anwendung dieser Strategie werden in der bildungshistorischen Literatur u.a. die Zielsetzungen der „preußischen Schulkonferenzen" von 1890 und 1900 angeführt (vgl. Titze 1980, S. 259). Diese Sichtweise wird den tatsächlichen Gegebenheiten nur teilweise gerecht (vgl. Führ 1980, S. 222). Vordergründig ging es ohne Zweifel erst einmal um die Reform des Gymnasiums, genauer um die Gleichberechtigung der drei bestehenden Gymnasialformen. Für die berechtigungspolitische Gleichstellung der realistischen mit der humanistischen Bildung traten vor allem der „Allgemeine Deutsche Realschulmännerverein", der „Deutsche Einheitsschulverein" und sehr nachdrücklich auch der „Verein Deutscher Ingenieure" (VDI) ein, in dem zahlreiche Absolventen realistischer Anstalten organisiert waren. Die Forderungen dieser Gruppierungen führten zu einer Flut von Petitionen an das preußische Kultusministerium, von der die im Februar 1888 eingebrachte Massenpetition (22 409 Unterschriften!) des „Geschäftsausschusses für deutsche Schulreform" wohl letztlich den Ausschlag für die Einberufung der dann 1890 durchgeführten „Reformkonferenz" gab (vgl. Führ 1980, S. 194 ff.).

Zusätzliche Schubkraft erhielt dieses Vorhaben durch den sog. „neuen Kurs" des jungen Kaisers Wilhelm II., der – anders als Bismarck – vor allem Schule und Erziehung gegen „die Ausbreitung sozialistischer und kommunistischer Ideen" in Stellung zu bringen gedachte (vgl. die berühmt-berüchtigte Ordre an das Staatsministerium vom 1. Mai 1889). Im Hinblick auf die Lösung der Berechtigungsfrage ist indes entscheidend, daß einerseits von der Mehrheit der ersten Konferenz im Jahre 1890 der kaiserliche Wunsch nach Beseitigung des Realgymnasiums ( „Halbheit, mit der nur Halbheit der Bildung erreicht wird") aufgegriffen, andererseits aber in einem einstimmigen Beschluß angeregt wurde, bei der „unumgänglich nothwendigen Neuregelung des Berechtigungswesens (...) zu erstreben, daß eine möglichst gleiche Werthschätzung der realistischen Bildung mit der humanistischen angebahnt werde" (zit. nach Führ 1980. S. 203). Die Liquidierung der Realgymnasien hätte den berechtigungspolitischen Graben zwischen humanistischer und realistischer Bildung wohl noch vergrößert, aber dazu kam es nicht: der Widerstand der die Interessen des Wirtschaftsbürgertums vertretenden Kommunen gegen die Schließung dieser Anstalten ließ den kaiserlichen Willen ins Leere laufen.

Die Verständigung der Konferenz auf den verstärkten Ausbau des mittleren Schulwesens und der Fachschulen bringt noch eine weitere Komponente der Gesellschaftspolitik des Kaiserreiches ins Spiel, nämlich die *Mittelstandspolitik*, die das traditionelle Handwerk, den Kleinhandel und das Kleinbauerntum in die Phalanx der „staatserhaltenden Kräfte" einbeziehen sollte. Bestimmte Äußerungen auf der Dezemberkonferenz von 1890 machen deutlich, in welcher Weise man sich das Zusammenwirken von Umschleusungsstrategie und Mittelstandsförderung vorzustellen hatte. So faßte unter dem Zeitdruck des letzten Verhandlungstages der Hagener Gewerbeschul-Direktor *Holzmüller* seine Rechtfertigung des mageren Ergebnisses der Konferenz folgendermaßen zusammen: „Wir müssen den Mittelstand, der viel zu sehr zum Studium und auch zu den subalternen Carrieren neigt, wieder zur praktischen Arbeit zurückrufen". Der nationalliberale Abgeordnete *Emil Gustav Theodor Freiherr v. Schenckendorff*, ein wichtiger Exponent der Fortbildungsschulpolitik in Preußen, formulierte diesen „Grundgedanken" betont staatsmännischer: es gehe doch darum, so der Telegraphendirektionsrat a. D., „die Gymnasien und Hochschulen von dem ungesunden Andrange zu befreien, und diesen freigewordenen Bildungsstrom dem Bürgerstande, der heute Gottlob noch fest und treu zu Kaiser und Reich steht, zuzuführen!" (zit. nach Titze 1973, S. 260/261).

Obwohl die Konferenz einen klaren Dualismus in der höheren Schulbildung befürwortet hatte, festigten die Lehrpläne von 1892 die bestehende Dreigliederung; doch der Reformdruck blieb. 1898 veröffentlichte der VDI eine Denkschrift zur Frage der Gleichberechtigung von realistischen und humanistischen Schulen. Die 71. Versammlung der „Gesellschaft deutscher Naturforscher und Ärzte“ sprach sich für die Gleichberechtigung aus. Der bekannte Frankfurter Oberbürgermeister *Adickes* erbat in einer Petition zusammen mit drei Stadträten und 46 Juristen die Zulassung der Abiturienten der Realgymnasien zum Studium der Rechte und fand lebhafte Unterstützung in Kreisen rheinischer und westfälischer Kommunalbeamter und Industrieller. 80 Professoren von Technischen Hochschulen und 17 Universitätsprofessoren wandten sich im März 1900 in einer Immediateingabe an den Kaiser zum Thema der Reform des Berechtigungswesens (vgl. Führ 1980, S. 207). Das Ergebnis der Folgekonferenz von 1900 (6.–8. Juni in Berlin) scheint auf den ersten Blick eine Preisgabe der im Jahre 1890 eingeschlagenen Strategie zu signalisieren: die Gleichstellung der Reifezeugnisse aller drei höheren Schulen wird letztlich amtlich legitimiert. Am 26. November 1900 unterzeichnete der Kaiser als König von Preußen auf seiner Yacht in Kiel den entsprechenden Erlaß. Nach kurzem Zögern schlossen sich die übrigen deutschen Staaten der preußischen Regelung an. Damit war nach fast 70 Jahren der Gleichstellungskampf zwischen humanistischer und realistischer Bildung eher kompromißhaft entschieden.

Es war in Wirklichkeit ein Pyrrhus-Sieg der Realisten, denn das sog. „Gymnasialmonopol“ war nur scheinbar gefallen. „In Wahrheit aber“, so *Hans-Georg Herrlitz*, „handelte es sich um eine taktische Variante, die das Berechtigungsprivileg der ‘Humanisten’ nur weniger sichtbar und damit weniger angreifbar machen sollte; denn solange es das Vorrecht der Abiturienten eines altsprachlichen Gymnasiums blieb, sich ohne jede Zusatzprüfung für alle Fächer und alle Studienabschlüsse immatrikulieren zu lassen, war die traditionelle Diskriminierung einer ‘realistischen’ Wissenschaftspropädeutik lediglich relativiert“ (Herrlitz 1982, S. 103).

Mit welcher Starrheit die Protagonisten der bürgerlichen Bildungstradition die angebliche Überlegenheit des „Bildungswertes“ der klassischen Studien trotz des schnellen und gründlichen Umsichgreifens von Naturwissenschaft und Indutriekapitalismus in Deutschland verteidigten, zeigen zwei Beispiele. – Im Jahre 1900, als der Kampf zwischen Realschulen und Gymnasien scheinbar beendet war, notierte der Philosoph *Wilhelm Dilthey* seine Gründe für eine politische und pädagogische Zurückhaltung gegenüber Naturwissenschaften und Mathematik: „Der naturwissenschaftliche Geist, der insbesondere in der modernen französischen Literatur seinen Ausdruck gefunden hat“, so liest man da mit wachsendem Erstaunen, „hat die abstrakten Prinzipien auf das wirksamste unterstützt, welche in der Französischen Revolution so einflußreich gewesen sind. Das abstrakte mathematische Denken, angewandt auf Gebiete des gesellschaftlichen Lebens, wird stets das heranwachsende Geschlecht empfänglich machen für die leeren Ideale eines Staates, der nach den Grundsätzen der Gleichheit geregelt ist“. Daß am Ende dieser Tirade das rückhaltlose Bekenntnis zum monarchischen Prinzip formuliert wird, erscheint da schon fast als selbstverständlich (vgl. Dilthey o. J., S. 85 f.).

Das zweite Beispiel bietet *Friedrich Paulsen*, der bedeutendste Historiker des deutschen Gymnasiums bis heute. In seiner berühmten „Geschichte des gelehrten Unterrichts", die in erster Auflage 1885 erschien, war er noch mit Wärme für das Realgymnasium eingetreten, mit der Folge, daß sein fundamentales Werk von nicht wenigen bornierten Philologen als Pamphlet geschmäht wurde. In seinen 1907 erschienenen „Gesammelten Pädagogischen Abhandlungen" schließt er dagegen eine Untersuchung über die „Bildungskraft" der sprachlich-geschichtlichen und der mathematisch-naturwissenschaftlichen Fächer mit dem bezeichnenden Satz: „Mögen die Naturwissenschaften weiter wachsen und an Bedeutung für das wirtschaftliche Leben gewinnen, so viel sie wollen, sie werden für die Bildung der menschlichen Persönlichkeit niemals in die erste Stelle einrücken" (zit. nach Blättner 1960, S. 231). Dieses Verdikt wird auch in den Folgejahren im Kampf der Bildungstraditionalisten gegen die realistische Bildung seine Gültigkeit behalten, mit allen verhängnisvollen Folgen für das deutsche Schulsystem.

# 4. Kapitel: Das Schisma von „Allgemein- und Berufsbildung“ am Ende des 19. Jahrhunderts

Mit der Anpassung des Bildungskonzeptes der Realschule an die herrschende Definition von Allgemeinbildung war der Versuch, für das Wirtschaftsbürgertum in Deutschland ein spezifisches „realistisches“ Qualifizierungsmodell zu schaffen, erst einmal gescheitert. Dies erscheint aus heutiger Sicht um so schwerwiegender, als sich im letzten Drittel des 19. Jahrhunderts zusätzlich zur Notwendigkeit der berufsfachlichen Förderung des mittelständischen städtischen Bürgertums in Handel und Gewerbe das weit schwieriger zu bewältigende Problem der sozialen Integration der wachsenden Industriearbeiterschaft auftat. Daß diese Eingliederung in den bürgerlichen Nationalstaat vorzugsweise über „Bildung“ erreicht werden müsse, darin waren sich sowohl konservative, liberale und sozialistische Parteiungen merkwürdigerweise weitgehend einig; nur ihre strategischen Konzepte unterschieden sich fundamental.

Während die Haltung der Konservativen traditionell vom Motiv ständischer Bildungsbegrenzung bestimmt, und der Religionsunterricht gleichsam als Ersatz für die noch unentwickelte Sozialpolitik verstanden wurde, sahen die Liberalen in der Anhebung des Bildungsniveaus der Unterschichten spätestens seit den sozialpolitischen Schriften von *Friedrich Harkort* und *Adolph Diesterweg* ein probates Mittel, um ein Ausbrechen der unterbürgerlichen Schichten aus dem System der bürgerlichen Sozialordnung zu verhindern. Hinter dieser Stilisierung der sozialen Frage zu einer Bildungsfrage verbirgt sich zum einen „ein unerschütterliches Vertrauen in die Rationalität der bürgerlichen Gesellschaft hinsichtlich ihrer sozialen Verfassung“ (Titze 1973, S. 148), zum anderen aber auch wohl die Einsicht, daß in der bürgerlichen Besitzgesellschaft die Güter knapp und relativ stabil verteilt seien, so daß der gesellschaftliche Wettbewerb in einen Bereich verlagert werden müsse, in dem gleiche Marktchancen für alle zu gelten scheinen.

## 4.1 Soziale Kontrolle statt Bildung – das „liberale Experiment“ allgemeine Fortbildungsschule

Bezüglich des Aufbaues einer verläßlichen Bildungsinstitution für die soziale Integration der Unterschichten bestand noch Mitte des 19. Jahrhunderts das Problem, daß der Besuch der bestehenden Landschulen und der „Volksschulen“ in den Städten einerseits noch zu lückenhaft, andererseits von der Dauer her gesehen viel zu kurz war. Seit dem 18. Jahrhundert existierten in Deutschland für die schulentlassene Jugend zwar sog. „Sonntagsschulen“, organisiert und finanziert von sehr unterschiedlichen Trägern, diese galten indes nicht als pädagogisch erfolgreiche und effektive Institutionen, und ihr Bestand unterlag dauernder Gefährdung (vgl. Thyssen 1954).

Eine größere Dynamik entwickelte sich im Hinblick auf eine spezifische „Fortbildungsschulpolitik“ erst im letzten Drittel des 19. Jahrhunderts, als infolge des rapiden Bevölkerungsanstiegs und der wachsenden Verstädterung die Lücken in der sekundären Sozialisation der unterbürgerlichen (männlichen) Jugendlichen für die bürgerliche Gesellschaft zu einem nicht mehr zu übersehenden Massenproblem wurde. Wollte man die ideologische Kontrolle über die kleinbürgerliche und proletarische männliche Jugend nicht verlieren, so mußte die “große Lücke zwischen Schulentlassung und Militäreinstellung“ (Pache 1893) unter allen Umständen institutionell geschlossen , die „große Jugendwüste“ – wie der Pädagoge *F. W. Dörpfeld* diesen Tatbestand definierte – mußte beseitigt werden (vgl. Stratmann 1992).

Die politische Durchsetzung einer Schule, die an die Stelle der wenig wirksamen Sonntagsschulen treten sollte, ist im wesentlichen den liberalen Parteien und den liberalen Kräften in der Bürokratie zuzurechnen. Exemplarisch für das Muster einer derartigen Fortbildungsschulpolitik sind die Aktivitäten einer bürgerlichen Vereinigung, der *Gesellschaft für Verbreitung von Volksbildung.* Diese institutionelle Verkörperung des letzten großen Vorstoßes des Liberalismus auf dem Gebiet der Volksbildung wurde 1871 nach erfolgter Reichsgründung von einer Reihe von bürgerlichen Honoratioren ins Leben gerufen mit dem Ziel, nach der erkämpften politischen Einheit nun auch die geistige Einheit des deutschen Volkes zu befördern (vgl., auch zum folgenden, Greinert 1975 a, S. 25 ff.).

Schon 1872 skizzierte die Gesellschaft ein Fortbildungsschulprogramm und regte über Petitionen die Reorganisation des Berliner und die staatliche, vor allem finanzielle Förderung, des preußischen Fortbildungsschulwesens an. 1873 erörterten ihre Gremien die Frage eines Reichschulgesetzes, das eine Fortbildungsschulpflicht enthalten sollte. Auch mit didaktischen Fragen des Fortbildungschulunterrichts beschäftigte man sich. Vor allem aber regten die Zweigvereine in zahlreichen Kommunen die Einrichtung von Fortbildungsschulen an und unterhielten diese zum Teil aus eigenen Mitteln.

Diese Aktivitäten der Gesellschaft könnten vorbehaltlos als positiv eingeschätzt werden, wenn sie nicht stark von chauvinistischem Pathos durchsetzt gewesen wären: auch die Gesellschaft für Verbreitung von Volksbildung verteidigte militant die bürgerliche Gesellschaftsordnung und den konservativen Nationalstaat und bekämpfte die vermeintlichen „Reichsfeinde“: Polen, Ultramontane, Welfen und natürlich die Sozialdemokraten, deren Bestrebungen man pauschal als „kulturfeindlich“ einstufte. Die so eifrig geförderte Fortbildungsschule erhielt unter dieser Perspektive eine klare gesellschaftspolitische Funktion. Sie sollte vor allem die Integration der kleinbürgerlichen und proletarischen Jugendlichen in den bürgerlichen Nationalstaat fördern, die drohende Proletarisierung der handarbeitenden Unterschicht, insbesondere des alten Mittelstandes, abwenden helfen.

Die Fortbildungsschule wurde auch von der Politik erst einmal als ein probates Mittel zur Bekämpfung von sog. Reichsfeinden mißbraucht, in Preußen u. a. der polnischen Minderheit in Westpreußen und Posen. Der klassische Gegner indes, den man mit der Einrichtung von Fortbildungsschulen zu treffen hoffte, war die Sozialdemokratie. Es kann kein Zweifel darüber bestehen, daß sowohl bei liberalen wie konservativen Politikern und großen Teilen der Ministerialbürokratie die Fortbildungsschule als geeignetes Instrument zur direkten Bekämpfung des „roten Umsturzes“ angesehen wurde.

Der Beginn der legislativen Verankerung der neuen Schule läßt sich fast genau auf den Einbruch der „Großen Depression“ beziehen. 1873 begann eine Gründungswelle sog. „allgemeiner Fortbildungsschulen“, zuerst in Sachsen mit dem Volksschulgesetz vom 26. April 1873, das auch eine dreijährige Fortbildungsschulpflicht für männliche schulentlassene Jugendliche vorsah. Im Jahr 1874 folgten Baden, Hessen, Sachsen-Weimar, und Sachsen-Coburg dem sächsischen Beispiel, in den folgenden Jahren eine ganze Reihe weiterer Staaten. Preußen, in dem ein Schulgesetz aufgrund des politischen Patts im Abgeordneten- und Herrenhause nicht zustande zu bringen war, stützte sich bezüglich der Fortbildungsschulpflicht – wie einige andere deutsche Staaten auch – auf die §§ 106 und 142 der *Reichsgewerbeordnung*. Danach konnten durch sog. „Ortsstatut“ gewerbliche Lehrlinge und jugendliche Arbeiter zum Besuch der Fortbildungsschule verpflichtet werden, eine Maßnahme, zu der sich in der Regel indes nur finanziell gut gestellte Kommunen bereit fanden.

Die neue Fortbildungsschule war insofern eine „allgemeine“, als man (1.) mit ihrer Hilfe einen weiteren allgemeinen Schulzwang für unterbürgerliche Jugendliche über die Volksschule hinaus durchzusetzen versuchte, und (2.) die allgemeinen Lehrinhalte der Volksschule für sie zum didaktischen Orientierungspunkt machte. Ihr Charakter als unselbständiger Aufbau der Volksschule drückte sich weiterhin (3.) darin aus, daß die Fortbildungsschule auf die Unterrichtsräume bzw. Gebäude der Volksschule verwiesen war und auch im wesentlichen auf deren Lehrerschaft. Wie die preußischen Fortbildungsschul-Erlasse von 1874, 1884 und 1897 zeigen, wurde als Ziel dieser Schule zwar „die Erhöhung der Gewerbstüchtigkeit“ proklamiert, was indes nicht viel zu besagen hatte, da man sich einmal von der Struktur des klassischen Volksschul-Lehrplans nicht zu lösen vermochte, andererseits aber auch die Lehrer für einen wirklich auf den Beruf der Schüler bezogenen Unterricht nicht zur Verfügung standen.

Die Funktionalisierung dieser Schule als Mittel des Klassenkampfes bzw. der Integration der proletarischen und kleinbürgerlichen (vorerst männlichen) Jugendlichen in den bürgerlichen Nationalstaat verlief praktisch auf mehreren Ebenen: (1.) auf der Ebene der Unterrichtsinhalte, die konservative Gesellschaftsbilder zu tradieren suchten, (2.) als unmittelbarer Zwang, der in der Androhung und Anwendung rigoroser Strafen geltend gemacht wurde, und (3.) in der Form staatlicher Jugendpflege, die – verankert in der Fortbildungsschule – auch die Freizeit der Jugendlichen unter Kontrolle stellen sollte.

Ziel und Inhalt der ideologischen Indoktrinierung lassen sich am besten in den in den Fortbildungsschulen benutzten Lesebüchern identifizieren, die das einzige

Unterrichtsmedium bildeten. Das ideologische Strukturmuster, das in den literarischen und auf bestimmte Realien (Geographie, Geschichte, Natur- und Gewerbekunde, insbesondere aber „Volkswirtschaftslehre und Gesetzeskunde") bezogene Lesestücken beharrlich reproduziert wird, kann mit folgenden Stichworten charakterisiert werden: die Anempfehlung kleinbürgerlicher Sekundärtugenden, das Festhalten am Alten und Bewährten, die Klage über die schlechten Zeiten und die Zuchtlosigkeit der Jugend, die Warnung vor den vaterlandslosen Sozialdemokraten, die Verherrlichung von Kaiser und Reich, die Apotheose der erreichten nationalen Einheit, die durch kleinlichen Interessenkampf nicht aufs Spiel gesetzt werden darf (vgl. Greinert 1975 a, S. 50 ff.). Der Charakter der Fortbildungsschule als Zwangsanstalt wird insbesondere deutlich an Art und Umfang der Strafen, die für Verletzung der Schulpflicht und den Verstoß gegen das politische Versammlungsrecht – Fortbildungsschüler durften nicht an politischen Versammlungen teilnehmen – verhängt wurden: Geld-, Arrest- und Haftstrafen (vgl. Greinert/Hanf 1981, S. 105). Die allgemeine Fortbildungsschule, so der Berufspädagoge *Herwig Blankertz*, „mißbrauchte die pädagogische Verantwortung im Dienste der herrschenden Klassen wie keine andere Schule der Zeit ..." (Blankertz 1969, S. 131).

Insofern war diese Schule in jeder Hinsicht eine erfolglose Schule, „den Schülern gleichgültig, den Meistern lästig, den Lehrern ein Gegenstand vergeblicher Liebesmühe", wie es *Georg Kerschensteiner*, der bekannteste und erfolgreichste Reformator dieser Schule, drastisch formulierte (Kerschensteiner 1907, S. 106). Um 1890 bereits mehrten sich die kritischen Stimmen gegenüber der allgemeinen Fortbildungsschule, und es bildeten sich die ersten Interessengruppen, die eine grundsätzliche Reform dieser Schule anstrebten.

## 4.2 Innenpolitische Rückversicherung – die Grundlegung des Dualen Systems der Berufsausbildung im Zuge der Mittelstandspolitik des Kaiserreiches

Die Umwandlung der allgemeinen Fortbildungsschule in eine am Beruf der Schüler orientierte pädagogische Institution wird von den „Klassikern" der Berufspädagogik traditionell als schulorganisatorisches wie bildungsgeschichtliches Ereignis hohen Ranges gefeiert (vgl. Abel 1963 b, S. 92; Blankertz 1969, S. 139). Ein pädagogischer Jahrhundertirrtum, so Blankertz, erfährt gewissermaßen seine fällige Korrektur: der Beruf als „Bildungszentrum" ist wieder entdeckt, nachdem er über einhundert Jahre lang aus den Schulen verbannt war; die Pädagogik kehrt zur Berufserziehung zurück.

Diese Sichtweise ist u. E. reichlich undifferenziert: sie ignoriert zum einen – wie in Kapitel 3 beschrieben – die beträchtlichen Anstrengungen zur Durchsetzung einer „realistischen", auf die bürgerlichen Berufe bezogenen, Bildung im 19. Jahrhundert, zum anderen übersieht sie, daß der Entstehungszusammenhang, in den die Fortbildungsschule als Vorläuferin der Berufsschule historisch eingebunden ist, eher politisch-pädagogisch reaktionäre Züge trägt.

Die Durchsetzung der beruflich orientierten Pflicht-Fortbildungsschule als Element des sog. Dualen Systems der Berufsausbildung präsentiert sich – wie dieses System selbst – aus der historischen Distanz einerseits eher als Nebenprodukt eines viel umfassenderen gesellschaftspolitischen Programms, nämlich der Mittelstandspolitik des Kaiserreiches. Andererseits markiert das Duale System – und so auch die Fortbildungsschule – im Vergleich mit der gescheiterten Durchsetzung eines „realistischen“ Bildungsweges für das mittlere Wirtschaftsbürgertum organisatorisch wie didaktisch einen völlig anders gearteten Neuansatz. Organisatorisch lehnt sich das Modell einer „dualen“ Berufsausbildung an das berufsständische Sozialisationsmuster der alten Handwerksausbildung an, didaktisch blendet das Modell die moderne, von den Realschulen vorgegebene Orientierung an Mathematik und Naturwissenschaften aus und greift auf die überlieferten beruflichen Handlungsmuster zurück.

Mit dieser Abwendung der „Berufsbildung“ von der Tradition der Aufklärung verfestigte sich im deutschen Kulturraum ein qualifikatorischer „Sonderweg“, der bis in die Gegenwart führt. Voraussetzung dafür bildete die relativ ungebrochene Weiterexistenz des alten Mittelstandes (Handwerk, Kleinhandel, Kleinbauerntum) in Deutschland nach den napoleonischen Kriegen. Im Gegensatz zu Frankreich, das im Zuge der Revolution von 1789 endgültig die Zünfte und Gilden auflöste und die Bildung von nicht-staatlichen Korporationen durch Gesetz untersagte, bestanden in Deutschland auch nach Einführung von Gewerbe- und Niederlassungsfreiheit die Selbstverwaltungsorganisationen des alten Mittelstandes weiter fort, allerdings ohne den bei den Zünften üblichen Zwangscharakter.

Die Einführung der Gewerbefreiheit war in Deutschland von vornherein von politischen Kompromissen gegenüber dem alten Mittelstand geprägt und erreichte erst mit der *Gewerbeordnung des Norddeutschen Bundes* (1869) – die ab 1871 für das gesamte Reich übernommen wurde – eindeutig wirtschaftsliberale Qualität. Seit 1848 wurde zudem die deutsche Gewerbepolitik von einer organisierten und stets protestbereiten Handwerkerschaft begleitet, deren „Soziales Parlament“, der „Allgemeine Handwerker- und Gewerbekongreß“ (15.07.–15.08.1848), sowohl der Frankfurter wie der preußischen Nationalversammlung seine gewerbepolitischen Forderungen bzw. Sonderwünsche übergeben konnte (vgl. Greinert 1999, S. 39 ff.).

Die entscheidende (dritte) Phase konzentrierten handwerklichen Protestes gegen die sozialen und ökonomischen Folgen der Industriellen Revolution in Deutschland setzte 1873 ein. Unmittelbarer Auslöser der sog. „Mittelstandsbewegung“ bildeten nun einerseits die „Große Depression“ nach den spekulativ überzogenen Gründerjahren nach 1871, zum anderen die neue, jetzt wirklich wirtschaftsliberale Gewerbeordnung des Reiches, ein Zugeständnis Bismarcks an seine bürgerlichen politischen Verbündeten, die Nationalliberalen. Löste schon dieses Gesetz bei Handwerk und Kleinhandel ökonomisch motivierte Existenzangst aus, so wurde die langanhaltende Wirtschaftskrise nach 1873 vollends Anlaß zu panikartigen politischen Aktivitäten im Mittelstand (vgl. Winkler 1971).

Im Handwerk artikulierte sich das politische Programm der Mittelstandsbewegung nach 1873 zunächst in den Forderungen des „Vereins selbständiger Handwerker und Fabrikanten". Man verlangte vom Gesetzgeber vor allem die Einführung von Gewerbe- oder Handwerkskammern, von gewerblichen Schiedsgerichten, von obligatorischen Fortbildungsschulen und fachgewerblichen Korporationen (Innungen). Die zünftlerische Tendenz dieses Programms erhielt dann nach 1878, nach dem zweiten konjunkturellen Einbruch im Zuge der Großen Depression, weiteren Auftrieb und kam auf der „Allgemeinen Deutschen Handwerkerversammlung" in Magdeburg (1882) voll zum Durchbruch. Die Versammlung sprach sich für den Großen Befähigungsnachweis – der die Führung eines Handwerksgeschäftes an den Meistertitel bindet – und die obligatorische Zwangsinnung aus, Forderungen, die der auf dem Kongreß gegründete „Allgemeine Deutsche Handwerkerbund" in den folgenden Jahren politisch durchzusetzen versuchte.

Diese Forderungen stießen vor allem bei der Regierung auf Bedenken, weil bei ihrer Erfüllung die wirtschaftliche Expansion gefährdet erschien. Starke Kräfte in der Exekutive, vor allem aber im Parlament waren nach 1878 jedoch von den bis dahin gültigen liberalen Grundsätzen der Wirtschaftspolitik abgerückt und hatten sich eine protektionistische Grundhaltung zu eigen gemacht, die die Unterstützung der mittelständischen Wünsche begünstigte. Und so setzte die Reichstagsmehrheit aus Konservativen, Zentrum und Teilen der Nationalliberalen, die sich 1879 vom Freihandel abgewandt hatten, zwischen 1878 und 1897 – und dann noch einmal 1908 – neben einigen Novellen zum Schutze des Detailhandels eine Reihe von Gewerberechts-Novellen durch, die das Maximalprogramm der Handwerkerbewegung zwar nicht voll erfüllten, jedoch eine deutliche Bevorrechtigung des Handwerks im wirtschaftlichen Bereich auf Kosten Dritter – vor allem der Konsumenten – legalisierten (vgl. Winkler 1972).

Die wichtigste Novelle, das sog. „Handwerkerschutzgesetz" von 1897, ermöglichte zur Wahrnehmung der gemeinsamen Interessen der selbständigen Handwerker die Einrichtung von Handwerkskammern als Körperschaften des öffentlichen Rechts und schuf das Institut der „fakultativen Zwangsinnung". Der „Große Befähigungsnachweis" wurde zwar 1890 vom Reichstag beschlossen, scheiterte indes am Einspruch des Bundesrates. Als ein nicht ganz adäquater Ersatz sozusagen, wurde 1908 der sog „Kleine Befähigungsnachweis" Gesetz: die Ausbildung von Lehrlingen durften fortan nur noch geprüfte Meister besorgen (vgl. Greinert 1998, S. 42 ff.).

Die Gewerbeordnungs-Novelle von 1897 war jedoch nicht nur das wichtigste Gesetz des Kaiserreiches im Hinblick auf die Neuorganisation und Stabilisierung des deutschen Handwerks, mit ihr wurde gleichfalls das traditionelle handwerkliche Ausbildungsmodell weitgehend restituiert. Die Novelle regelte das Lehrlingswesen grundsätzlich neu: sie enthielt in den §§ 126–128 „allgemeine" und in den §§ 129–132 „besondere", d. h. nur auf die Lehrlingsausbildung im Handwerk bezogene Vorschriften, Bestimmungen, die eine langanhaltende Bevorrechtigung des Handwerks in der (quantitativ dominierenden) gewerblichen Berufsausbildung legalisierten und so das handwerkliche Modell der Berufsqualifizierung zum Vorbild der nichtakademischen Berufsausbildung in Deutschland überhaupt machten (vgl. Stütz 1969).

Die GO-Novellen von 1897 und 1908 werden heute allgemein als die Grundpfeiler des Dualen Systems der Berufsausbildung in Deutschland angesehen. Dieses Qualifikationsmodell – das muß man festhalten – entsprang weder den Bedürfnissen der wirtschaftlich entscheidenden Kräfte in Deutschland um 1900, der „Großen Industrie“ (Marx), noch steht es in der Tradition der aufklärerischen Bildungsmuster. Es verkörpert eher – wie der Berufspädagoge *W. Lempert* meint – „ein Produkt der Reaktion gegen den Sozialismus, die die damals führenden Gruppen des Adels und des Großbürgertums mit den kleinen Gewerbetreibenden verband“ (Lempert 1971, S. 114). Diese Einschätzung deckt sich mit den Thesen des Historikers *H. A. Winkler*, der für die Mittelstandspolitik des Kaiserreiches die treffende Bezeichnung des „innenpolitischen Rückversicherungssystems“ geprägt hat. Er sieht dieses System wechselseitiger Rückversicherung der „staatserhaltenden Kräfte“ gegenüber sozialrevolutionären Erschütterungen und parlamentarischer Majorisierung charakterisiert durch die Verflechtung eines sich überparteilich gebenden, nach der Verfassung von parlamentarischen Mehrheiten unabhängigen Staatsapparates mit privilegierten gesellschaftlichen Machträgern. Die Einbeziehung des alten gewerblichen Mittelstandes in dieses System erfolgte angesichts der politischen wie ökonomischen Machtlosigkeit dieser Schicht durch einen „Akt von Refeudalisierung“, d. h. über die Restauration spezifischer ständischer Organisationsformen und Privilegien (vgl. Winkler 1972, S. 57 ff.).Über Ziel und Funktion der Mittelstandspolitik gab es insofern keine Zweifel: „Der Mittelstand ist das beste und stärkste Bollwerk gegen die rote Flut, und wer für den Mittelstand kämpft, kämpft gleichzeitig gegen den Umsturz“ – so der preußische Landtagsabgeordnete *Schröder-Kassel* auf dem nationalliberalen Parteitag von 1910 (vgl. Greinert 1975 a, S. 68).

Kann man die Wiederbelebung der handwerklich-ständischen Berufsausbildung als eine konservativ-klerikale Variante von Mittelstandspolitik einordnen, so muß man den Versuch, die *Fortbildungsschule* als Ergänzung der handwerklichen Betriebslehre durchzusetzen, als eine liberale Variante bezeichnen. Liberal orientiert war schon das wichtigste Beförderungsinstrument dieses Versuchs, der „Deutsche Verein für das Fortbildungsschulwesen“, der spätestens ab 1896 das zentrale Sammelbecken für alle an der Fortbildungsschule interessierten Stadtverordneten, Bürgermeister, Verwaltungsbeamten, Politiker, Schuldirektoren und Exponenten volkspädagogischer Institutionen wurde. Auf den seit 1896 stattfindenden „Fortbildungsschultagen“ wurden die bedeutenden Reformsignale für diese Schule gesetzt, das entscheidende auf dem *IV. Deutschen Fortbildungsschultag in Frankfurt a. M.* im Jahre 1899 mit der Forderung, daß die Fortbildungsschule aus wirtschaftlichen, sozialen, politischen und kulturellen Gründen nach ihrer äußeren wie inneren Organisation eine *„Berufsschule“* sein müsse (vgl. Greinert 1998, S. 52 ff.).

Betrachtet man diesen Vorgang vom politischen Standpunkt aus, so bedeutet das Votum des Deutschen Vereins für eine Umwandlung der allgemeinen Fortbildungsschule in eine beruflich orientierte Schule sein Einschwenken auf die Linie der Mittelstandspolitik des Kaiserreiches. Schon auf den Fortbildungsschultagen von 1897 und 1898 wurde von führenden Vereinsmitgliedern – mit deutlichem Bezug auf die durch die GO-Novelle von 1897 veränderte Situation in der Lehrlingsausbildung – versucht, das Verhältnis Handwerk – Fortbildungsschule neu zu bestimmen. Eine organisatorisch wie didaktisch reformierte Fortbildungsschule wurde nun als „Faktor der Hilfe" für das Handwerk anempfohlen, als eine Institution, die „einen Kommentar zur Werkstatt" liefern könne, und daher auch vom Handwerk akzeptiert werden würde.

Zur endgültigen Durchsetzung der vom „Deutschen Verein für das Fortbildungsschulwesen" propagierten Reformstrategie haben entscheidend die pädagogische Phantasie und das politisch-organisatorische Geschick des Münchener Stadtschulrates *Georg Kerschensteiner* beigetragen. Kerschensteiner, dem von seinem Amtsvorgänger u. a. die Aufgabe der Reorganisation des Münchener Fortbildungsschulwesens hinterlassen worden war, gelang zweierlei: erstmals konnte er das von den Reformern favorisierte eigenständige, beruflich orientierte Fortbildungsschulmodell in seiner Heimatstadt München nach 1900 praktisch durchsetzen, zweitens gelang es ihm, eine schlüssige Legitimationsgrundlage für die neue Schule zu formulieren, zwei Leistungen, die ihn schlagartig zur politischen und geistigen Leitfigur der Fortbildungsschulbewegung in Deutschland werden ließen und seinem Modell einer effizienten Jugendschule weltweiten Ruhm verschafften. Seine Reisen bis in die Vereinigten Staaten (vgl. Knoll 1993) und die zahlreichen Übersetzungen seiner Schriften – u. a. ins Japanische – belegen seinen enormen Wirkungskreis.

Kerschensteiner beantwortete die um die Jahrhundertwende wieder verstärkt diskutierte Frage, wie (vor allem) die männliche unterbürgerliche Jugend für den bürgerlichen Nationalstaat zu gewinnen sei, unkonvetionell, aber bündig: durch Berufserziehung. In seiner bekannten Schrift „Staatsbürgerliche Erziehung der deutschen Jugend", die verbreitet als die Gründungs- bzw. Geburtsurkunde der Berufsschule bezeichnet wird, entwarf er das politisch-pädagogische Programm einer Staatsbürgererziehung, deren „Kern- und Angelpunkt" die Reform der Fortbildungsschule bilden sollte, d. h. ihre Ausgestaltung zu einer didaktisch am Beruf orientierten Pflichtschule. Erziehung zu Arbeit und Beruf – so der Kern der Berufsschultheorie Kerschensteiners – ist für die handarbeitende Unterschicht zugleich das Medium der politischen Erziehung. Nur die Berufserziehung fördert die Entwicklung jener bürgerlichen Tugenden, die als Grundlage aller höheren sittlichen Bildung zu betrachten sind – Gewissenhaftigkeit, Fleiß, Beharrlichkeit, Selbstüberwindung und „die Hingabe an ein tätiges Leben" – und gleichzeitig auch als das Fundament aller notwendigen und wichtigen Staatsbürgertugenden (vgl. Kerschensteiner 1901).

Nach 1900 wurde das Programm der beruflich organisierten Pflichtfortbildungsschule zur allgemein akzeptierten Leitlinie der Fortbildungsschulpolitik in Deutschland, wenn auch die administrative und organisatorische Umsetzung der neuen „Bildungsidee“ nur langsame Fortschritte machte. Im größten Land des Reiches, in Preußen, setzte die Handelsverwaltung, der seit 1884 die Fortbildungsschulen administrativ zugeordnet waren, nach 1895 vor allem den pflichtmäßigen Besuch dieser Schulen mit strikten Mitteln durch. Die inhaltliche Korrektur verlief dagegen wesentlich langsamer. Erst 1907 wurden in Preußen durch Erlaß Fachklassenbildung und fachliche Unterrichtsgestaltung angeregt, den Durchbruch zu einem prizipiell neuen und eigenständigen Curriculum brachten indes erst die „Bestimmungen über die Einrichtung und Lehrpläne gewerblicher bzw. kaufmännischer Fortbildungsschulen“ vom 1. Juli 1911.

Dieser Erlaß – offensichtlich als zentrale Durchführungsverordnung des gescheiterten Fortbildungsschulgesetzes von 1911 konzipiert – enthält nun vollständig die neuen „bildungstheoretischen“, schulorganisatorischen und inhaltlichen Vorstellungen zur Fortbildungsschule wie sie vor allem bei Kerschensteiner formuliert sind. Er markiert letztlich die Durchsetzung des „Berufsprinzips“ auf dem Verwaltungswege gegen den Widerstand verbreiteteter Kritik und bildet somit eine entscheidende Weichenstellung in Richtung Berufsschule. Die Verknüpfung von Staatsbürger- und Berufserzieung spiegelt sich vor allem im neuen zentralen Fach „Berufs- und Bürgerkunde“ der gewerblichen Fortbildungsschule, das die Elemente Fachkunde, Geschäftskunde und Bürgerkunde zu integrieren versuchte, was indes schon zum damaligen Zeitpunkt den Verselbständigungstendenzen der Einzelfächer widersprach. Gleichwohl markiert dieses Konglomeratfach sehr deutlich das „Rollenmuster aus mittelständischer Berufsidentität und staatstreuer Grundeinstellung“, das Liberale und Regierungen spätestens seit Mitte der 90er Jahre des 19. Jahrhunderts als generelles Erziehungsmodell für die Klientel der Fortbildungsschule favorisierten (vgl. Harney 1980, S. 139 ff.).

## 4.3 Umlenkung wirtschaftsbürgerlicher Bildungsansprüche – die Entstehung des modernen Fachschulwesens in Preußen-Deutschland

Nach dem Scheitern der Reform der Provinzial-Gewerbeschulen und dem Ausscheren der Oberrealschulen in den Kreis des allgemeinbildenden Schulwesens sah Preußen sich gezwungen, einen völlig neuen Start im Hinblick auf die Entwicklung eines mittleren Fachschulwesens ins Auge zu fassen. Im Jahre 1877 hatten die Fachklassen (3. Klassen) aller preußischen Gewerbeschulen nur noch 63 Schüler aufzuweisen; bei den Industrieausstellungen dieser Jahre wurde auch von der breiteren Öffentlichkeit vermerkt, daß Preußen – im Gegensatz beispielsweise zu Österreich – in der technischen Ausbildung ganz ins Hintertreffen geraten war (vgl. Grüner 1967, S. 38).

Nach der Reform von 1878 hatten in Preußen nur fünf Städte die Neigung gezeigt, ihre Provinzial-Gewerbeschulen statt in grundständige Oberrealschulen in sechsklassige Realschulen mit zwei anschließenden Fachklassen umzuwidmen. Die Situation wurde noch dadurch erschwert, daß diese Anstalten erst mit Erlaß vom 17. Oktober 1883 eine neue Prüfungsordnung mit verbindlicher Stundentafel erhielten (vgl. Grüner 1967, S. 40). Bis in die frühen 90er Jahre konnten diese nun „Technische Mittelschulen" genannten Institute keine weiterwirkende Attraktivität entfalten; der Anfang der 90er Jahre einsetzende Aufschwung des preußischen Fachschulwesens ist daher auf andere Initiativen bzw. Vorbilder zurückzuführen.

Der erste Anstoß kam vom Preußischen Handelsministerium. Dieses hatte 1885 auf Veranlassung Bismarcks die Verwaltung des mittleren und niederen gewerblichen Unterrichtswesens übernommen und wandte sich – wohl aus sozialpolitischen Gründen – zuerst einmal den niederen technischen Schulen zu. Angeregt durch den Erfolg einer sog. „Werkmeisterschule" in Chemnitz wurde 1890 in Dortmund die erste preußische „Königliche Werkmeisterschule für Maschinenbauer, Schlosser und Schmiede" mit zweijähriger Ausbildung nach dem Chemnitzer Vorbild gegründet. Aufnahmebedingungen: qualifizierter Volksschulabschluß plus vierjährige Werkstattpraxis. Angegliedert waren der Schule Abend- und Sonntagskurse zur Fortbildung von einfachen Arbeitern. Die positive Entwicklung dieser Schule regte im Laufe des nächsten Jahrzehnts die Gründung acht weiterer Werkmeisterschulen in Preußen an.

Der zweite Anstoß zur Reorganisation des mittleren Fachschulwesens in Preußen kam vom „Verein Deutscher Ingenieure" (VDI). Dieser hatte auf seiner 30. Hauptversammlung in Karlsruhe 1889 „Leitsätze" für die Errichtung technischer Mittelschulen verabschiedet, wobei ohne Zweifel die desolate Situation in Preußen den Anlaß gebildet hatte.Die Leitsätze wiesen folgende Kernpunkte auf:

1. Aufgabe der technischen Mittelschulen ist die Qualifizierung von Leitern und Beamten technischer Betriebe sowie von Hilfskräften für Konstruktionsbüros;
2. Die Schulen sind als selbständige Lehranstalten vom Staat einzurichten und zu leiten;
3. Die Ausbildung hat sich im wesentlichen auf das Gebiet der Maschinentechnik zu erstrecken;
4. Für die Aufnahme sind nachzuweisen
   – die Berechtigung zum einjährig-freiwilligen Dienst,
   – eine praktische Tätigkeit von zweijähriger Dauer,
5. Die Ausbildung an der Technischen Mittelschule dauert zwei Jahre; die grundlegenden Wissenschaften wie Mathematik etc. sind als Lehrgegenstand im ersten Jahr vorzusehen.

In Befolgung dieser Leitsätze entschloß sich die Stadt Köln im Jahre 1890 die Abteilung A ihrer Städtischen Fachschule, die Maschinenbauschule, in eine Technische Mittelschule umzuwandeln. Die Mehrkosten wurden für sechs Jahre vom VDI übernommen. Vom Erfolg dieser Schule angeregt, unterstützte das Preußische Handelsministerium daraufhin die Errichtung einer gleichartigen Schule in Dortmund, wo sich schon die erste erfolgreiche Werkmeisterschule befand. Die nach den Vorstellungen des VDI organisierte Technische Mittelschule in Dortmund bildete dann das Muster für die Umwandlung der zweijährigen maschinentechnischen Fachklassen in Hagen (1896), Breslau (1897), Barmen (1898) und Aachen (1902). Ab 1898 trugen diese aus Provinzial-Gewerbeschulen hervorgegangenen Anstalten einschließlich der Kölner und Dortmunder Gründungen die neue Bezeichnung *„Höhere Maschinenbauschule“* (vgl. Grüner 1967, S. 48 ff.).

Wie schon angedeutet, gestalteten sich die bildungspolitischen Vorstellungen des Preußischen Ministeriums für Handel und Gewerbe (PMHG) und des Vereins Deutscher Ingenieure (VDI) hinsichtlich der Organisationsstruktur des technischen Bildungswesens nicht unbedingt kompatibel. Die seit dem Zusammenbruch der Provinzial-Gewerbeschulen unternommenen Versuche einer Verbindung von allgemeiner und technischer Bildung unter dem Dach der Oberrealschule scheiterten sowohl am Widerstand der Großindustrie, der Kommunen wie auch des VDI. Doch auch die vom PMHG geförderte Entwicklung der Werkmeisterschulen wurde vom Ingenieurverein skeptisch beurteilt. Im Jahre 1896 kam es zur voraussehbaren Konfrontation anläßlich einer Denkschrift des VDI, in der eine Verkürzung der Ausbildungszeit der Werkmeisterschulen und eine deutliche Rücknahme der „Verwissenschaftlichung“ ihres Lehrprogramms angeregt wurde. Damit verband sich der Vorschlag einer strikten institutionellen Differenzierung der technischen Bildungsgänge in Deutschland:

„1. Die technische Hochschule für die höchste wissenschaftliche Ausbildung;
2. die technische Mittelschule zur Ausbildung von Leitern und Beamten technischer Betriebe, sowie von Hilfskräften von Konstruktionsbüros;
3. die Werkmeisterschule zur Ausbildung von Werkmeistern, Monteuren, Vorarbeitern und niederen Betriebsbeamten;
4. Die Fortbildungsschule zur Ausbildung gewerblicher Arbeiter“ (vgl. Schütte 2003, S. 42).

Die sich mit dem technischen Fachschulwesen verbindenden sozialpolitischen und bildungspolitischen Interessen und Vorstellungen der verschiedenen gesellschaftlichen Gruppierungen waren – einer pluralistischen Massengesellschaft adäquat – nicht einheitlich. Da ging es einmal darum, die Bildungsansprüche und Qualifikationsbedürfnisse der städtischen bürgerlichen Mittelschichten zu befriedigen und klare Statusabgrenzungen zwischen den technischen Berufen zu schaffen. Unter dieser Perspektive setzte der VDI auf den Ausbau der Technischen Mittelschule. PMHG und Großindustrie engagierten sich dagegen aus wirtschaftspolitischen Motiven für den Ausbau der Werkmeisterschulen, was auch spezifischen sozialpolitischen Interessen entgegenkam. Interessierte Parlamentarier verschiedener Parteien forderten von der Verwaltung einen „Gesamtplan“, was soviel hieß wie ein schlüssiges Konzept für das technische Bildungswesen in Preußen, während die verschiedenen Wirtschafts- und Berufsverbände auf schnelles politisch-administratives Handeln drängten. Nicht zuletzt hatten die Direktoren und Lehrerverbände an den preußischen Fachschulen auch spezifische Vorstellungen zur Weiterentwicklung ihres Arbeitsbereiches (vgl. Schütte 2003, S. 29 ff.).

Am 7. und 8. Mai 1898 veranstaltete das PMHG in Berlin mit großem Aufwand eine Konferenz über die künftige Organisation des niederen und mittleren Fachschulwesens in Preußen. Verhandlungsgegenstand war vor allem der Vorschlag des VDI von 1896 zur Herabsetzung der Ausbildungszeit an Werkmeisterschulen. Da die interessenpolitische Blockade zwischen den verschiedenen Gruppierungen sich nicht auflösen ließ, einigte man sich wenigstens auf neue Schultypenbezeichnungen: die Werkmeisterschule sollte nun „Maschinenbauschule" heißen, der Technischen Mittelschule war die Bezeichnung „Höhere Maschinenbauschule" zugedacht. Die gleiche Ausbildungszeit – vier Semester – sollte so bleiben, die Zugangsberechtigung – O II-Reife – sollte zugunsten fähiger Volksschüler gelockert werden. In zwei Erlassen vom 11. Juni 1898 und vom 12. Februar 1899 erhielten diese Regelungen Rechtskraft.

In den Jahren von 1901 bis 1903 versuchte das PMHG das gesamte Fachschulwesen, insbesondere die Maschinenbauschulen, administrativ neu zu regulieren, doch schon um 1905 mehrten sich die Stimmen, die auf eine Verlängerung der Ausbildungszeit der Höheren Maschinenbauschule drängten. Dies Verlangen artikulierte auch der „Innungsverband Deutscher Baugewerksmeister" für die Baugewerkschulen, die seit den bescheidenen Anfängen zwischen 1820 und 1831 ab 1882 einen starken Aufschwung genommen hatten. Im Jahre 1913 zählte man in Deutschland 67 derartiger Schulen, die mit den Maschinenbauschulen und den Hüttenschulen den eigentlichen Kern des modernen deutschen Fachschulwesens bildeten (vgl. Peters 1923, S. 279).

In den Jahren 1905 und 1908 traten im Bereich der Planung und Steuerung des technischen Fachschulwesens in Preußen zwei neue Mitspieler in Erscheinung, die bei der endgültigen Strukturierung dieses neuen Bildungsbereiches eine wichtige Rolle besetzten. Das am 1. April 1905 gegründete „Preußische Landesgewerbeamt" (LGA), eine dem Handelsministerium angeschlossene Behörde, erarbeitete schon bis 1907 eine wichtige Denkschrift zur erneuten Reorganisation der Höheren Maschinenbauschule, in der zwar eine Verlängerung des Studiums auf fünf Semester befürwortet, ansonsten jedoch für eine weitere soziale Öffnung dieser Schule plädiert wurde.

Mit der Übernahme dieser Vorschläge durch das Handelsministerium erneuerte sich indes der 1898 nicht wirklich gelöste Konflikt mit dem VDI und der mittelständischen Wirtschaft, die nun wieder ihre Forderung nach Auflösung der Werkmeisterschule bzw. der niederen Maschinenbauschule vorbrachten. Dagegen war dem PMHG und den Schuldirektoren eine schärfere institutionelle Abgrenzung zwischen niederen und höheren maschinentechnischen Fachschulen und die Erweiterung des Zuganges zur Höheren Maschinenbauschule das wichtigste Anliegen.

Durch den Erlaß „Zweckbestimmung und Aufnahmebedingungen“ vom 5. November 1907, mit dem das Handelsministerium den Weg für eine weitere Reform der maschinentechnischen Fachschulen im Sinne der Vorschläge des LGA freigemacht zu haben glaubte, fühlten sich VDI und Großindustrie herausgefordert, eine schlagkräftige Opposition gegen die vorgesehene Reorganisation zu formieren. Diesem Ziel diente die Gründung des „Deutschen Ausschusses für technisches Schulwesen“ (DATSCH) im Jahre 1908. Zusammen mit dem „Verband Deutscher Maschinenbauanstalten“ (VDMA) hatte der Ingenieurverein hier eine schlagkräftige private Vereinigung geschaffen, die in den folgenden Jahren nicht nur die Entwicklung des Fachschulwesens maßgeblich beeinflussen sollte, sondern auch die Umgestaltung der traditionellen Lehrlingsausbildung im Sinne der Großen Industrie (vgl. Greinert 1998, S. 65 ff.).

Dem DATSCH gelang es sofort, sich gebührende Achtung zu verschaffen: mit der Ankündigung, sich in allernächster Zukunft mit der Abgrenzung der technischen Schulen „nach unten und oben, ferner mit den Aufnahmebedingungen, mit dem Lehrplan und der Unterrichtsdauer, der Unterrichtsweise und dem Prüfungswesen" zu befassen, erwirkte der VDI eine Aussetzung des unliebsamen November-Erlasses (vgl. dazu Schütte 2003, S. 103 ff.).

Mit der Reorganisation der preußischen Baugewerkschule zwischen 1906 und 1908 sowie der Maschinenbauschulen in den Jahren von 1906 bis 1911 hatte am Vorabend des Ersten Weltkrieges das technische Fachschulwesen im größten Staat Deutschlands seine moderne institutionelle Verfassung gefunden. Diese letzte Reorganisationsphase im alten Kaiserreich, abgeschlossen mit dem Erlaß des PMHG vom 1. April 1911 etablierte neben dem „allgemeinbildenden“ Schulwesen ein neues horizontal und vertikal gegliedertes Schulsystem mit einem fachlich strukturierten, nach Wirtschaftsbereichen differenzierten Curriculum. Mit dessen Kern – Baugewerkschule, Maschinenbauschule und Hüttenschule – verbanden sich im spezifischen Umfeld Textilfachschulen, Kunstgewerbe- und Handwerkerschulen, Bergschulen und Seefahrtschulen, aber auch nicht-technische Fachschulen für Handel, Landwirtschaft und Soziales.

Die „goldene Ära“ (Schütte) der Fachschulentwicklung in der Vorkriegszeit zwischen 1903 und 1913 schlug sich nicht nur in steigenden Schüler- und Absolventenzahlen nieder, sondern auch in einer rasanten Ausdifferenzierung von unterschiedlichen Fachschultypen, einem neuen Lehrerstand und einer neuen Didaktik vor allem technischer Fachwissenschaften, sowie nicht zuletzt in einer großen Zahl architektonisch beeindruckender „Fachschul“neubauten.

Dabei zeigt vor allem die skizzierte preußische Entwicklung, daß dieses neue Schulsystem nicht etwa vorzugsweise auf Drängen des „Kapitals“, d. h. der dominierenden Wirtschaftsverbände bzw. Wirtschaftszweige zustande kam. Die Beamtenschaft des preußischen Handelsministeriums kontrollierte nicht nur souverän die politische Entwicklung, sie setzte letztlich auch ihre Vorstellungen durch – selbst gegen die Großindustrie und die mächtige Ingenieur-Lobby. Diese Vorstellungen waren geprägt von einer komplexen Doppelstrategie: einerseits versuchte die preußische Ministerialbürokratie natürlich den Qualifikationsinteressen der wichtigen Exponenten einer expandierenden Industriegesellschaft gerecht zu werden, andererseits ging es jedoch auch darum, durch das neue technische Bildungswesen den Druck von den als „überfüllt" eingeschätzten akademischen Bildungsinstitutionen zu nehmen. Dies wurde von den verantwortlichen Politikern ganz offen artikuliert, so von dem preußischen Finanzminister *von Rheinbaben*, der eine intensive finanzielle Unterstützung des technischen Unterrichtswesens anläßlich von Etatberatungen mit dem Handelsministerium in Aussicht zu stellen versprach, „um die Gymnasien zu entlasten und auf allen Gebieten den technischen Fortschritt in unserem Vaterland zu fördern" (zit. nach Schütte 2003, S. 74).

Das hartnäckige Taktieren des preußischen Handelsministeriums gegen die auf soziale und professionelle Abschottung zielenden Vorschläge des VDI legt den Schluß nahe, daß der Versuch, den Bildungsansprüchen vor allem des mittleren Bürgertums nachzukommen, zumindest in Preußen ein entscheidendes Motiv der Fachschulpolitik war. Inwieweit es dabei bewußt um eine „Umlenkung" dieser Ansprüche von akademischen auf Fachschulkarrieren ging, kann hier offen bleiben; zumindest wurde in den zahlreichen Denkschriften und Verhandlungen stets auf die Festlegung eines ausreichenden Abstandes zwischen dem neuen Fachschulsystem und den Technischen Hochschulen geachtet. Denn nicht zuletzt ging es auch in diesem Zusammenhang darum, die Positionen des höheren Beamtentums weiterhin den Söhnen des deutschen Bildungsbürgertums vorzubehalten.

## 4.4 Wissenschaft und Technik – die Auseinandersetzung zwischen Humanismus und Realismus auf höchster Ebene

Wie schon beschrieben, können das „Ständische Polytechnische Institut" in Prag (1806) und das „Polytechnische Institut" in Wien (1815) als die ersten Ansätze eines Technischen Hochschulwesens im deutschen Kulturraum gelten. In beiden Fällen war man vom Vorbild der Ecole Polytechnique insofern abgewichen, als man ganz bewußt eine Zusammenfassung von mathematisch-naturwissenschaftlichem Grundstudium und dem eigentlichen höheren technischen Fachunterricht in einer Einrichtung anstrebte. Den von Napoleon im Jahre 1804 gegen den Willen der Gründer der Pariser Schule durchgesetzten militärischen Bezug ließ man in Prag und Wien gänzlich außer acht.

Der Gründung der „Polytechnischen Schule" in Karlsruhe (1825) – des dritten Nachfolgeinstituts der Ecole Polytechnique in Deutschland – kommt insofern besondere Bedeutung zu, als hier der Versuch unternommen wurde, konsequent die Strenge der mathematisch-naturwissenschaftlichen Ausbildung der Pariser Einrichtung organisatorisch mit dem Fachschulwesen zu verbinden – wie in der Wiener Gründung schon angedacht (vgl. Manegold 1970, S. 39 f.). Die konzeptionelle Idee der bewußten Trennung der polytechnischen Schulen von der Universität erhielt damit weiteren Auftrieb: der Weg zur eigenständigen Technischen Hochschule war dann spätestens mit der Reform der Karlsruher Gründung im Jahre 1832 angebahnt. Wesentlich verursacht wurde dieses folgenschwere Schisma durch die Gründung der Berliner Universität (1810), die – normgebend für die übrigen deutschen Universitäten – dem Prinzip der „reinen Wissenschaft“ im Sinne des Neuhumanismus und der idealistischen Philosophie in demonstrativer Weise Geltung verschafft hatte.

Den sog. „Grundschriften“, die die ideelle Basis des Berliner Universitätskonzeptes bilden (vgl. Anrich 1964), ist die Auffassung gemeinsam, daß die „reine Wissenschaft“ von ihren praktischen Anwendungen strikt zu trennen sei. Für *Friedrich Schleiermacher*, als Direktor der Wissenschaftlichen Deputation der Sektion des Kultus und Unterrichts wichtigster Berater Humboldts, besteht die „eigentliche Universität“ ausschließlich aus der philosophischen Fakultät (vgl. Anrich 1964, S. 257 ff.), die angewandten und technischen Fächer galten ihm vom „Mittelpunkt der Erkenntnis am weitesten entfernt“. Humboldt, der eigentliche spiritus rector der Berliner Gründung, versichert zwar in seiner fragmentarischen Denkschrift von 1810, daß die Universität stets in „enger Beziehung auf das praktische Leben und die Bedürfnisse des Staates“ zu stehen habe, seine weiteren Ausführungen laufen indes auf die Überzeugung hinaus, daß nur eine umfassende zweckfreie „Bildung durch Wissenschaft“ auch die beste Grundlage für die „praktischen Geschäfte des Lebens“ sei.

Die technisch-naturwissenschaftlichen Fächer, insbesondere die Technologie i. e. S. – von ihrem Begründer *Johann Beckmann* als eine umfassende allgemeine Handwerks-, Bergwerks- und Manufaktur- bzw. Fabrikwissenschaft konzipiert – zählte bei Humboldt zu den „schrecklichen Wissenschaften“, die naturphilosophisch orientierten Vertreter des Idealismus hielten „die zergliedernde, rechnende und wägende Naturforschung für ein untergeordnetes, ja widerliches Geschäft“ (Harnack, zit. nach Manegold 1970, S. 31). Bald konnte die geistewissenschaftlich dominierte Universität natürlich den Naturwissenschaften nicht mehr die Wissenschaftlichkeit absprechen, doch man wußte sich zu helfen: man veränderte die ursprüngliche Formel, stellte nun den Erkenntnisprozeß selbst – das Suchen, Entdecken, Deuten – in den Mittelpunkt der „Bildung“, die „reine Erkenntnis“, die ihren Wert in sich selbst trägt und auf diese Weise dem Ethos der Wahrheitsfindung Genüge tut.

Nach Karlsruhe sind innerhalb der Jahre 1827 bis 1836 in fast allen deutschen Bundesstaaten technische Lehranstalten als staatliche Einrichtungen gegründet worden: in München 1827 ein „Polytechnisches Zentralinstitut“ – das 1833 in die drei „Polytechnischen Schulen“ in Augsburg, Nürnberg und München zerlegt wurde –, in Dresden 1828 eine „Technische Bildungsanstalt“, in Stuttgart 1829 eine „Höhere Gewerbeschule“. Unter gleichartiger Bezeichnung folgten 1830 Einrichtungen in Kassel, 1831 in Hannover und 1836 in Darmstadt. In Braunschweig wurde 1835 dem Collegium Carolinum eine „technische Abteilung“ angegliedert. Die realisierten Gründungen und die gescheiterten Unternehmungen in Preußen haben wir im dritten Kapitel unserer Studie beschrieben. In diesem Zusammenhang entwickelte sich folgerichtig seit den 30er Jahren des 19. Jahrhunderts eine intensive Diskussion um Rang und Standort des technischen Unterrichts.

Dabei votierten Staatswissenschaftler wie *Friedrich Bülau* (Leipzig), Neuhumanisten wie *Friedrich Thiersch* (München), Pädagogen wie *Adolf Diesterweg* (Berlin) oder Politiker wie der Leipziger Professor der Philosophie *Friedrich Carl Biedermann* für eine Einbeziehung der technischen Wissenschaften und Studien in die Universität (vgl. Manegold 1970, S. 44 ff.) Mit scharfen Vorwürfen an die Adresse dieser Einrichtung wurde nicht zurückgehalten: die Universität entferne sich zunehmend von der „Bewegung des öffentlichen Lebens" (Thiersch), würdige nicht die „wahren socialen Verhältnisse und Bedürfnisse" (Diesterweg), schade der öffentlichen Wohlfahrt, dem Aufschwung der Industrie und der Entwicklung der bürgerlichen Freiheiten (Biedermann).

Doch die Verteidiger von zweckfreier Bildung und reiner Erkenntnis stellten in dieser Auseinandersetzung eindeutig die Mehrheit, wenngleich sie sich kaum auf eine wahrnehmbare Realisierung dieser Prinzipien in der Praxis der universitären Ausbildung berufen konnten. Mit der starken Betonung der „akademischen Freiheit", in der nun die wichtigste Voraussetzung der „wahren Universität" gesehen wurde, offenbarte diese Fraktion indes eher unfreiwillig ihr eigentliches Problem, nämlich konstruktiv auf die pragmatischen bzw. materialistischen Zeittendenzen zu reagieren. Die Fluchtbewegung der herrschenden akademischen Klasse ist unverkennbar.

Den praktisch das ganze Jahrhundert verfolgten Anstrengungen der höheren technischen Schulen, den Universitäten gleichgestellt zu werden, ist stets entgegengehalten worden, daß diese lediglich eine auf technische Praxis hin angelegte Ausbildung vermittelten, daß sie also einen reinen Unterrichtszweck, nicht aber einen Erkenntniszweck verfolgten. Diese Argumentation erwies sich allerdings ab den 80er Jahren, dem Zeitpunkt der eigentlichen Hochindustrialisierung in Deutschland, in zunehmendem Maße als brüchig, denn an den Technischen Hochschulen setzte sich nun eine spezifische *ingenieurwissenschaftliche Methodik* durch. Waren bis dahin in den eigentlichen Ingenieurfächern i.d.R. nur theoretische Vorlesungen, Konstruktionsübungen am Reißbrett und – in geringem Maße – Demonstrationsübungen an Modellen üblich gewesen, so bemühte man sich nun, Laboratoriums- und Versuchseinrichtungen zu schaffen, die sowohl der Lehre wie der Forschung dienen sollten. Die neue Ausbildungsdidaktik der Technischen Hochschulen, mit der man bestrebt war, Praxis und Theorie konstruktiv zusammenzufassen, beruhte auf vier Säulen:

„– der Rezeption naturwissenschaftlicher Ergebnisse und deren Umsetzung in technische Regeln;
- mathematischen Berechnungsmethoden;
- systematischem Experimentieren an Maschinen, wie sie in der industriellen Praxis verwendet wurden;

– Sammeln von über Jahrzehnte hinweg in der Industrie entstandenen Erfahrungen“ (König 1988, S. 189).

Auf diese Weise ließen sich spezifische technik-theoretische Modelle konstruieren, die in der Lage waren, die technische Wirklichkeit adäquat abzubilden.

Zu dieser Veränderung der inneren Organisation der Technischen Hochschule trat nun auch in bezug auf die Anerkennung als Institution der Wissenschaft der gesellschaftliche Druck von außen hinzu. Am 12. Mai 1856 hatte sich der „Verein Deutscher Ingenieure“ (VDI) nach dem Vorbild der englischen Ingenieurgesellschaften konstituiert. Seine Beschlüsse zur „Organisation Polytechnischer Schulen“ von 1865 zielten ganz unverblümt auf den uneingeschränkten Hochschulstatus dieser Einrichtungen. Im Sinne dieser klaren Forderung erhielten dann auch zwischen 1865 und 1880 alle deutschen Polytechnika eine Hochschulverfassung, womit ihre äußere organisatorische Entwicklung zu einem bestimmten Abschluß gekommen war (vgl. Manegold 1970, S. 55 ff.).

Der eigentliche Gleichstellungskampf mit den Universitäten beginnt dann im Jahre 1880 (zum folgenden vgl. Manegold 1969). Im März dieses Jahres versammelten sich Abgesandte aller deutschsprachigen Technischen Hochschulen in Berlin und erhoben die Forderung, daß nun ihrer Hochschule auch das Recht der Verleihung des Doktorgrades zuerkannt werden müsse. Dies galt indes den Universitäten wie der Bildungsverwaltung „als ein unerhörter und undenkbarer Eingriff in die traditionsgeheiligte Gerechtsame der Universitäten“ (Manegold 1969, S. 295), weswegen diese Forderung zu diesem Zeitpunkt auch wohl nur als eine Art Demonstration (oder Provokation?) begriffen werden konnte.

Im Juli 1894, also fast 15 Jahre später, kam es wiederum zu einer – diesmal geheim gehaltenen – Versammlung der Delegierten der deutschen Technischen Hochschulen in Eisenach, wobei es ausschließlich um das Promotionsrecht bzw. seine Durchsetzung ging. Man einigte sich taktisch vorzugehen, d.h. offiziell vorerst für die Chemie-Abteilungen der Technischen Hochschulen den „Doktor der Chemie“ zu fordern. Doch der „chemische Doktor“ geriet bald in den Hintergrund des allgemeinen Interesses, da die Hochschulverwaltungen die eingereichten Anträge erst einmal auf Eis legten, und im Grunde allen Beteiligten klar war, daß sich die Technischen Hochschulen mit einem derartig eingeschränkten Promotionsrecht nicht zufrieden geben würden.

Im Februar 1897 beantragte in einem Alleingang die TH München bei der Bayerischen Staatsregierung für sich das Promotionsrecht und schlug als Titel den „Doktor der technischen Wissenschaften“ vor. Doch diese Initiative heizte die Kontroverse nur zusätzlich an. „Die folgenden jahrelangen Verhandlungen der deutschen Regierungen untereinander und mit den Hochschulen waren von Seiten der Behörden vor allem gekennzeichnet durch zahlreiche, von heute aus gesehen, grotesk anmutende Kompromißvorschläge, die, nicht zuletzt aufgrund des Widerspruches der Universitäten, letztlich stets eine modifizierte Ablehnung bedeuteten. Die einschlägigen Ministerialakten machen sichtbar, wie sehr sich in diesem Gesamtkomplex für und wider wissenschaftliche, wirtschaftliche, ja, außen- und machtpolitische Motivationen und Argumente vermischten, wie hier geistes- und bildungsgeschichtliche, wissenschafts- und sozialgeschichtliche Einflüsse eng verflochten waren“ (Manegold 1969, S. 296f.). Dabei war die aktuelle Hochschuldiskussion von damals fast ausschließlich beherrscht von der Promotionsfrage und nahm geradezu agitatorische Züge an. Besonders deutlich in den schier unglaublichen Titelvorschlägen, mit denen man offensichtlich den Anspruch der Ingenieure auf akademische Meriten lächerlich zu machen versuchte: statt des naheliegenden „Dr. rer. techn.“ liest man Empfehlungen wie „Duktor“, „Construktur“, „Tector“, „Technolognost“, oder „Technosoph“ (vgl. Manegold 1970, S. 298).

Anfang Januar 1899 erfolgte dann der entscheidende Vorstoß: die Technischen Hochschulen stellten – mit Ausnahme von München – an ihre zuständigen Regierungen nun endlich den Antrag „auf Erwirkung des vollen Rechtes der Doktorpromotion“. Die Angelegenheit fiel, wie gesagt, in die Verfassungskompetenz der Einzelstaaten, doch eine Entscheidung in derart wichtigen Fragen hing praktisch vom größten Staat des Reiches, von Preußen, ab. Diesen Umstand machte sich *Wilhelm II.*, der an Technik und Fortschritt lebhaft interessierte Kaiser, zunutze: trotz der geschlossenen Phalanx des Widerstandes der Universitäten gegen die „Alteration (= krankhafte Veränderung, d. Verf.) der akademischen Würde“ unterzeichnete er am 11. Oktober 1899 den von den Technischen Hochschulen lang ersehnten Erlaß, der den preußischen und damit faktisch auch allen anderen deutschen Technischen Hochschulen „in Anerkennung (ihrer, d. Verf.) wissenschaftlichen Bedeutung“ das Promotionsrecht einräumte.

Auf der – eigentlich zu früh (nämlich auf das Gründungsdatum der Bauakademie) datierten – Jahrhundertfeier der Charlottenburger Hochschule am 19. Oktober 1899 vollzog der Kaiser in der Uniform des Ingenieurskorps, begleitet von großem Gefolge und in Anwesenheit von Abgesandten aller deutschen Technischen Hochschulen und den Rektoren fast (!) aller deutschen Universitäten höchstpersönlich mit der Verkündung des Erlasses den wissenschaftlichen Ritterschlag für die Ingenieure. Trotz dieser Allerhöchsten Auszeichnung scheute sich der Rektor der Universität Heidelberg nicht, der Mißstimmung der Universitäten noch nachträglich deutlichen Ausdruck zu verleihen. In seine offizielle Ansprache auf dem großen Festkommers flocht er die Bemerkung ein, er und seine Kollegen von der Universität kämen sich bei dieser Jubelfeier vor wie die „gefangenen Könige eines Triumphators“ (vgl. Treue 1956, S. 60). Dabei hatten Universitäten und Wissenschaftsverwaltung vorgesorgt, daß mit den Bezeichnungen „Dipl.-Ing.“ und „Dr.-Ing.“ eine deutliche Abgrenzung zu den abgekürzten latinisierten Titeln der „wahren Universität“ geschaffen wurde: im Kaiserlichen Erlaß war zudem verfügt worden, daß die Titel der Ingenieure „in deutscher Schrift“ zu halten seien (vgl. Manegold 1969, S. 299).

## 4.5 Bildung als gesellschaftliche Macht – das deutsche Berechtigungssystem als Instrument der Absicherung bildungsbürgerlicher Berufskarrieren

Dem 19. Jahrhundert kommt in der Schul- und Bildungsgeschichte eine zentrale Bedeutung zu, da sich in dieser Zeit die noch heute bestimmenden Strukturen unseres öffentlichen Erziehungs- und Wissenschaftssystems herausgebildet haben. Ohne Zweifel markieren diese Strukturen klar erkennbare Restbestände eines Bildungswesens mit Klassencharakter, das nicht nur die Funktion der kulturellen, sondern vor allem die Funktion der sozialen Reproduktion zu erfüllen hatte. Die französischen Soziologen *P. Bourdieu und J.-C. Passeron* haben die Strukturmerkmale eines derartigen Bildungssystems am landeseigenen Beispiel durch empirische Analyse zu bestimmen versucht (vgl. Bourdieu/Passeron 1971 und 1973). Die Beziehungen zwischen diesen Merkmalen – Selbstreproduktion, Art und Handhabung der Selektion, Verzicht auf rationale Didaktik, Hierarchie der Institutionen und (vor allem!) relative Autonomie – und der sozialen Praxis versuchen Bourdieu und Passeron im Begriff des „Habitus“ zu fassen. „Das traditionelle Bildungssystem verbreitet erfolgreich die Illusion, der gebildete Habitus sei ausschließlich das Ergebnis seiner Lehrtätigkeit und sei damit von allen sozialen Determinanten unabhängig, während es im Extremfall nur einen Klassenhabitus, der außerhalb des Bildungswesens entstanden ist und die Grundlage alles schulischen Lernens bildet, benutzt und sanktioniert. Es trägt deshalb entscheidend zur Perpetuierung der Struktur der Klassenbeziehungen bei und legitimiert sie, indem es verbirgt, daß die von ihm produzierten Bildungshierarchien soziale Hierarchien reproduzieren“ (Bourdieu/Passeron 1971, S. 221 f.).

Die Perpetuierung der Struktur der Klassenbeziehungen kann das Bildungswesen indes nur in einer Form erfüllen, die durch seine eigenen relativ autonomen Strukturen und Verfahrensweisen definiert wird. Die Legitimierung der sozialen Hierarchien über die Produktion von Bildungshierarchien erfolgt also letztlich durch einen Set bildungssystemtypischer Handlungsmuster, die Bourdieu/Passeron im Konstrukt der „symbolischen Gewalt“ zusammenfassen: Gewalt, die als solche durch spezifische pädagogische Praxis unkenntlich gemacht ist (vgl. Bourdieu/Passeron 1973). Dem Bildungswesen fällt vor allem die Rolle zu, die große Masse der gesellschaftlich Unterprivilegierten davon zu überzeugen, „daß ihr soziales Schicksal und ihr Bildungsschicksal auf ihrem Mangel an Fähigkeiten oder Verdienst beruhen“, d. h. daß die gesellschaftliche Ungleichheit und die damit verbundene asymmetrische Verteilung von Macht, Einkommen und Privilegien nach objektiv feststellbaren Leistungskriterien zustandekommt. „(...) Unter all den Lösungen, die im Laufe der Geschichte für das Problem der Übermittlung der Macht und der Privilegien gefunden worden sind, gibt es zweifellos keine einzige, die besser verschleiert ist und daher solchen Gesellschaften, die dazu neigen, die offenkundigsten Formen der traditionellen Übermittlung der Macht und der Privilegien zu verweigern, gerechter wird als diejenige, die das Unterrichtssystem garantiert, indem es dazu beiträgt, die

Struktur der Klassenverhältnisse zu reproduzieren, und indem es hinter dem Mantel der Neutralität verbirgt, daß es diese Funktion erfüllt" (Bourdieu/Passeron 1973, S. 93).

Man könnte nun natürlich den Versuch unternehmen, den theoretischen Ansatz von Bourdieu und Passeron auf das deutsche Schulwesen im 19. Jahrhundert anzuwenden. Vor allem der in unserer Darstellung ganz offen zutage tretende Tatbestand, daß auch die Entwicklung unseres Bildungswesens nicht zu verstehen ist, wollte man von der „Struktur der Klassenbeziehungen" in Preußen-Deutschland abstrahieren, reichte aus, um ein derartiges Vorgehen zu rechtfertigen. Doch uns kommt es eher darauf an, das für die deutschen Verhältnisse ganz typische Entwicklungs- bzw. Steuerungsmuster eines klassenspezifischen Bildungswesens etwas detaillierter darzustellen als die von Bourdieu/Passeron isolierten Strukturmerkmale auf ihr Vorhandensein und ihre Wirksamkeit im deutschen Kontext zu überprüfen. Auf diese Weise läßt sich das Thema „Bildung als gesellschaftliche Macht" etwas variieren.

Es geht uns um eine Darstellung und Analyse des „Berechtigungswesens", das erst im 20. Jahrhundert, im Zuge der verschiedenen Krisen in der Weimarer Zeit, als Struktur, d.h. als komplexes Gefüge von Sinn- und Sachbezügen innerhalb des Systems Schule bzw. Bildung begriffen wurde (vgl. z.B. Ziertmann 1929). Die verschiedenen, durch Schulzeugnisse und Examina vermittelten „Berechtigungen", bestimmte Berufskarrieren anzustreben, wurde insbesondere Ende der 20er Jahre nicht mehr als mehr oder weniger zufälliges Nebeneinander verschiedener Erscheinungsformen, sondern als eigengesetzlicher Mechanismus thematisiert (vgl. Behrend 1929; Reichsverband 1929; Müller 1931).

Als Grundlage für diese veränderte Sichtweise können verschiedene Gesamtdarstellungen des deutschen Schulwesens angeführt werden, die unter dem Stichwort „Berechtigungen" die allgemeinen Bildungsabschlüsse als Zulassung zu bestimmten Berufen, Ämtern, Positionen bzw. Studiengängen an der Universität in einen systematischen Zusammenhang zu bringen suchten (vgl. z.B. Wiese 1864; Kübler 1886; Lexis 1902). Die Untersuchungen Ende der 20er Jahre sind indes schon auf den gemeinsamen Nenner einer „Krise des Berechtigungswesens" zu bringen, d.h. der Feststellung einer eher dysfunktionalen Wirkung dieser „Zuteilungsapparatur von Sozialchancen" (Schelsky). Das Berechtigungswesen, wie es im 19. Jahrhundert in Deutschland entstanden war, entsprach nicht mehr der veränderten gesellschaftlichen Wirklichkeit (vgl. Meyer 1968).

Die entscheidende Voraussetzung für die Installierung eines modernen Berechtigungswesens bildet der Übergang des Bildungswesens in die Verantwortung des Staates, wie dies beispielsweise im Allgemeinen Preußischen Landrecht Ende des 18. Jahrhunderts formal verfügt wird. Die Verstaatlichung der Schulen und Universitäten eröffnet für den Staat nun die Möglichkeit, durch die Regelung der Anforderungen an seine Beamten die Basis für ein von ihm kontrolliertes Berechtigungswesen zu legen. Während einige Verordnungen in dieser Richtung noch im 18. Jahrhundert ohne Wirkung blieben, bildet das Edikt über das *Examen pro facultate docendi* vom Jahre 1810 den eigentlichen Beginn der Entwicklung eines staatlichen Berechtigungssystems. Wichtige Strukturmerkmale finden sich darin einerseits in dem Hinweis, daß es sich um eine allgemeine Prüfung handele, die lediglich eine De-iure- Berechtigung zur Ausübung eines entsprechenden Lehramtes vermittele, keinesfalls aber einen De-facto-Anspruch auf eine entsprechende Stelle. Für die Struktur des künftigen Berechtigungswesens erscheint zum anderen wichtig, daß die eigentliche Prüfung von der Universität abgelöst und einer staalichen Instanz übertragen wird, ein Akt, der das für das Berechtigungssystem konstitutive Element des Staatsexamens begründet (vgl. Wiese 1864, Bd. I).

Als Dreh- und Angelpunkt des Berechtigungswesens in Deutschland entwickelte sich seit Mitte des 18. Jahrhrhunderts, zunächst unter der Perspektive des sog. „Maturitätsproblems“, die *Abiturientenprüfung* (vgl. Herrlitz 1973). Diese Abschluß- und zugleich Zulassungsprüfung wurde beispielsweise in Preußen 1788 erstmals durch Erlaß geregelt, eine Maßnahme, die indes noch nicht auf soziale Selektion abzielte. Da die damaligen Gelehrtenschulen vorwiegend von den „pauperie“, d. h. den künftigen Universitätsstipendiaten aus den „bemittelten Ständen“, besucht wurden, kam es zunächst darauf an, den Universitätszugang auf die wirklich Befähigten zu reduzieren. „Es ist jedoch“, so heißt es im Reglement, „hiebey unsere Absicht nicht, die bürgerliche Freiheit in so fern zu beschränken, daß es nicht ferner jedem Vater und Vormund frey stehen sollte, auch einen unreifen und unwissenden Jüngling zur Universität zu schicken, dies soll vielmehr nach wie vor dem Ermessen eines jeden überlassen bleiben“ (zit. nach Meyer 1968, S. 377).

Das *Abiturientenreglement vom 25.06.1812* dehnte den Prüfungszwang dann schon auf die sog. „Externen“ (die ihre Ausbildung nicht auf Latein- und Gelehrtenschulen erhalten hatten) aus, hielt aber insofern an der liberalen Regelung von 1788 fest, als auch weiterhin das Zeugnis der „Untüchtigkeit“ eine Immatrikulation nicht verhindern sollte. Der wesentliche Unterschied zu den Bestimmungen von 1788 liegt darin, daß nun ein fest umrissener, im neuhumanistischen Bildungsbegriff begründeter *Maturitätskanon* von „Sprachen“ und „Wissenschaft“ verbindlich vorgeschrieben wurde (vgl. Jeismann 1974, S. 350 ff.). Durch diese Kanonisierung sollte eine Vereinheitlichung des gymnasialen Lehrplans erzwungen und die „vollberechtigten Anstalten“ aus dem diffusen Gemenge der überkommenen Latein- und Gelehrtenschulen als das innovative Potential herausgefiltert werden. Wie hier nicht noch einmal beschrieben werden muß, scheiterten jedoch die vorzugsweise mit dem Namen *Johann Wilhelm Süverns* verbundenen Schulentwicklungspläne, die das neuhumanistische Bildungskonzept schulorganisatorisch umzusetzen versuchten: in eine große, einheitlich gestaltete „Anstalt für die National-Jugendbildung“. Das (preußische) Gymnasium, das sich im ersten Drittel des 19. Jahrhunderts als grundständige neunklassige Vollanstalt formierte, blieb, entgegen der offiziell verbreiteten Ideologie, eine „Staatsdiener-Schule“ (Jeismann 1974, S. 396), in der es kaum um „die allgemeine Bildung des Menschen an sich“, als vielmehr um karrierewirksame Berechtigungen ging.

Mit dem *Abiturientenreglement vom 4.06.1834* ist diese Entwicklung schon so gut wie abgeschlossen: „Jeder Schüler, welcher sich einem Beruf widmen will, für den ein drei- oder vierjähriges Universitätsstudium vorgeschrieben ist", muß sich der Maturitätsprüfung unterwerfen (§ 1). Der Maturitätsbegriff, der bei Humboldt und Süvern noch eine Konzentration „formeller Geistesbildung" bedeutet, die „Reife zur Philosophie" bescheinigen soll, degeneriert zur funktionalen Voraussetzung des Studienerfolgs in einem „besonderen wissenschaftlichen Fach" (§ 2). „Seit 1834", so der Gymnasialpädagoge *H.-G. Herrlitz*, „ist er kein bildungstheoretischer, sondern primär ein bürokratischer Begriff".

Die Austreibung des neuhumanistischen Geistes aus dem (preußischen) Gymnasium läßt sich sowohl anhand der Entwicklung des gymnasialen Fächerkanons und an der Veränderung der inhaltlichen Prüfungsanforderungen aufzeigen (vgl. z. B. Herrlitz 1982, S. 98 ff.). Mehr noch wird sie deutlich an den vielfältigen Versuchen, das Gymnasium schon unterhalb der Maturitäts-Ebene in den Griff der vormärzlichen reaktionären Bildungspolitik zu bekommen. Es werden beispielsweise nun das *Jahrgangsklassensystem* eingeführt und verschärfte *Versetzungsbedingungen* von Tertia nach Sekunda und von Sekunda nach Prima erlassen, Maßnahmen, die die Selektionsfunktion des Gymnasiums wesentlich verstärkten. Der Anlaß für diese strikte Politik ist der gleiche, der früher schon die preußische Bürokratie beunruhigt hatte, und dies auch weiterhin tun würde, nämlich „der Andrang junger Leute ohne Mittel und Beruf zum Studieren und zum Staats-Dienste" (zit. nach Herrlitz 1982, S. 98).

Die Strukturelemente Abiturientenexamen und Staatsexamen bilden das Grundmuster, nach dem im 19. Jahrhundert ein komplexes Berechtigungswesen entsteht, das *Paul Ziertmann* 1929, im „Handbuch für das Berufs- und Fachschulwesen" detailliert beschreibt: angefangen bei der „Obersekundareife" – die bestimmte „bürgerliche Berechtigungen" und die „militärische Berechtigung" des einjährigen freiwilligen Dienstes verschafft – über das „Maturitäts- oder Abiturientenzeugnis" – das zum Universitätsbesuch berechtigt, – baut sich ein „viel größeres und umfassenderes System weiterer Berechtigungen" auf, nämlich die verschiedenen Staatsexamina und Beamtenprivilegien.

„1. Die Gruppe der *höheren Berufe*, die sich wieder teilt in die der Berufe im Dienst von Staat, Gemeinde usw., und die der freien Berufe; sie beruht auf der Reife für die höheren Berufsstudien, dem *Abiturientenzeugnis*.

2. Die Gruppe der *mittleren Berufe*, die sich ebenfalls nach demselben Gesichtspunkt teilt; diejenigen des öffentlichen Dienstes und diejenigen der organisierten Gesellschaft (Handel, Industrie usw.). Sie baut auf der *Obersekundareife* auf. (…)

3. Schließlich, außerhalb dieser beiden Systeme, die Gruppe der *unteren Berufe*, die auf der Volksschulreife beruht" (vgl. Ziertmann 1929, S. 580).

Den Zugang zu den wirklich privilegierten Berufskarrieren, so Ziertmann, eröffnet lediglich das Abiturientenexamen. Wer den Einstieg an dieser Stelle des Systems verpaßt, hat praktisch keine Chance mehr der späteren Korrektur. – Wir haben in unserer Darstellung zu zeigen versucht, daß von den Auseinandersetzungen um das Recht der Verleihung dieses entscheidenden Bildungsabschlusses an die unterschiedlichen Schulen die Entwicklung des deutschen Bildungswesens im 19. Jahrhundert im wesentlichen gesteuert wird, nicht aber von den Ideen des Neuhumanismus. Trotzdem läßt sich ohne die Einbeziehung des in der Einleitung näher erläuterten Deutungsmusters „Bildung und Kultur“ die Soziogenese des Gesamtsystems nicht verstehen.

Wir kommen damit zurück zur These von *Bourdieu/Passeron*, daß das Bildungssystem seine Funktion der sozialen Reproduktion nur mit Hilfe quasi autonomer, eigener Strukturen und Verfahrensweisen erfüllen kann. Das Gymnasialmonopol des Abiturientenexamens als offensichtliche Barriere für den Einstieg in die höheren Berufskarrieren mußte also auch pädagogisch legitimiert werden, denn das Berechtigungswesen ist seinem Charakter nach ein schul- und bildungsfernes „Sekundärsystem“. Eine schlüssige pädagogische Legitimation ist indes nur aus der Position eines gesellschaftlich anerkannten Erziehungsprinzips und/oder einer plausiblen inhaltlichen (curricularen) Rechtfertigung zu gewinnen. Beides verschaffte dem Gymnasium das neuhumanistische Postulat der „Bildung“.

Die Verbindung der sozial-restriktiven Abschottungstendenz der administrativen Maßnahmen von 1810 bis 1834 mit dem bildungsbürgerlichen Deutungsmuster „Bildung und Kultur“ führt letztlich dazu, daß nun – im politisch prekären Vormärz – das Gymnasium zur „Schule für die oberen Gesellschaftsschichten“ (Paulsen) wird. Als „allgemeine Menschenbildung“ vulgo: Allgemeinbildung galt unter der Perspektive dieser Symbiose künftig das, was im Kanon des Gymnasial-Lehrplans von der Bildungsverwaltung verfügt wurde. Daß dieser Kanon schon um 1820 mit dem von den Neuhumanisten humboldtscher Prägung konzipierten propädeutischen Lehrgang (Sprachen, Mathematik und historisch-geographische „Erfahrungskenntnisse“) kaum noch etwas zu tun hatte, spielte nun keine Rolle mehr, zumal die Entwicklung der Wissenschaften – worauf die „Realisten“ nicht müde wurden hinzuweisen – längst die neuhumanistischen Vorstellungen relativiert hatte.

Zum eigentlichen curricularen Kriterium einer gymnasialen „Vollanstalt“ – und damit zum Hauptselektionskriterium des Berechtigungssytems – wurde bezeichnenderweise nicht das Fach *Griechisch*, es blieb – wie bei den Gelehrten- und Lateinschulen – beim Fach *Latein*. Dies ganz offensichtlich deshalb, weil die die klassischen bildungsbürgerlichen Berufe – Arzt, Jurist, Philologe, Theologe – prägenden Disziplinen in ihrer Wissenschaftssprache und ihrem Begriffsdenken im Lateinischen wurzeln. Die sog. „realistische Wendung“ der preußisch-deutschen Gymnasialentwicklung markiert keinen Modernisierungsprozeß, nicht einmal einen „verschlungenen“ wie man laut Herrlitz folgern könnte (vgl. Herrlitz 1982, S. 101). Wie das von uns geschilderte Schicksal der Real- und Fachschulen es deutlich zeigt, markiert diese sog. Anpassung an die Moderne ganz im Gegenteil die Unterwerfung der realistischen Bildung unter das Diktat einer vormodernen, längst zur Ideologie geronnenen „Allgemeinbildung". Auch die „Oberrealschule" ist, nicht nur aus vordergründig curricularer Sicht, eine allgemeine Schule.

Nahezu eine gleich gewichtige Rolle im System des Berechtigungswesens wie das Abitur spielte das sog. „Einjährige". Verankert in der seit 1808 vorbereiteten, dann 1840 in Preußen endgültig durchgesetzten allgemeinen Wehrpflicht, sah das Institut des einjährig-freiwilligen Militärdienstes vor, daß „junge Leute aus den gebildeten Ständen" statt der dreijährigen obligatorischen Dienstzeit nur ein Jahr dienen mußten, wenn sie einen erheblichen Teil der in dieser Zeit anfallenden Kosten für Bekleidung, Verpflegung und z. T. auch Bewaffnung selbst aufzubringen bereit waren. Diese Bereitschaft eröffnete zugleich den Einstieg in die mit hohem gesellschaftlichem Prestige ausgestattete Laufbahn des Reserveroffiziers und verlangte als Voraussetzung anfangs den Besuch einiger Klassen des Gymnasiums, schließlich das Versetzungszeugnis in die Obersekunda. Ein seit 1870 vom Reichskanzleramt veröffentlichte Liste benannte die durchwegs „allgemeinbildenden" Schulen, die berechtigt waren, das „Einjährige" zu verleihen (vgl. Müller 1987).

Mit dem „Einjährigen" erwarb man sich auch die Berechtigung zum Eintritt in die mittlere Beamtenlaufbahn sowie zum Besuch höherer Fachschulen, vor allem aber bekräftigte dieses Privileg die Zugehörigkeit zur Schicht der „Gebildeten", ein Ausweis, der während der Militärzeit bevorzugte Behandlung und Unterbringung, im Zivilleben des feudal orientierten deutschen Kaiserreiches eine wesentliche Erhöhung der Berufs- und Sozialchancen verbürgte.

Für die bürgerliche Gesellschaft des 19. Jahrhunderts hatte das Berechtigungswesen eine eminent wichtige politische Funktion. Es bot vor allem die Möglichkeit, die überkommenen Rechte des Adels in Deutschland zu unterlaufen, der sich beim Eintritt in die Beamten- und Militärlaufbahn nun nicht mehr auf sein standesmäßig verbürgtes Geburtsprivileg berufen konnte. Der Adel hatte sich vielmehr fortan „dem bürgerlichen Prinzip des Berechtigungswesens (zu) beugen, weil rechtlich gesehen, die im Prüfungszeugnis bestätigte Leistung als die einzig relevante Bedingung galt" (Blankertz 1982, S. 183). Das Berechtigungswesen verkörpert insofern zumindest die politische Umsetzung *eines* Anspruchs des Neuhumanismus, nämlich Bildung zu verstehen als Adel des Geistes im Gegensatz zum Adel des Blutes, ein Umstand, der wohl nicht wenig zu seiner Legitimation beigetragen haben dürfte.

Die Durchsetzung des Leistungsprinzips in der Form amtlich sanktionierter Prüfungszeugnisse wandte sich indes auch sehr schnell gegen die sozial und politisch aufstrebende Arbeiterschicht, der der Zugang zu den privilegierten Schulen und Ausbildungsgängen aus vielerlei Gründen verwehrt war. Der Bildungsaufstieg der Arbeiterklasse wurde indes vor allem deswegen behindert, weil das Berechtigungswesen ausschließlich an den Abschlüssen der höheren Allgemeinbildung hing, während berufliche Leistungsnachweise berechtigungspolitisch nichts oder nur wenig galten.

Wenn man will, kann man dies als eine ironische Pointe der Geschichte interpretieren, denn – *Ruth Meyer* hat in ihrem informativen Aufsatz über das Berechtigungswesen darauf hingewiesen – das Berechtigungswesen ist zuerst in der Geschichte gerade in einer beruflichen Form aufgetreten. Dank der Marktmonopole und Privilegien der mittelalterlichen Zünfte und Gilden konnten diese umfangreiche Bedingungen bezüglich der Aufnahme in ihren Wirkungs- bzw. Rechtsbereich stellen. Die Zunftmeister entschieden mittels eines sozial- und leistungsorientierten Zuwahlsystems über Zustand und Zukunft ihres Gewerbes. Der zünftige Handwerker, d. h. der Vollgenosse der Zunft, konnte unter diesen Umständen das Selbstverständnis eines städtischen Amtsträgers entwickeln: sein Gewerbe konnte als sein Amt gelten, die Zunft als übergeordnete Behörde. An diesem Modell werden die drei wichtigen Funktionen des Berechtigungswesens bzw. seine Voraussetzungen schon sichtbar: die Monopolisierung eines Marktes bzw. eines Beschäftigungsbereichs, die Sicherung eines festgelegten Leistungsniveaus als Selektionskriterium und die Verpflichtung auf ein ethisch fundiertes Berufsverständnis. Erreicht werden soll dies durch Abschottung nach außen, ein hohes Maß von Selbstrekrutierung und ein festgelegtes und scharf kontrolliertes Qualifikationsmuster.

Abschließend bleibt zu klären, warum das Wirtschaftsbürgertum in Deutschland höhere Schulen der realistischen Bildung auch dann nicht durchzusetzen vermochte, als im letzten Drittel des 19. Jahrhunderts Naturwissenschaft und Industrialisierung längst zu bestimmenden sozio-ökonomischen Triebkräften geworden waren. Unsere Darstellung legt folgende Begründungen nahe:

(1.) Das deutsche Bildungsbürgertum hat in einer für die Entwicklung des deutschen Nationalbewußtseins entscheidenden Epoche, im Rahmen der sog. „Deutschen Bewegung“, sein zentrales Deutungsmuster von „Bildung und Kultur“ entwickelt und in einem günstigen historischen Moment in den Institutionen der höheren Bildung verankert. Ein charakteristisches Merkmal deutscher nationalstaatlicher „Verspätung“ (Plessner) besteht zum anderen darin, daß im Gegensatz zu England oder Frankreich der soziale Aufstieg eines mächtigen Wirtschaftsbürgertums erst im Zuge der nach 1850 verstärkt einsetzenden Industrialisierung erfolgte. Zu dieser Zeit hatte das Deutungsmuster des Bildungsbürgertums aber längst kulturhegemonialen Charakter entfaltet. Das nationale Selbstverständnis tendierte immer mehr dazu, Deutschland – in Absetzung von den westlichen Nationen – vornehmlich als „Kulturstaat“ bzw. „Kulturnation“ zu begreifen.

Selbst die entstehende Arbeiterbewegung übernahm in ihren „Arbeiterbildungsvereinen“ das neuhumanistische Bildungsideal, obwohl es offensichtlich erscheinen mußte, daß die Differenz zwischen der Klassenlage der Arbeiter und der geborgten Semantik viel zu groß war. Selbst ein Großteil der sozialistischen Intelligenz , wie etwa *Ferdinand Lasalle, Wilhelm Liebknecht, Franz Mehring* oder *Rosa Luxemburg* dachte „im Horizont des Bildungsbürgertums“ (vgl. Bollenbeck 1994, S. 199).

(2.) Die Installierung eines umfangreichen und komplexen Berechtigungswesens im 19. Jahrhundert lag ebenso im Interesse des aufgeklärten Beamtenstaates wie auch des deutschen Bildungsbürgertums. Für letzteres bildete das System staatlich kontrollierter Berufskarrieren zugleich einen effizienten Mechanismus der Selbstrekrutierung sowie eine Möglichkeit, trotz seiner faktischen politischen Machtlosigkeit über die Positionen des höheren Beamtentums doch noch an der Staatsmacht teilzuhaben.

Die Abschottung des Gymnasiums gegenüber dem gewerbetreibenden Mittelstand und die zähe Verteidigung des Berechtigungsprivilegs der „Humanisten" durch bildungsbürgerliche Gruppierungen *und* den Beamtenapparat sicherte den Söhnen des Bildungsbürgertums vor allem über humanistisches Gymnasium und Jurastudium den Zugang zu den höheren Verwaltungskarrieren und zu den kommunalen Schlüsselstellungen. Dieser Bildungsgang verzeichnete schon bald einen derartigen Andrang, daß seine „Überfüllung" vor allem in konservativen Kreisen mit Sorge diskutiert wurde.

(3.) Das konsequente Festhalten an einem traditionalistischen vormodernen Gymnasial-Lehrplan und die ebenso konsequente Abwehr realistischer bzw. beruflich orientierter Fächergruppen läßt sich nicht vollständig aus der verständlichen Absicht erklären, die Demonstrationssymbole bildungsbürgerlicher Teilkultur zur Grundlage aller höheren Bildung und zum sozialen Selektionskriterium zu machen. Es kommt hinzu, daß dieser klassenspezifische Traditionalismus durch die besondere Struktur des deutschen Berechtigungswesens gestützt wird.

Diese These soll verdeutlicht werden, indem wir zuerst ein Alternativ-Modell zur deutschen Praxis der Beamtenrekrutierung skizzieren. – Im traditionellen englischen „civil service system" werden die „classified positions" aufgrund von direkten *Prüfungen für das angestrebte Amt* verliehen. Die Art der Vorbildung der Bewerber und der Ort ihres Erwerbs sind praktisch bedeutungslos, entscheidend ist allein der Nachweis vor einer Prüfungskommision, daß der Bewerber die für das Amt notwendigen Qualifikationen besitzt. Zugänglich sind folglich die „open competitative promotions examinations" für jeden interessierten Bewerber. Die erworbene Berechtigung gilt entsprechend auch nur für das betreffende Amt, sog. „Beamtenkarrieren" über Beförderung sind praktisch ausgeschlossen (vgl. Bruck 1928).

Das deutsche – aber auch z. B. das französische – Berechtigungswesen frunktionieren dagegen über die *Kontrolle der Bildungswege der Bewerber*, setzen also eine starke Verknüpfung des Schulwesens mit dem Behördenapparat voraus. Die entsprechenden Prüfungen vermitteln hier nur eine De-iure-, keine De-facto-Berechtigung. Die konsequente Ausschaltung der individuellen Komponente durch stark auf das vorgeschriebene Pensum hin formalisierte Prüfungen ermöglicht zwar eine genauere Leistungskontrolle sowie eine weitgehende Rationalisierung des Systems, verstärkt indes zusätzlich die in Beamtensystemen stets vorhandene Tendenz zur Verkrustung. So läßt sich für Deutschland allgemein feststellen, daß nicht nur der wissenschaftspropädeutische Lehrgang des Gymnasiums eigentlich den permanenten Stempel der Rückständigkeit trägt, sondern auch vor allem die Ausbildung von Juristen und Lehrern an der Universität. Bis heute ist es nicht gelungen, für diese beiden gesellschaftlichen Schlüsselberufe ein tragfähiges universitäres Ausbildungsmodell zu entwickeln.

Im Blick auf das deutsche Bildungswesen im 19. Jahrhundert seien abschließend noch einmal die eingangs des Kapitels bemühten französischen Soziologen *Pierre Bourdieu* und *Jean-Claude Passeron* zitiert: „Alle Bemühungen“, so ihr Fazit, „die äußeren Funktionen des Bildungssystems und die Relationen zwischen diesem und anderen Subsystemen, zum Beispiel dem Wirtschafts- oder dem Wertesystem, zu beschreiben, müssen so lange fiktiv bleiben, wie die gefundenen Relationen nicht ihrerseits zu der Struktur der Machtverhältnisse, die zu einem gegebenen Zeitpunkt zwischen den sozialen Klassen bestehen, in Verbindung gebracht werden“ (Bourdieu/Passeron 1971, S. 191). Das im 19. Jahrhundert in Deutschland spezifisch entwickelte und verfeinerte Berechtigungswesen zeigt in bemerkenswerter Weise, wie diese Sätze verstanden werden müssen.

# 5. Kapitel: Die weitere Vertiefung des Grabens zwischen Allgemein- und Berufsbildung in der Weimarer Zeit und im Nationalsozialismus

Als das hervorstechende Merkmal der schulpolitischen Entwicklung in den zwanziger Jahren kann man das Moment ihrer allgemeinen Blockierung festhalten, d.h. den offenkundigen Tatbestand, daß sich die im 19. Jahrhundert vorgezeichnete Struktur des Bildungswesens kaum veränderte. Der „Kampf um die Schule“ war zwar sofort nach dem Zusammenbruch des Kaiserreiches zu einem wesentlichen Element der parteipolitischen Auseinandersetzungen geworden, verhärtete sich aber schon in den ersten Jahren der neuen Republik „zu einem kaum lösbaren innenpolitischen Problem, das sich um so mehr mit Emotionen und Ressentiments besetzte, je aussichtsloser die Hoffnung auf eine befriedigende Lösung wurde“ (Giesecke 1965, S. 162). Die reformorientierten Kräfte, die sich vor allem in der Sozialdemokratie, der neu gegründeten „Deutschen Demokratischen Partei“ (DDP) und im „Deutschen Lehrerverein“ formiert hatten, vermochten ihre bildungspolitischen Vorstellungen schon in der Nationalversammlung nicht durchzusetzen, wie der Weimarer Schulkompromiß zeigt (vgl. Rosin 1920). Genau so wenig gelang es ihnen in der Folgezeit, ihr auf eine Neugestaltung des deutschen Schulwesens im Sinne sozialistischer bzw. liberaler Bildungsvorstellungen abzielendes Programm gegen die geschickt operierende schulpolitische Reaktion zu behaupten.

## 5.1 „Inneres Versailles“ – der Weimarer Schulkompromiß

Die November-Revolution hatte in Bezug auf die Möglichkeit der gesetzlichen Regelung des Schulwesens eine neue Situation geschaffen. Während im Kaiserreich die Schulfrage eindeutig Ländersache war, eröffnete sich nach 1918 die Chance einer reichsgesetzlichen Rahmenregelung, an der vor allem die Sozialdemokraten und die Liberalen in Preußen interessiert sein mußten, wo die Rechtsparteien und das Zentrum aufgrund des Dreiklassenwahlrechts bislang jegliche Bewegung in der Schulpolitik konsequent zu verhindern gewußt hatten. „Aus der Dunkelkammer der einzelstaatlichen Parlamente, besonders aus der preußischen Hochburg des Junker- und Pfaffentums“ konnte nun die Schulfrage „in das hellere Licht und die freie Atmosphäre des Reichstages“ gehoben werden (Formulierung aus dem Protokoll des SPD-Parteitages Mannheim 1906, S. 344; zit. nach Giesecke 1965, S. 172).

Im Verfassungsausschuß der Nationalversammlung, wo dieser Sachverhalt verhandelt wurde, kam es zu hartnäckigen Auseinandersetzungen zwischen den drei Parteien der sog. „Weimarer Koalition“ – SPD, DDP und Zentrum –, die es sich zum Ziel gesetzt hatten, die verfassungsrechtliche Struktur des neuen Staates durch einen Akt der Volkssouveränität zu legitimieren. Doch diese drei Koalitionäre hatten sich über weltanschaulich-ideologische Prinzipien als Parteien konstituiert; insofern wichen gerade in Bildungsfragen ihre programmatischen Zielperspektiven, die außerdem einen wichtigen Teil des Identifikationsangebotes an ihre Anhängerschaft bildeten, erheblich voneinander ab.

Der nach langwierigen Verhandlungen und taktischen Manövern erzielte Weimarer Schulkompromiß bezog sich zum einen auf die gemeinsame Grundschule und die Konfessionalität der Volksschule, zum anderen auf die „äußere" Struktur des Bildungswesens. Die Bestimmungen in den entsprechenden Artikeln der Verfassung (134 und 145/146) waren bewußt „auslegungsfähig" formuliert, so daß sie selbst für genau gegensätzliche Interpretationen und bildungspolitische Zielsetzungen die notwendige Legitimitätsgrundlage bieten konnten. Als wichtigste Verfügung der Reichsverfassung für die praktische Schulpolitik in den Ländern erwies sich indes der Artikel 174, ein massiver „Sperrparagraph" (Giesecke), der die bestehende Rechtslage bis zur Verabschiedung eines vorgesehenen *Reichsschulgesetzes* für sakrosankt erklärte. Dies bedeutete – nicht nur für Preußen, das 1906 diesen Schultyp gesetzlich festgeschrieben hatte – den Fortbestand der Konfessionsschule. Der unglückliche Schulkompromiß zementierte aber letztlich auch den Fortbestand der im letzten Drittel des 19. Jahrhunderts durchgesetzten klassenspezifischen Spaltung des deutschen Schulwesens (vgl. Giesecke 1965; Rosin 1920).

Wie nicht anders zu erwarten, stießen die zwischen den drei gegensätzlichen Parteien ausgehandelten Schulbestimmungen in der Weimarer Verfassung auf entschiedenen Widerspruch sowohl in der interessierten Öffentlichkeit wie bei der organisierten Lehrerschaft. Der „Deutsche Lehrerverein" – der etwa drei Viertel der männlichen Volksschullehrer vertrat –, der „Verband sozialistischer Lehrer und Lehrerinnen" und der „Bund entschiedener Schulreformer", von dessen Vorsitzendem *Paul Oesterreich* das Verdikt vom „inneren Versailles" stammt, protestierten gegen die Aufgabe der weltlichen Schule und der nationalen Einheitsschule. Der preußische Lehrerverein drohte mit der Ablehnung des Religionsunterrichtes, sollte der Kirche weiterhin die Schulaufsicht über die Volksschule überlassen bleiben. Auf Initiative des preußischen Kultusministers richteten die Kultusminister der Länder eine Protestnote an die Reichsregierung, in der sie eine kulturelle wie finanzielle Bedrohung ihrer Schulpolitik konstatierten und eine Verantwortung für ein mögliches Scheitern bei der Umsetzung der reichsgesetzlichen Bestimmungen strikt ablehnten. Die „Deutsche Demokratische Partei" wandte sich in einem Beschluß ihres zeitgleich stattfindenden Parteitages massiv gegen den erzielten „Kompromiß". Es heißt da: „Das (sic!) neue Schulkompromiß bedeutet die völlige Preisgabe der nationalen Einheitsschule. Es verschachert unsere Jugend an die politischen Parteien, vergiftet damit das Verhältnis zwischen Elternhaus und Schule und vernichtet jede Möglichkeit zum organischen Ausbau der Schule auf freiheitlich nationaler Grundlage" (zit. nach Rosin 1920, S. 45).

Die „Reichsschulkonferenz“ bot noch einmal die Gelegenheit, die schulpolitischen und erzieherischen Entwicklungsprobleme, die sich nach der Verabschiedung der neuen Verfassung abzeichneten, jenseits von Parteitaktik und Zwang zum Kompromiß zu verhandeln. Etwa 600 Teilnehmer, Repräsentanten der Lehrerverbände, der Schularten und anderer pädagogischer Institutionen, der Kirchen, des Handwerks und der Industrie, der Jugend- und Frauenvereinigungen fanden sich mit Exponenten der pädagogischen Reformbewegung auf Einladung des Reichsinnenministeriums im Reichstag vom 11. bis zum 19. Juni 1920 zusammen, um gutachtliche Äußerungen, d.h. „Material für die weitere Behandlung der Gegenstände durch die Regierungen, durch die Schulverwaltung, durch die Körperschaften aller Art und durch die Literatur“ zu erarbeiten (vgl. Reichsschulkonferenz 1920, S. 380).

Die „Hauptgebiete des Schul- und Erziehungswesens und der pädagogischen Probleme der Gegenwart“ (Ebenda, S. 448) sollten Gegenstand der Beratungen sein, darunter in den Plenarsitzungen die wichtigen Punkte *Schulorganisation, Arbeitsschule und Lehrerbildung* (11.–14 Juni). Wie nicht anders zu erwarten, bildete die Frage eines neuen Schulaufbaues, die im Verfassungs-Artikel 146 bewußt im unklaren gelassen worden war – „Das öffentliche Schulwesen ist organisch auszugestalten“ –,das umstrittenste Thema der Konferenz. Die Meinungen von Verfechtern der traditionellen Schulorganisation und die der „Einheitsschule“ prallten hier ungebremst aufeinander, mit dem voraussehbaren Ergebnis, daß es zur Vorstellung eines wenigstens von der Mehrheit getragenen Gesamtkonzeptes gar nicht kam.

Die Reichsschulkonferenz stellt sich im Rückblick als ein Unternehmen dar, daß zwar die geistigen, kulturellen und politischen Strömungen im Erziehungswesen in einer Umbruchzeit vorzüglich widerzuspiegeln in der Lage war, die ihr eigentlich zugedachte Funktion eines „pädagogisch legitimierten Wegweisers“ (Blankertz) konnte sie indes nicht erfüllen. „Die retardierenden Kräfte“, eine Gruppierung, wozu offenbar auch ausgewiesene Reformpädagogen wie *Georg Kerschensteiner* inzwischen zu rechnen waren, „waren leider stark genug, eine wirkliche Erneuerung von Schule und Erziehung zu verhindern“, so erinnert sich fünfzig Jahre später ein Konferenzteilnehmer (vgl. Alfken 1970, S. 854), Doch auch die Politik fand keine gemeinsame Basis für eine reichseinheitliche Rahmengesetzgebung für das Bildungswesen. Noch vor Beginn der Reichschulkonferenz nutzte zwar das Reich seine gesetzgeberische Kompetenz zur Verabschiedung des „Reichsgrundschulgesetzes“, doch dies blieb auch das einzige Mal in der Weimarer Zeit, wo der Reichstag sich zu einem Akt der prinzipiellen Strukturreform im Bildungswesen fähig zeigte. Nach der darauffolgenden Wahl schmolzen die Mandate der „Weimarer Koalition“ so zusammen, daß auch das geplante „Reichsschulgesetz“ sehr schnell außer Reichweite rückte.

## 5.2 „Partei der Bildung“ – die gescheiterte Schulpolitik der Sozialdemokratie

Schul- bzw. bildungspolitische Fragen waren in den Parteiprogrammen der deutschen Sozialdemokratie, so in den in Eisenach (1869), Gotha (1875) und in Erfurt (1891) verabschiedeten, „mehr beiläufig“ behandelt worden (vgl. Wittwer 1980, S. 17). Erst auf dem *Parteitag von Mannheim im Jahre 1906* kam es in der Form der sog. „Mannheimer Leitsätze“ – vorgestellt von *Clara Zetkin* und *Heinrich Schulz* – zu einem quasi offiziellen Programm. Auf eine Diskussion und formelle Abstimmung über die sechs Thesen war zwar verzichtet worden, doch Schulz bewertete den einstimmigen Beschluß des Parteitages, daß sein und Clara Zetkins Referat als Sonderdruck herausgegeben werden sollte, als „tatsächliche Anerkennung der Leitsätze“ durch seine Partei (vgl. Schulz 1907 und 1919).

Die zentralen Leitprinzipien der angestrebten sozialistischen Schulreform lassen sich wie folgt zusammenfassen:

- *Weltlichkeit der Schule* (d. h. vor allem die Abschaffung der Konfessionsschulen und die Aufhebung der kirchlichen Schulaufsicht);
- *Einheitlichkeit der Schule* (d. h. insbesondere die Aufhebung der wilhelminischen „Klassenschule“ und des Berechtigungssystems);
- *Unentgeltlichkeit des Unterrichts*, der Lehrmittel und der Verpflegung an öffentlichen Schulen;
- *Chancengerechtigkeit im Schulwesen* (d. h. staatliche Förderung befähigter Schüler vor allem aus unteren Bevölkerungsschichten).

Die Aufhebung des Gegensatzes von „Handarbeit“ und „Kopfarbeit“, von „Praxis“ und „Theorie“ soll die Herausbildung von „vollentwickelten Individuen“ gewährleisten und ist durch die Einführung des *„Arbeitsunterrichts“* in allen Schulen zu unterstützen. Der sog. „innere“ Schulbetrieb darf ausschließlich nach pädagogischen Grundsätzen unter der Mitwirkung von an der Universität ausgebildeten Lehrern und Lehrerinnen organisiert werden.

Die Gegenüberstellung mit den weit radikaleren schulpolitischen Forderungen der *Unabhängigen Sozialdemokraten* (USPD; vgl. Gentsch 1994, S. 38 ff.) läßt erkennen, daß die Sozialdemokratie mit ihrem ersten umfassenden Bildungsprogramm eher auf der Linie bürgerlich-republikanischer Schulreformvorstellungen („Aufstieg der Begabten“) als auf der Linie marxistisch-revolutionärer Klassenkampftheorie („Befreiung des Proletariats aus geistiger Bevormundung und Unterdrückung“) lag. Einflußreiche revisionistische Kräfte innerhalb der SPD hatten denn auch an der offiziellen Verabschiedung der „Mannheimer Leitsätze“ kein besonderes Interesse gezeigt. Sie störte das unverbundene Nebeneinander von marxistischer Analyse des bürgerlichen Schulwesens und von einem Katalog schulpraktischer Forderungen, deren Realisierungschancen offenkundig nicht sehr günstig standen (vgl. Gentsch 1994, S. 36).

Trotz dieses allgemeinen Akzeptanzproblems galten die „Leitsätze“ zusammen mit den erläuternden schulpolitischen Abhandlungen von *Heinrich Schulz* (vgl. Schulz 1911 und 1919) zu Beginn der Weimarer Republik als *die* schulprogrammatischen Schriften der deutschen Sozialdemokratie. Der politische Versuch ihrer Umsetzung gestaltete sich für die Sozialdemokratie allerdings von vornherein als nahezu aussichtsloses Unternehmen.

Schon die Befürwortung des Weimarer Schulkompromisses durch die sozialdemokratische Reichstagsfraktion und die maßgebliche Mitwirkung von SPD-Politikern am Zustandekommen dieses Kompromisses lösten innerhalb der Partei heftige Diskussionen aus. Doch die Sozialdemokratie sah sich in Bezug auf ihre anvisierte Schulpolitik im Jahre 1919 in einer prekären Situation: der Druck der Siegermächte, die auf Unterzeichnung des Versailler Vertrages drängten, und der feste Wille zur Verabschiedung einer republikanischen Reichsverfassung, verwiesen die SPD auf ein politisches Bündnis mit dem in Schulfragen besonders konservativen *Zentrum*, das die Zwangslage der SPD für die Durchsetzung seiner schulpolitischen Ziele – insbesondere die Erhaltung der Konfessionsschule – geschickt nutzte. Die Äußerung des ehemaligen bayerischen Kultusministers *Johannes Hoffmann* – „Es gibt für das (!) Kompromiß nie eine Billigung, wohl aber eine Erklärung und vielleicht – Entschuldigung“ – markiert insofern die für die Partei letztlich verfahrene Situation recht anschaulich (vgl. Gentsch 1994, S. 65).

Der strategische Fehlgriff der SPD bestand nach *Max Quark*, dem streitbaren Kritiker der (preußischen) Volksschule (vgl. Quark 1906), darin, daß die SPD nach der Erfahrung, daß es für die konsequente Weltlichkeit von Schule im Parlament keine Mehrheit gab, sofort den Grundsatz der Einheitlichkeit von Schule zu ihrem wichtigsten Programmpunkt hätte machen müssen. Statt dessen „hatte man sich auf die Festschreibung der weltanschaulich-konfessionellen Trennungen eingelassen, um die weltliche Schule als Sonderschule für eine Minderheit zu erreichen“ – eine Schule, die faktisch erst einmal „nur ein papierener Anspruch“ war (vgl. Wittwer 1980, S. 100f.).

Der Weimarer Schulkompromiß erwies sich auch in den Folgejahren für die Schulpolitik der Sozialdemokratie als einengendes Korsett. Das läßt sich vor allem nachweisen an den zahlreichen Anläufen zur Ausarbeitung der Ausführungsbestimmungen eines Reichsgesetzes zum Artikel 146 der Verfassung. Auf ihrem Kasseler Parteitag 1920 hatte die SPD noch ihre eingeschränkte Bereitschaft zur Mitwirkung an der Ausformulierung dieses „Reichschulgesetzes“ zu erkennen gegeben, obwohl für die Durchsetzung ihrer schulpolitischen Ziele sich nur wenige Möglichkeiten der Zusammenarbeit mit den bürgerlichen Parteien boten, die im Reichstag über die parlamentarische Mehrheit verfügten. Während also beim ersten Anlauf zu einem Reichschulgesetz während der Jahre 1920 bis 1924 die Sozialdemokraten vor allem über ihren führenden Schulpolitiker *Heinrich Schulz* noch einigen Einfluß ausüben konnten, erlebte die Partei nach der Krise der *Regierung Wirth* und der damit verbundenen Verhinderung aller weiteren schulpolitischen Kompromißversuche durch die Weimarer Koalitionsparteien die nachfolgenden Anläufe zu einem Reichsschulgesetz – in den Jahren 1925, 1926 und 1927/28 – im Reichstag als parlamentarische Oppositionspartei (vgl. Gentsch 1994, S. 57–89). Auf dem Magdeburger SPD-Parteitag Ende Mai 1929 konnte dann Heinrich Schulz erklären, daß die Frage eines Reichsschulgesetzes sich nicht mehr stelle; die allgemeine bildungspolitische Resignation der Weimarer Parteien hatte auch dieses geplante Gesetz von der Agenda genommen.

Beim Vorhaben „Reichsschulgesetz" ging es nicht – wie die Bezeichnung es nahelegen könnte – um eine Neufassung der Schulorganisation insgesamt, sondern lediglich um die Verfassung der Volksschule. Die Gleichstellung von Simultanschulen (= allgemeine Volksschule), Bekenntnisschule und weltlicher Schule (= Weltanschauungsschule) bildete dabei das politisch heftig umstrittene Problem. Im Rahmen unserer Thematik spielt indes die Haltung, die die Sozialdemokratie zur *Einheitlichkeit des Schulwesens* einnahm, eine sehr viel bedeutsamere Rolle. Die Einführung der gemeinsamen Grundschule kann nur als ein kleiner Schritt zur Verwirklichung dieses wichtigen schulpolitischen Zieles angesehen werden, zumal nach dem Gesetz vom 28. April 1920 die Ausnahme eines nur dreijährigen Vorschulbesuchs in Privatschulen durchaus erhalten blieb.

Nach den schulpolitischen Diskussionen der SPD vor dem Ersten Weltkrieg sollte die Einheitlichkeit des Bildungswesens mittels zweier grundlegender Veränderungen erreicht werden: einmal (1.) durch die Auflösung des zweigeteilten „Klassenschulwesens" des 19. Jahrhunderts und seinen Umbau zu einer „Einheitsschule", zum anderen (2.) durch die staatliche Gewährung von Erziehungsbeihilfen bzw. Stipendien für alle Kinder und Jugendlichen, unabhängig von ihrer sozialen Herkunft und den finanziellen Möglichkeiten ihrer Eltern (vgl. Wittwer 1980, S. 199). So propagierten die von SPD und USPD geführten „Revolutionsregierungen" – allerdings mit nicht unwesentlichen Abweichungen voneinander – durchwegs für die allgemeine Einführung der Einheitsschule und die Unentgeltlichkeit des Schulbesuchs. Doch schon in den Beratungen zum Verfassungsentwurf im Reichsamt des Inneren im Dezember 1918 konnten sich die beiden Parteien mit ihren Forderungen nicht durchsetzen. Im Ergebnis dieser Beratungen, dem Regierungsentwurf vom 25. Januar 1919, wurde zwar die Unentgeltlichkeit des Volksschulbesuchs zugestanden, zur Frage der Einheitlichkeit des Schulwesens wird indes ausgeführt, daß sich „auf die Volksschulbildung der Unterricht in mittleren und höheren Bildungsanstalten" aufbauen solle (vgl. Landé 1929, S. 29).

Spätestens bei der ersten Lesung des Verfassungsentwurfs in der Nationalversammlung wurde deutlich, daß die sozialdemokratischen Abgeordneten offensichtlich von der Forderung nach der generellen Einheitlichkeit des Bildungswesens abgerückt waren, und dieses wichtige schulpolitische Ziel nur noch im Hinblick auf die Volksschule verwirklicht sehen wollten. Im Laufe der Beratungen wurden die bildungspolitischen Ziele der SPD noch mehr zurückgenommen, vor allem damit eine Einigung mit der bürgerlichen *Deutschen Demokratischen Partei* (DDP) möglich wurde. Im gemeinsamen Antrag, der dann für die Formulierung des entscheidenden Artikels 146 wichtig wurde, hieß es: „Das öffentliche Schulwesen ist organisch auszubauen. Auf einer für alle Klassen und Bekenntnisse gemeinsamen Grundschule (der allgemeinen Volksschule) baut sich das mittlere und höhere Schulwesen auf. Für diesen Aufbau ist die Mannigfaltigkeit der Lebensberufe, für die Aufnahme eines Kindes in eine bestimmte Schule dessen Anlage und Neigung, nicht die wirtschaftliche und gesellschaftliche Stellung seiner Eltern maßgebend“ (Wittwer 1980, S. 205).

Mit diesem Zugeständnis hatte sich die SPD für ein „dualistisches Schulwesen“ – Volks- und Fortbildungsschule als die eine Säule, Mittel- und Höhere Schule als die andere – ausgesprochen, für die Zukunft des deutschen Bildungswesens eine folgenreiche Entscheidung. Der Zugang von Schülern aus den unteren Sozialschichten zu Mittelschule und Gymnasium konnte zwar nun durch Gewährung finanzieller Zuwendungen als möglich angenommen werden, doch das Ziel der Einheitlichkeit des deutschen Bildungswesens war von den Sozialdemokraten preisgegeben worden.

Auch auf der *Reichsschulkonferenz* konnten sich die Sozialdemokraten mit ihren Verbündeten, dem *Deutschen Lehrerverein* und dem *Bund Entschiedener Schulreformer*, in der Frage der Einheitlichkeit des Schulwesens nicht durchsetzen. Nach der Diskussion in den Ausschüssen „Schulaufbau“ und „Lehrerbildung“ setzte Schulz, dem die Konferenzleitung übertragen war, durch, daß im Plenum über die gegensätzlichen Positionen bei beiden Themenkomplexe abgestimmt werden sollte. Doch dabei erlitten die Vertreter, die für die Einheitsschule und für die akademische Ausbildung der Lehrer votierten, eine deutliche Niederlage. Es blieb nur die demonstrative Geste: zum Abschluß der Konferenz stellte in einer Erklärung eine Gruppe von SPD- und USPD-Teilnehmern fest, daß die Reichsschulkonferenz infolge ihrer Zusammensetzung und Leitung nicht in der Lage war, einer „Erneuerung der Schule“ gerecht zu werden. In Wirklichkeit war die eingetretene Situation weit schlimmer, denn in der Frage der Schulorganisation hatte sich auf der Reichsschulkonferenz ein „schwarzblauer Antikulturblock“ (Richard Lohmann) herauskristallisiert, der in den folgenden Jahren jegliche Reforminitiative zu unterlaufen in der Lage war (vgl. Gentsch 1994, S. 105 f.).

## 5.3 „Quellbezirke deutschen Lebens“ – die Richertsche Gymnasialreform

Aus dem politischen und geistigen Umfeld dieses Blocks wurde in den 20er Jahren eine wichtige Schulreform entworfen und exekutiert, nämlich die der höheren Lehranstalten. Die sog. „Richertsche Gymnasialreform“ galt lange Zeit als ein „wohldurchdachtes Werk des organisatorischen Umbaus und der inneren Neugestaltung“ (vgl. Huber 1981, S. 964). Die Tatsache, daß *Hans Richert* (1869–1940) sich sowohl der Zustimmung des der „Deutschen Volkspartei“ angehörigen preußischen Kultusministers *Boelitz* als auch des parteilosen *C. H. Becker*, aber ebenso des Sozialdemokraten *Adolf Grimme* erfreuen konnte, hat dazu geführt, daß die Richertsche Schulreform lange als ein Glanzstück der Weimarer Kulturpolitik bewundert wurde (vgl. Becker/Kluchert 1993, S. 366).

Hans Richert hatte Theologie und Philosophie studiert und seine grundlegenden politischen Eindrücke als Oberlehrer und Direktor im deutsch-polnischen Grenzland erhalten. 1921 trat er als „Hilfsarbeiter" in den Arbeitsstab des preußischen Kultusministeriums ein und übernahm im September 1923 als Ministerialrat die administrative Verantwortung für das höhere Schulwesen in Preußen. Richert neigte parteipolitisch deutsch-völkischen Bindungen zu und stand damit zwischen der Deutschen Volkspartei und den Deutschnationalen. Seine 1920 veröffentlichte Schrift „Die deutsche Bildungseinheit und die höhere Schule. Ein Buch von deutscher Nationalerziehung" markiert deutlich eine stark traditionsbezogene Denkweise. Doch in dieser Programmschrift hatte Richert so etwas wie eine neue Legitimationsgrundlage für die „höhere Bildung" entwickelt, ein Umstand, der ihn offensichtlich trotz seines ausgeprägten Konservatismus' für den schulpolitisch wichtigen Posten qualifizierte (vgl. Becker/Kluchert 1993, S. 367). Die Umstände jedenfalls sprachen für ihn und seine Ideen. Während die konkurrierenden Gymnasialformen, die die wilhelminische Klassengesellschaft hervorgebracht hatte, im wesentlichen das Ergebnis einer bedarfsorientierten Selektionspolitik darstellten, bedurfte es im neuen republikanischen Staate – gerade auch aus politischen Gründen – einer *pädagogischen Idee*, aus der sich die Einheit der höheren Bildung bzw. die Gleichberechtigung der verschiedenen historisch gewachsenen Gymnasialzweige ableiten ließen (vgl. Herrlitz 1982, S. 103 f.). Diese Idee hatte Hans Richert der pädagogischen Öffentlichkeit in seiner Programmschrift vorgestellt. Seine Berufung erfolgte aufgrund dieses Buches und kann kaum überschätzt werden, denn nach dem Scheitern der Reichsgesetzgebung in Schulfragen wurde Preußen bestimmend für die schulpolitische Entwicklung der ganzen Republik, und das Gymnasium bildete gewissermaßen die zentrale Institution, von der aus schulstrukturelle Veränderungen überhaupt noch realisiert werden konnten (vgl. dazu Becker/Kluchert 1993).

Nach Richerts Überlegungen muß die „deutsche Bildungseinheit" klare Einsichten in den „Werdeprozeß des deutschen Geistes" vermitteln, dessen klassische Epoche vom deutschen Idealismus verkörpert wird. „Hier oder nirgends ist unser Vaterhaus, hier ist unser Hellas, hier ist die klassische Epoche, die der jugendliche Geist durchleben muß" (Richert 1920, S. 112). Während also die Epoche des deutschen Idealismus sich an der Vorbildhaftigkeit der griechischen Kultur orientierte, „gestaltet der Bildungsdenker des folgenden Jahrhunderts diese Epoche selbst zum Bild der eigenen Idealität" (Blättner 1960, S. 262). Das Erlebnis des Krieges und der Zusammenbruch von 1918 lenken den Blick zurück auf das Jahr 1806: wie der deutsche Idealismus „nach Preußens Fall in den preußischen Staat einströmte, so muß dieser Geist uns selbst wieder durchdringen, wenn unser Staat, unsere Gesellschaft, unser Volk deutsch sein sollen", so Richert in unverhohlen nationalem Pathos (vgl. Richert 1920, S. 70).

Die schulorganisatorischen und didaktischen Konsequenzen dieser Sichtweise sind in der *Denkschrift des preußischen Kultusministeriums* vom 13. März 1924 gezogen: der „enzyklopädische" Begriff von Allgemeinbildung, der dem Maturitätskonzept seit 1834 noch zugrundeliegt, gilt als endgültig überholt, die höhere Bildung kann aufgrund der Ausdifferenzierungserscheinungen von Kultur nur noch in bewußter Arbeitsteilung von den verschiedenen Gymnasialformen realisiert werden, denen das Dokument daher ganz nach der Vorlage Richerts jeweils einen „Quellbezirk deutschen Lebens" zur besonderen Pflege zuweist. So bleibt das altsprachliche Gymnasium auf die *Antike* verwiesen, das Realgymnasium soll sich auf den *modernen Europäismus* konzentrieren, die Oberrealschule auf *Mathematik und Naturwissenschaften*. Eine Besonderheit bildet dabei die neu eingerichtete „Deutsche Oberschule" – als vierte geschichtlich gewordene Schulart –, die zeigen soll, „daß das für alle Schulen in der Mitte stehende deutsche Bildungsgut (auch) für sich selbst eine höhere Bildung zu vermitteln vermag" (Blättner 1960, S. 266). Das besondere Profil der gewachsenen Gymnasialformen soll also in jeweils charakteristischen Fächern zum Ausdruck kommen, während die Einheit der Bildung durch die Kernfächer deutscher Kulturkunde hergestellt werden soll.

Die Kritik an der Gymnasialreform Richerts entzündete sich vor allem an zwei charakteristischen Wesenszügen, einmal an ihrer offensichtlichen nationalistischen Verengung, zum anderen an ihrer verfehlten curricularen Ausrichtung. Daß Richerts Erziehung im Geiste des deutschen Volkstums nichts anderes als die Erziehung zum im Krieg gedemütigten nationalen Machtstaat eines Preußen-Deutschland bedeute (vgl. Müller, 1976, S. 111), kann indes nur aus einer historischen Distanz behauptet werden, die die Erfahrung des Nationalsozialismus und des Zusammenbruchs von 1945 voraussetzt. Sicherlich ist unbestreitbar, daß sich die Weimarer Republik ein deutschnationales Gymnasium schuf, dessen strukturelle und curriculare Organisation die Nationalsozialisten fast unverändert übernehmen konnten. Doch die Richertsche Schulreform brachte auch eine gewisse Liberalisierung des Unterrichts sowie des Schullebens mit sich, und der aus unserer Sicht peinlich übertriebene Nationalismus bedeutete, objektiv betrachtet, auch ein neues Bindeglied zwischen den Formen des niederen und höheren Schulwesens.

Über die Ambivalenz der Schulreform Richerts zwischen Nationalismus und Freiheit, so *Hellmut Becker*, läßt sich nur angemessen urteilen, wenn man sie in den Kontext des damaligen Zeitgeistes stellt. Dieser war noch stark bestimmt vom Glanz des Kaiserreiches und von dem endlich verwirklichten Traum der deutschen Einheit, dem Erbe Bismarcks, dem sich die Intellektuellen weiterhin verpflichtet fühlten. „Republikanische Staatmänner wie *Friedrich Ebert* und *Carl Heinrich Becker*", so Hellmut Becker, der Sohn des letzteren, „hätten mit Sicherheit einen Verbleib der Monarchie vorgezogen. Sie haben das auch beide offen ausgesprochen" (Becker/Kluchert 1993, S. 375).

Schwerer aus heutiger Sicht wiegt da schon der Einwand, daß die von Richert angestrebte nationale Bildung und Bildungseinheit mit den Mitteln einer Kulturkunde geisteswissenschaftlichen Charakters schon damals nicht mehr zu realisieren gewesen sei (vgl. Blättner 1960, S. 278 ff.). Richerts starre Orientierung an den „Geisteswissenschaften", die vor und nach dem Kriege unter dem Einfluß *Wilhelm Diltheys* (1833–1911) in Deutschland einen großen Aufschwung genommen hatten, hat nach Blättners Auffassung ein folgenschweres Mißverständnis produziert: das Erkennen der „geistesgeschichtlichen Bedeutung" der Mathematik oder Physik zum Beispiel kann der wissenschaftspropädeutischen Funktion des Gymnasiums nicht gerecht werden. Die Durchdringung der in den Fächern repräsentierten „Kulturbereiche", mit dem Ziel, zu den *„geisteswissenschaftlichen Erkenntnissen"* vorzustoßen, die zu einem allgemeinen Verständnis der *„Geistesgeschichte des deutschen Volkes"* führen sollen, vernachlässigt die eigenständigen Erkenntnismethoden der verschiedenen Wissenschaften und ignoriert so die studienvorbereitende Aufgabe des Gymnasiums, insbesondere seiner Oberstufe (vgl. auch Herrlitz 1980, S. 104 f.).

Spätestens hier wird deutlich, daß es Richert gar nicht um Erkenntnis und Wissenschaft ging, sondern um *„Bildung und Kultur"*, das alte bildungsbürgerliche Deutungsmuster. Richert sorgt sich um die Einheit des deutschen Kulturlebens, die er durch den aktuellen „Intellektualismus" gefährdet sieht, besonders bei der „gebildeten Jugend". Unter Berufung auf eine Bemerkung Diltheys, daß es in Deutschland nur zwei geschlossene Gedankensysteme gebe, nämlich das sozialdemokratische und das ultramontane, sah Richert den nach seine Ansicht historisch ausgewiesenen Deutungs- und Führungsanspruch des deutschen Bildungsbürgertums bedroht. Vor allem der Sozialdemokratie, so Richert ganz offen, könnte es gelingen, „aus ihrer marxistischen Ideologie heraus ein inhaltliches Kulturprogramm für Deutschland zu erarbeiten" (Richert 1920, S. 158). Die „deutsche Nationalerziehung" Richerts zielt also nicht auf ein alle Schichten umfassendes einheitliches demokratisches Bildungswesen, sie entzieht sich vielmehr auch sonst aufklärerischer Tradition und markiert eher einen neuerlichen Versuch, den hegemonialen Deutungsanspruch von Bildung und Kultur, den das deutsche Bildungsbürgertum im 19. Jahrhundert durchgesetzt hatte, zu sichern.

Die soziale Gruppierung, die als Träger dieses Anspruches in Frage kam, hatte den Zusammenbruch der wilhelminischen Gesellschaft überstanden und sich in der Weimarer Zeit neu organisiert, so vor allem im „Preußischen Philologenverband", im „Verband deutscher Hochschulen" (VDH) sowie im „Deutschen Germanistenverband" und im Verband der Schulgeographen. Während die Hochschullehrer und die Oberlehrerschaft der Gymnasien sehr direkt mit Eingaben und Denkschriften auf die Entscheidungen der Unterrichtsverwaltung einzuwirken versuchten, verschafften sich Germanisten und Schulgeographen eher als pädagogische „Bewegung" Einfluß. Diese war 1925 bereits so stark geworden, daß die Revision des Deutsch- und Geographieunterrichts als tragende Voraussetzung der Neuordnung des preußischen Gymnasiums gelten konnte (vgl. Müller 1976, S. 112).

Allerdings ist die „objektive Problemlage“ ( C. Offe), die zum politischen Ausgangspunkt der Richertschen Schulreform führte, nicht ausschließlich bildungsideologisch zu fassen, es war eigentlich der Sparzwang, der zur Bildungsreform herausforderte. Die den Ländern vom Reich aufgezwungene Abbauverordnung verlangte eine Reduzierung der Schulstunden für die Schüler und eine Anhebung der Unterrichtsverpflichtung der Lehrer, Maßnahmen, die ohne eine organisatorische und curriculare Reform der Schule nicht durchzuführen waren. Bei Berücksichtigung dieses objektiven Reformauslösers verliert die bildungsideologische Dimension der Richertschen Schulreform etwas von ihrer Wirkmächtigkeit. Die wirklich feststellbaren Strukturveränderungen im Bildungswesen der Weimarer Republik zeigen denn auch sehr nüchterne Tendenzen.

Zum einen läßt sich eine deutliche Expansion und weitere Differenzierung des höheren Schulwesens feststellen. Weitreichende Folgen hatten Maßnahmen, die darauf abzielten, strukturell und quantitativ bedeutsame Bildungsbereiche, die amtlich bislang nicht zu den höheren Schulen zählten, an das System gymnasialer Schulen anzugliedern. Dazu gehörte vor allem der Anschluß von großen Teilen des Mädchenschulwesens und die Integration von Abschnitten der Volksschullehrerausbildung in das höhere Schulwesen. Die „Deutsche Oberschule“ wurde in Preußen nicht nur grundständig, sondern auch in Aufbauform im Anschluß an die siebente Volksschulklasse eingerichtet, womit diese Schule die Funktion einer Zubringeranstalt für die in Preußen neu gegründeten *Pädagogischen Akademien* erhielt. Derartige Anschlußprozesse und eine tendenziell steigende Bildungsbeteiligung waren begleitet von einer Ausbreitung älterer und neuerer Formen der inneren Differenzierung der Gymnasien und der Zunahme von Lehranstalten, die das Angebot mehrerer Schultypen kombinierten (vgl. Zymek 1987, S. 121).

Die entscheidende schulstrukturelle Entwicklung während der Weimarer Zeit bestand indes darin, daß sich in Deutschland nun ein profiliertes *dreigliedriges* allgemeines Schulwesen festigen konnte. Ursache dafür war die Einführung der vierjährigen obligatorischen Grundschule und der Abbau der Vorschulen. Durch den Artikel 146,1 der Weimarer Verfassung – „Auf einer für alle gemeinsamen Grundschule baut sich das mittlere und höhere Schulwesen auf.“ – wurden die bislang als getrennte Bildungswege strukturierten und formell unverbundenen Bereiche des Volksschulwesens und der höheren Schulen in einen Systemzusammenhang gebracht. Das Grundschulgesetz von 1920 ersetzte die bis dahin im Deutschen Reich gültige *Unterrichtspflicht*, die in Volksschulen, öffentlichen oder privaten Vorschulen sowie Familienschulen oder als Privatunterricht abgeleistet werden konnte, durch eine *Schulpflicht*, und zwang damit alle Kinder, auch die die den Gymnasialbesuch anstrebten, in die vier untersten Klassen der Volksschule, die nun als „Grundschule“ eingerichtet werden mußten.

Das Grundschulgesetz von 1920 machte aber die vier unteren Klassen der Volksschule nicht nur zur offiziellen Vorbereitungsanstalt der höheren, sondern auch der sog. „mittleren“ Schulen, einem bis dahin eher diffusen Komplex von Anstalten, der amtlich nur negativ definiert werden konnte als „zwischen der eigentlichen Volksschule und der höheren Schule stehende Einrichtungen“ (Zymek 1987, S. 133). Der langwierige Prozeß der Umstrukturierung und Zusammenfassung dieser Schulen zu einem klar erkennbaren Mittelbau des deutschen Schulwesens bedeutete zugleich einen Prozeß der Klärung und Abgrenzung einer „Mittelschule“ von der höheren Schule. Das zentrale Problem der Etablierung eines mittleren Abschlusses für diese neue Schule, einer „mittleren Reife“, war, daß es einen derartigen Abschluß schon gab, und zwar in Form der Obersekundareife des Gymnasiums, des sog. „Einjährigen“. Nach Fortfall des Einjährig-Freiwilligen-Dienstes blieb diese Bezeichnung weiter erhalten. Angesichts der sich verschlechternden Berufsaussichten in den 20er Jahren, auch für die Absolventen der höheren Schulen, mußten indes alle Pläne und Vorschläge auf Reichs- und Länderebene, eine „mittlere Reife“ neben oder unterhalb der Obersekundareife zu etablieren, formale Akte ohne politische Wirkung bleiben (vgl. Zymek 1987, S. 133).

Grundschulreform, erweiterte Bildungsbeteiligung von Mädchen, verstärktes Frauenstudium, weitere Differenzierung und Expansion des Gymnasiums, zusammengenommen führte diese Öffnung des Bildungswesens ab 1930, ähnlich wie in den 80er Jahren des 19. Jahrhunderts, zu einer schweren Qualifikationskrise. Der sozialstrukturelle Druck auf Gymnasium und Universität ging in den 20er Jahren vor allem von den unselbständigen Mittelschichten aus und äußerte sich auf dem Arbeitsmarkt in einem massiven Überangebot an Akademikern, das – verschärft durch die Weltwirtschaftskrise – die Einlösung der bislang mit höherer Bildung verbundenen gesellschaftlichen Chancen zunichte machte. „Vom traditionellen Bildungsbürgertum und den bisherigen Funktionseliten wurde (dieser) Sachverhalt ebenso sehr als Bedrohung wie vom aufstiegsorientierten Mittelstand als Enttäuschung empfunden, und zwar so stark, daß schließlich die gesamten Anstrengungen für verbesserte Bildungschancen der Massen als ‘volksbiologisch ungesund’ gedeutet werden konnten“ (Blankertz 1982, S. 237).

Die Nationalsozialisten reagierten nach 1933 sofort auf diese Szenerie mit einer Politik der strikten Bildungsbegrenzung. Für den Abiturientenjahrgang 1934 wurde eine Studienquote festgelegt, die nur für jeden zweiten Abiturienten einen Studienplatz vorsah; die Gesamtzahl der Studierenden im Deutschen Reich sank von 1932 bis 1939 von etwa 98.000 auf etwa 40.000. Dieser starke Rückgang hatte zwar auch demographische Gründe, doch wenn im gleichen Zeitraum eine Verminderung der studierenden Frauen von 18.000 auf etwa 5.000 festzustellen ist, dann werden die eigentlichen Ziele der nationalsozialistischen Bildungspolitik offenbar.

Spektakuläre Eingriffe in die Grundstruktur des deutschen Bildungswesens lagen indes kaum im Interesse der NS-Erziehungspolitiker. Ihnen ging es hauptsächlich um die Umformulierung von Erziehungszielen, die Neubesetzung von Leitungspositionen in Schule, Schulverwaltung und Lehrerbildung sowie um die Förderung der außerschulischen Erziehungsinstitutionen, also um „Schulung“ und funktionale „Prägung“ wie beispielsweise in der Hitlerjugend und im „Bund Deutscher Mädchen" (BDM). Das am 1. Mai 1934 durch Reichserlaß konstituierte „Reichsministerium für Wissenschaft, Erziehung und Volksbildung" – das erste und einzige zentrale Kultusministerium Deutschlands – begnügte sich vorzugsweise mit der pragmatischen Fortführung von Maßnahmen und Plänen der deutschen Schulbehörden aus den Jahren vor 1933. Dies galt beispielsweise auch schon für das Gesetz und die folgenden Erlasse gegen „die Überfüllung der deutschen Schulen und Hochschulen" von 1933 (vgl. Zymek 1987, S. 133).

Die für die weitere Schulentwicklung wichtigsten Maßnahmen des Ministeriums ab 1936 fügten sich fast nahtlos in den schulstrukturellen Rahmen, wie er in der Weimarer Zeit vorgegeben worden war. Sie betrafen (1.) den Abschluß der Grundschulreform, (2.) die Vereinheitlichung des höheren Schulwesens und (3.) die Mittelschulreform. So erfolgte am 4. April 1936 die Anordnung, die privaten Vorschulen und Vorschulklassen endgültig aufzulösen. Im gleichen Jahre begann das Ministerium mit der organisatorischen Vereinheitlichung des höheren Schulwesens, in deren Verfolgung die „Deutsche Oberschule" – das Vermächtnis der Richertschen Gymnasialreform – zur Hauptform der höheren Knabenschulen aufrückte (mit Englisch als erster Fremdsprache und neuer Klassenzählung). Das humanistische Gymnasium blieb als „Sonderform" der höheren Schule erhalten, allerdings nur in Gestalt der in den größeren Städten voll ausgebauten Gymnasialanstalten, eine Maßnahme, die zwar quantitativ für diese Schule einen Bedeutungsverlust darstellte, qualitativ letztlich aber eine weitere Statuserhöhung bedeutete (vgl. auch zum folgenden Zymek 1987, S. 135 f.).

Für die Durchsetzung des in der Weimarer Zeit schon vorgesehenen neuen Mittelbaues im allgemeinen Schulwesen zeigten sich die schulstrukturellen und arbeitsmarktpolitischen Rahmenbedingungen Mitte der 30er Jahre sehr günstig. Daher wurden am 1. Juli 1938 „Bestimmungen zur Neuordnung des mittleren Schulwesens" in Kraft gesetzt, die zunächst die organisatorischen Grundlagen der Mittelschule neu regelten. Die zentrale Absicht der Reform war zum einen die klare Abgrenzung der Mittelschule gegen die höheren Schulen, zum anderen die Reduzierung des bis dahin teils öffentlichen, teils privaten mittleren Schulwesens auf nur wenige Grundformen, die sich als ausbau- und lebensfähig erwiesen hatten. Triebkraft dieser Mittelschulreform war der sich ab Mitte der 30er Jahre verschärfende Mangel an Fachkräften in fast allen Wirtschaftsbereichen. Den Absolventen der Mittelschulen wurden nun unter dem Druck der ehrgeizigen Wirtschafts- und Rüstungspläne Berufsperspektiven eröffnet, die bis dahin allein den Abiturienten vorbehalten waren. Die weitere Ausdifferenzierung des Berechtigungswesens bildet daher eine wichtige Komponente nationalsozialistischer Bildungspolitik.

## 5.4 „Zugriff auf die besten Söhne des Volkes" – die Ausbildungspolitik der Industrie in den 20er und 30er Jahren

Die Weiterentwicklung des im letzten Drittel des 19. Jahrhunderts und in den Jahren vor dem Ersten Weltkrieg in Ansätzen realisierten neuen Berufsausbildungsmodells wird in der Weimarer Zeit und im Nationalsozialismus bestimmt von einem Versuch umfassender Modernisierung. Als zu beseitigende Mängel mußten vor allem die Orientierung an den Berufen des traditionell-mittelständischen Wirtschaftssektors und deren unsystematischer, nicht-kodifizierter Qualifikationspraxis gelten und die vorwiegend sozialintegrative Funktion des Modells mit seiner politischen wie didaktischen Frontstellung gegen die Arbeiterbewegung, d. h. Sozialdemokratie und Gewerkschaften.

Schon vor dem Ersten Weltkrieg hatte die Industrie, die bei der Verabschiedung der für die Neugestaltung der Berufsausbildung so wichtigen Gewerberechtsnovelle von 1897 noch Produktion und Qualifikation als unvereinbare Gegensätze angesehen und alles darangesetzt hatte zu verhindern, daß die strengeren Ausbildungsvorschriften für die Handwerkslehre vom Gesetzgeber auch in ihrem Bereich zum allgemein geltenden Ausbildungsrecht bestimmt wurden, ihr gewachsenes Interesse für eine modernere Form der Berufsqualifizierung angemeldet (vgl. Greinert 1998, S. 61 ff.). Dieses Interesse artikulierte sich bezeichnenderweise im Zuge der politischen Durchsetzung der durch die Industrie für ihre Qualifikationspraxis strikt abgelehnten ausbildungsrelevanten Novellen von 1897 und 1908.

Das schwer um seine ökonomische Existenz kämpfende Handwerk versuchte nun nämlich, zum einen das durch die beiden Novellen fixierte Prüfungsmonopol der Handwerkskammern zu nutzen, um Einfluß auf das industrielle Ausbildungswesen zu gewinnen, zum anderen glaubte es, aus seiner Privilegierung im gewerblichen Ausbildungswesen finanzielle Forderungen an die Industrie ableiten zu können (vgl. Ebert 1984, S. 195 ff.). Die von diesen Ansprüchen besonders betroffenen Berliner und süddeutschen Metallindustriellen traten daher 1908 zur Gegenoffensive an: der *Verein deutscher Maschinenbau-Anstalten* (VDMA) nutzte die Initiative des *Vereins Deutscher Ingenieure* (VDI) zur Gründung des *„Deutschen Ausschusses für Technisches Schulwesen“* (DATSCH; vgl. Kapitel 4.3), um sich ein Forum für die Artikulierung seiner Vorstellungen in bezug auf die Gestaltung einer modernen industrielypischen Lehlingsausbildung zu schaffen. Der DATSCH, der ab 1909 die Lehrlingsausbildung zu einem seiner wichtigen Programmpunkte erhob, avancierte so – in Abweichung von seinem ursprünglichen Gründungsmotiv – zur Zentrale der ausbildungspolitischen Interessenvertretung der gesamten deutschen Industrie in bezug auf die Lehrlingsausbildung, eine Position, die er über 30 Jahre zu wahren wußte. In seiner Blütezeit gehörten ihm über 50 Organisationen an (vgl. Ebert 1984, S. 221 ff.).

Schon 1911 – in explizitem Bezug auf den Finanzierungsvorstoß des Handwerks und den Entwurf eines preußischen Fortbildungsschulgesetzes – präsentierte die vierte Generalversammlung des DATSCH ein eigenständiges Programm für die Entwicklung des industriellen Lehrlingswesens: der erste Teil der Lehre sollte in einer vom Produktionsbetrieb abgetrennten Abteilung stattfinden, unter „geeigneter Leitung“ nach einem „Ausbildungsplan“; die theoretische Unterweisung sei – so die unmißverständliche Forderung – möglichst in werkseigenen Schulen durchzuführen. Dieses Programm markiert also sowohl eine Absage an die traditionelle Handwerksausbildung wie an die noch nicht endgültig etablierte Fortbildungsschule (vgl. Ebert 1984, S. 226 ff.).

Ihre ausbildungspolitischen Auseinandersetzungen konzentrierten Industrie und Handwerk in den 20er Jahren des 20. Jahrhunderte vor allem auf die Prüfungsfrage. Die schon um 1903 ausgebrochenen Streitigkeiten drehten sich indes nur vordergründig um den Anspruch der Industrie, für ihre anders ausgebildeten Lehrlinge eigene Gesellenprüfungen durchzusetzen. Hinter dieser Forderung verbargen sich massive Konflikte zwischen Handels- und Handwerkskammern in bezug auf die Abgrenzung ihrer Einflußsphären. Die prüfungsrechtliche Abgrenzung der industriellen Lehrlingsausbildung vom Handwerk wurde ab 1926 wesentlich unterstützt von der ordnungsrechtlichen Arbeit des DATSCH. Dieser hatte sich nach dem Krieg verstärkt der Entwicklung von Lehrgängen und Lehrmitteln zur praktischen Ausbildung in den Betrieben zugewandt und 1919 den ersten Lehrgang für Maschinenschlosser herausgegeben (vgl. Ebert 1984, S. 328ff.). Diese direkte Kooperation in Ausbildungsfragen mit Industriebetrieben – wie AEG, Borsig, MAN oder Siemens – führte 1925 zur Gründung des *„Arbeitsausschusses für Berufsausbildung“* (AfB), dem neben dem DATSCH der *Reichsverband der Deutschen Industrie*, die *Vereinigung Deutscher Arbeitgeberverbände* und – ab 1926 – auch der *Deutsche Industrie- und Handelstag* (DIHT) angehörten.

Als vordringliche Aufgabe des AfB definierten seine Mitglieder, eine Abgrenzung und Systematisierung der unüberschaubaren Vielfalt der Industrieberufe vorzunehmen. Aus beschäftigungspolitischen Gründen schien es ratsam, eine horizontale wie vertikale Berufsdifferenzierung einzuführen, die Berufsstatistik zu intensivieren sowie Berufsberatung und Berufsausbildung stärker zu rationalisieren. Mit der definitori schen Unterscheidung von *Facharbeitern*, angelernten und ungelernten Arbeitern, einheitlichen *Berufsbezeichnungen* und *Ausbildungszeiten* hat der DATSCH im Rahmen des AfB 1926 die erste „Berufsabgrenzung in Metallindustrie, Schiffbau und Chemischer Industrie“ vorgenommen, ein Ordnungskonzept, das in den nächsten Jahren verfeinert und auf weitere Wirtschaftszweige angewandt wurde. Die Einführung von *Lehrlingsrollen* und *Einheitslehrverträgen* bei den Industrie- und Handelskammern ergänzte dieses generelle Programm der Entwicklung und Durchsetzung von *„Ordnungsmitteln“* der Berufsausbildung (vgl. Benner 1987).

Eine günstige Konstellation für die Entscheidung des leidigen Prüfungsstreites zwischen Handwerk und Industrie ergab sich indes erst im Jahre 1935. Das Wiederaufrüstungsprogramm der Nationalsozialisten hatte die Rolle der Industrie gestärkt, das Handwerk hatte man durch die Einführung des lange geforderten „Großen Befähigungsnachweises“ – die rechtliche Bindung der Führung eines Handwerksbetriebes an den Meistertitel – ruhig gestellt, und so konnten die Interessenvertreter der Industrie endlich die alleinige Zuständigkeit der Industrie- und Handelskammern für die Facharbeiterprüfungen durchsetzen. Mit dem entsprechenden Erlaß des

*Reichs- und Preußischen Ministers für Wissenschaft, Erziehung und Volksbildung* vom 15. Juni 1938 wurde indes nicht nur das Prüfungsmonopol des Handwerks gebrochen, diese Entscheidung markiert zugleich die Durchsetzung des industriellen Ausbildungsmodells. Mit dem offiziell zertifizierten Facharbeiterabschluß war ein neuer Qualifikationstyp – ja eine neue „Sozialfigur" (Burkart Lutz) – entstanden (vgl. Pätzold 1980, S. 34 ff.).

Neben dem DATSCH wurde für die Konzeption einer eigenständigen Facharbeiterausbildung ab Mitte der 20er Jahre vor allem das *Deutsche Institut für technische Arbeitsschulung* (DINTA) wichtig (vgl. Seubert 1977, S. 61 ff.; Bunk 1972, S. 204 ff.). Das DINTA wurde vom *Verein Deutscher Eisenhüttenleute* im Mai 1925 gegründet, war also ursprünglich eine Einrichtung der politisch konservativren Schwerindustrie. Ursächlich für seine Gründung waren vor allem die komplexen Auswirkungen der Rationalisierung in der deutschen Nachkriegs-Industrie. Die DINTA-Bestrebungen „im Kampf um die Seele unseres Arbeiters" zielten darauf ab, eine „wirtschaftsfriedliche" Arbeiterschaft zu erziehen, die den „schädlichen Klassenkampfgedanken" überwunden hat. Das wichtigste Mittel, um diese Ziele zu erreichen, war nach Meinung der verantwortlichen Akteure dieser Institution die Lehrlingserziehung. Die Verbreitung von Lehrwerkstätten, Werkschulen, sowie von Werksjugendpflegemaßnahmen in Industriezweigen, die bis dahin keine systematische Berufsausbildung gekannt hatten – z. B. Bergbau, industrielles Baugewerbe, Gummi-, Papier- und Zellstoffindustrie sowie die Textilbetriebe – gehört zu den großen Verdiensten des DINTA (vgl. Muth 1985, S. 355 ff.).

Als problematisch am Wirken des DINTA muß dessen Zielsetzung angesehen werden: die Tendenz zur „Werkgemeinschaft" mit ihrer mehr oder weniger offenen Stoßrichtung gegen die Gewerkschaften, die Betonung des „Führerprinzips" für die Arbeit der DINTA-Ingenieure, die Anlehnung der betrieblichen Ausbildungspraxis an militärische Prinzipien und Vorbilder. Dies alles deckte sich weitgehend mit der Ideologie des heraufziehenden Nationalsozialismus und dient heute als Grundlage für das entschiedene Urteil, das DINTA sei ein Wegbereiter des Totalitarimus gewesen bzw. habe die militärische Instrumentalisierung der – vor allem gewerblichen – Berufsausbildung durch die Nationalsozialisten vorbereitet (vgl. dazu Kipp / Miller-Kipp 1995).

Nach dem Januar 1933 gliederte sich das DINTA denn auch schnell und bruchlos in das nationasozialistische Machtsystem ein: das Institut wurde schon im Juli 1933 eine selbständige Einrichtung der *Deutschen Arbeitsfront* (DAF), der Parteigliederung der NSDAP, die an die Stelle der verbotenen Gewerkschaften getreten war. Als „Amt für Berufserziehung und Betriebsführung" der DAF versuchte die vormalige DINTA-Truppe diese in ihrem Kampf um die Übernahme der Verantwortung für die gesamte Berufserziehung tatkräftig zu unterstützen (vgl. Seubert 1977, S. 96 ff.). Doch die geplante Übernahme der Berufsausbildung durch die *Nationalsozialistische Deutsche Arbeiterpartei* mißlang. In hartnäckigen und teilweise hochdramatischen Auseinandersetzungen gelang es der Unternehmerschaft – repräsentiert durch das Reichswirtschaftsministerium und die weiter bestehenden Kammern –, die in der Weimarer Zeit schon gefestigten Kompetenzen für die Berufsausbildung weiter auszubauen.

Exemplarisch verdeutlicht diesen Kompetenzzuwachs das Schicksal des DATSCH während der Zeit des Nationalsozialismus. Im Jahre 1935 wurde der Ausschuß per Erlaß des Reichswirtschaftsministers zu dessen beratendem Organ in allen Fragen des technischen Schulwesens ernannt. Wem die ausschließliche Verantwortung für die Berufsausbildung und Weiterbildung zufallen würde, war zu diesem Zeitpunkt noch offen. Die Frage klärte sich erst im Laufe der Durchführung des sog. „Vierjahresplans“, Einleitung zur „Wehrwirtschaft“, deren funktionelle Eigenlogik die Rolle der Wirtschaft gegenüber der Partei wesentlich stärkte. Die „Doppelarbeit“ im Bereich der Berufsausbildung wurde daher in zunehmendem Maße zugunsten des Reichswirtschaftsministers abgebaut: ab 1939 koordinierte der DATSCH, umgewandelt in ein *Reichsinstitut für Berufsausbildung in Handel und Gewerbe*, alle „Maßnahmen der Leistungsertüchtigung“ (Seubert 1977, S. 115). Zwei Jahre später – im Mai 1941 – wurde das „Amt für Berufserziehung und Betriebsführung“ der DAF in das neu geschaffene Reichsinstitut eingegliedert, das so entstandene „Gemeinschaftsorgan der gewerblichen Wirtschaft und der Deutschen Arbeitsfront“ der Dienstaufsicht des Reichswirtschaftsministers unterstellt (vgl. Pätzold 1980, S. 191 ff.). Damit war die immer wieder geforderte „zentrale Stelle“, von der aus die gesamte Berufserziehung gesteuert werden sollte, endlich geschaffen, aber auch gleichzeitig dem bestimmenden Einfluß „der Wirtschaft“, d.h. der organisierten Unternehmerschaft unterworfen worden.

Der skizzierte Modernisierungsprozeß, dem die Industrie das im Zuge der Mittelstandspolitik des Kaiserreichs restituierte handwerklich-ständische Ausbildungsmodell etwa ab 1920 zu ihrem speziellen Nutzen unterwarf, erscheint unter mehreren Gesichtspunkten ein bemerkenswerter Vorgang:

(1.) Das in Deutschland in den 30er Jahren des vorigen Jahrhunderts endgültig durchgesetzte neue Modell der industriellen Facharbeiterausbildung ist im Grunde das Produkt einer Integration von Prinzipien des „scientific management“, also des Taylorismus, einerseits und dem historischen Erbe der ständischen Handwerkerqualifizierung andererseits. Dabei folgt die innere Struktur des neuen Ausbildungsmodells weitgehend der Rationalität des ersten großen Systems der wissenschaftlichen Arbeitsorganisation, eine Ausrichtung, die sich sowohl *institutionell* (mit Lehrwerkstatt und Werkschule abseits der Produktion), *ausbildungsmethodisch* (mit psychotechnischen Auswahlverfahren und standardisierten Lehrgängen sowie Lehrmitteln) und *berufssystematisch* (mit den sog. „Ordnungsmitteln“ Berufsbild, Ausbildungsplan und Prüfungsanforderungen) niederschlägt.

Die beiden Prinzipien, die die Industrie vom historischen Erbe beibehielt, waren die *Berufsförmigkeit der Ausbildung* und die *korporatistisch organisierte Art der Kontrolle bzw. Verwaltung der Ausbildung* durch die Kammern. Vor allem die von der Industrie – ganz abweichend vom Taylorismus – beförderte „soziale Verallgemeinerung des Berufs zum sinnhaften Medium für die Konstitution und Reproduktion von Ausbildungsstrukturen war die historische Voraussetzung für die Ausdifferenzierung eines vom Schulsystem und vom einzelnen Betrieb (relativ) unabhängigen, selbstbezüglichen Berufsbildungssystems" in Deutschland (Georg 1998, S. 181). Der Begriff „Selbstbezüglichkeit" bedeutet dabei in der Perspektive der neueren Systemtheorie, „daß der Beruf zur typischen, systemisch immer wieder reproduzierten eigenständigen Perspektive auf soziale und wirtschaftliche Problemlagen wird und nicht mehr nur als untergeordneter Bestandteil anderer Systemzusammenhänge vorkommt" (Harney / Storz 1994, S. 355). Einfacher formuliert: mittels der Kategorie „Beruf" erwirbt ein Qualifikationssystem die Fähigkeit, soziale und wirtschaftliche Probleme in eine systemeigene Logik zu übersetzen.

(2.) Die deutsche Industrie hat es – in Fortführung einer ungebrochenen Tradition handwerklicher Berufsausbildung und innovativer Umsetzung tayloristischer Rationalität – in den ersten Jahrzehnten des 20. Jahrhunderts geschafft, mit ihrem neuen Ausbildungsmodell produktiv auf die strukturellen Gegebenheiten von nationalem Bildungs-und Beschäftigungssystem zu reagieren. Die klassenspezifische Aufspaltung von Bildungssystem und Arbeitsmarkt in Deutschland – die so auch in den anderen Industrieländern existierte – konnte das neue Qualifizierungsmodell für eine effiziente Versorgung der großen Betriebe mit Arbeitskräften in zweifacher Weise nutzen:

- „Mit der berufspraktischen Ausbildung von Industriefacharbeitern (vor allem in den Metall-, später auch in den Elektroberufen) gelang es ihr, einen Gutteil der besonders aktiven, leistungsfähigen, intelligenten und entsprechend qualifizierten Jugendlichen aus dem Volk für Industriearbeit zu gewinnen und sie zum Erwerb einer hochwertigen praktisch-technischen Qualifikation zu veranlassen".
- „Aufbauend auf der Facharbeiterlehre entwickelte die deutsche Industrie ein zunehmend differenziertes und sehr leistungsfähiges System der Aus- und Weiterbildung von technischem Personal – Meister, technische Angestellte, Techniker und (Fachschul- bzw. Fachhochschul-)Ingenieure – für Arbeitskräfte, die bereits eine Ausbildung und praktische Erfahrungen als Facharbeiter besaßen" (Lutz 1995, S. 10).

Die enge Verbindung von Rekrutierung und Qualifizierung von Facharbeitern und technischem Personal sowie die Integration von Produktion und Qualifikation, so B. Lutz weiter, ist ein konstitutives Merkmal des oftmals beschworenen „deutschen Modells". Personalwirtschaftlich sicherte diese Praxis der Indutrie über lange Jahrzehnte hinweg einen „zugleich privilegierten und (...) sehr zielgenauen Zugriff auf die intelligentesten, leistungsstärksten und ehrgeizigsten Nachwuchskräfte aus dem Volk" (vgl. ebenda).

Doch dem strategischen Vorteil des „deutschen Modells" steht ein massiver Nachteil entgegen: die beschriebene Eigenständigkeit des Berufsbildungssystems isoliert dieses vom allgemeinen Bildungssystem, insbesondere vom System der „höheren Bildung“, dem akademischen Bildungsweg über Gymnasium und Universität. Ohne Zweifel erfolgt in den 20er und 30er Jahren des vorigen Jahrhunderts mit der aufgezeigten Modernisierung des Berufsbildungssystems durch die Industrie eine der zentralen Weichenstellungen für diesen Absetzungsprozeß. Einen weiteren Anstoß dazu bedeutet der ab 1919 unternommene Versuch, die mit den GO-Novellen von 1897 und 1908 bekräftigte Einbindung des Berufsbildungsrechts in das Gewerberecht in Frage zu stellen und für die Regelung des „Lehrlingswesens“ ein spezielles umfassendes Gesetz zu schaffen (vgl. Pätzold 1982). Die zahlreichen Anläufe während der Weimarer Zeit und im Nationalsozialismus ein derartiges Gesetz zu verabschieden, scheiterten indes an zahlreichen widrigen Umständen und Zufällen. Erst 1969 einigten sich die beiden großen Volksparteien der Bundesrepublik auf ein „Berufsbildungsgesetz“ (vgl. Greinert 1998, S. 85 ff.). Wie weit die Berufsbildung während der Weimarer Zeit und während des Nationalsozialismus ins pädagogische Abseits gedrängt wurde, zeigt allerdings viel besser das Schicksal der Berufsschule.

## 5.5 Berufsschule im Abseits – die soziale und politische Instrumentalisierung der beruflichen Bildung

Die 20er Jahre markieren für die Entwicklung der Fortbildungsschule zur „Berufsschule“ eine Transformationsphase, die von stark gegensätzlichen Tendenzen bestimmt wird (vgl. Schütte 1992, S. 13). Man kann sich leicht vorstellen, daß die in Kapitel 5.1 beschriebene schulpolitische Konstellation schwerlich Anknüpfungspunkte für eine grundlegende Umstrukturierung der alten Fortbildungsschule bot. Die zwischen 1918 und 1920 vorgelegten Programme setzten zwar auf ein neues Modell der „Nachwuchspflege“, doch zwischen Großindustrie, Handelsverwaltung und Gewerkschaften bestanden kaum Übereinstimmungen in Bezug auf eine schlüssige Reform der Fortbildungsschule. So waren die Demobilisierungs-Verordnungen von 1918/19 der erste Versuch, den kritischen Zustand der Berufsausbildung nach dem Kriege administrativ zu überwinden. Im Jahre 1920 setzten dann die Bemühungen ein, für das überkommene und regional sehr unterschiedlich entwickelte Fortbildungsschulwesen eine möglichst umfassende tragfähige rechtliche Regelung zu erreichen. Ein erster Anlauf in dieser Richtung wurde auf der *Reichsschulkonfernz* mit Bezug auf den Artikel 145,2 der Reichsverfassung unternommen, in dem der Gesetzgeber „mit unmittelbar verpflichtender Rechtswirkung“ eine allgemeine Fortbildungsschulpflicht bis zum vollendeten 18. Lebensjahr angeordnet hatte (vgl. Landé 1929; Kümmel 1980, S. 90).

Der dritte Ausschuß *„Berufs- und Fachschulen“* der Reichsschulkonferenz verabschiedete daraufhin neben zahlreichen Leitsätzen zur Reform und Förderung der beruflichen Schulen auch einen „Vorschlag für den Entwurf eines Reichsgesetzes über die Berufsschulpflicht“, den die Konferenz dem *Reichsministerium des Inneren* zur weiteren Behandlung überwies (vgl. Die Reichsschulkonferenz 1921, S. 714 ff.). Der Entwurf sah eine Berufsschulpflicht für alle Jugendlichen bis zum

18. Lebensjahr vor, eine jährliche Mindest-Unterrichtszeit von 320 Stunden, eine generelle Verlegung des Unterrichts auf die Tages- bzw. Arbeitszeit und eine Durchführungsfrist für das Gesetz bis zum 1. April 1930. Das Reichsinnenministerium erarbeitete innerhalb kurzer Zeit auf der Grundlage des Vorschlags einen eigenen Entwurf, eine Rahmenregelung, die es den Ländern zu Begutachtung übersandte. Die Länder jedoch – vorweg Preußen – blockten die zügige Behandlung des Gegenstandes erst einmal aus finanziellen Erwägungen ab. Sie wogen dabei die klare Forderung des Artikels 145 der Verfassung gegen einen rein fiskalischen Tatbestand ab: der § 53 des Landessteuergesetzes vom 30. März 1920 bestimmte nämlich, daß alle kostenverursachenden Verträge, Gesetze oder Verwaltungsmaßnahmen des Reiches auch von diesem zu finanzieren seien. Um die Möglichkeit der Beteiligung des Reiches an den Kosten der Durchführung der Berufsschulpflicht nicht aus der Hand zu geben, waren die Finanzminister der Länder darauf bedacht, ihr finanzielles Faustpfand zu sichern, d. h. die restlose Durchführung der Fortbildungs-/Berufsschulpflicht in ihren Ländern zu verhindern (vgl. Greinert 1975, S. 105 f.).

Wie schon vor dem Kriege, so stellte folglich auch in den 20er Jahren der § 120 der *Reichsgewerbeordnung* (RGO) die einzige reichseinheitliche Rechtsgrundlage für das Berufsschulwesen dar. Die dort formulierte ortsstatutarische Bestimmung ermächtigte die Gemeinden, für berufstätige Jugendliche – oder Teile von diesen – den Fortbildungsschulbesuch verpflichtend zu machen, ohne jedoch Ort, Dauer oder tageszeitliche Plazierung des Unterrichtes näher zu bestimmen. Die Länder versuchten zwar – wie schon im Kaiserreich – dem Fortbildungsschulwesen ein juristisch festeres Fundament zu geben, wegen der offenen finanziellen Beteiligung des Reiches regelten sie jedoch vorzugsweise nur Einzelfragen, so z. B. Preußen im „Gewerbe- und Handelslehrer-Diensteinkommensgesetz" (1921/22), in dem – erstmals in einem amtlichen Dokument – der Terminus „Berufsschule" auftaucht (vgl. Kümmel 1980, S. 97 ff.).

Der revolutionäre Umbruch hatte allerdings eine Konzeption von Berufserziehung als Perspektive hervorgebracht, die der schulischen Seite Legitimität dadurch verschaffte, daß diese sich auf die Ergänzung der Betriebslehre konzentrieren sollte. Wenngleich auf der *Reichsschulkonferenz* die daraus abzuleitende „neue Berufsschule" bestenfalls als vage Vision beschworen werden konnte, so herrschte doch wenigstens prinzipiell über die neue Funktion dieser Schule über alle Interessengruppen hinweg Einigkeit: die neue Berufsschule sollte durch Ergänzung und Vertiefung der betrieblichen Berufsausbildung ihrer Schüler deren leistungsfähige Teilnahme am Arbeitsleben des Volkes fördern. Der Beruf bzw. die Lohnarbeit sollten also den berufspädagogisch-didaktischen Kern des neuen Schulkonzeptes bilden.

Doch schon in der sog. „Stabilisierungskrise" der Weimarer Republik, in den Jahren 1923 bis 1926, bekam die Berufsschule eine ganz andere Aufgabe zugewiesen: sie wurde massiv in die Maßnahmepolitik zur Bekämpfung der dramatischen Jugendarbeitslosigkeit einbezogen. Im Rahmen der 1918 eingeführten Erwerbslosenfürsorge konnten ab November 1923 jugendliche Arbeitslose, sofern sie älter als 16 Jahre waren, zum Berufsschulbesuch gezwungen werden. Mit dem Erlaß des *Reichsarbeitsministers* zur beruflichen Betreuung der jugendlichen Erwerbslosen vom 29.11.1926 wurden die Maßnahmen vereinheitlicht und ausgedehnt, so daß nun ausnahmslos alle arbeitslosen Jugendlichen zwischen 14 und 18 Jahren in die „beruflichen Bildungsmaßnahmen" der Berufsschulen sowie anderer Träger aus dem Bereich der privaten und öffentlichen Wohlfahrt einbezogen werden konnten (vgl. Schütte 1992, S. 41 ff.).

Die beschriebenen Maßnahmen leiten im Grunde sehr deutlich eine Abkehr vom überkommenen Fortbildungsschulkonzept ein und markieren die Hinwendung zu einem Verständnis von „Berufsschule als öffentlicher Pflichtschule". War die Fortbildungsschule schulrechtlich gesehen eine Institution, die eher bestimmte Gruppen von Jugendlichen selektiv erfaßte bzw. zum Besuch verpflichtete, so zielten die Erlasse des Reichsarbeitsministeriums nun auf die Gesamtheit der berufstätigen Jugendlichen. Eingeleitet wurde diese Entwicklung von der „Verordnung über die Erweiterung der Fortbildungsschulpflicht für die Zeit der wirtschaftlichen Demobilmachung" vom 23.03.1919 (vgl. Schütte 1992, S. 34). Mit diesem „Fortschritt" in der Berufsschulentwicklung verband sich indes eine eher hemmende Verpflichtung: die Berufsschule hatte sich nun auch um die sog. „Berufslosen" – jugendliche Arbeitslose und „Jungarbeiter" – zu kümmern. Die Maßnahmen – Erweiterung der Berufsschulpflicht und die Durchführung beruflicher sowie „arbeitserzieherischer Kurse" in den Berufsschulen – sollten vor allem das Ziel verfolgen, die Arbeitsbereitschaft der jugendlichen Erwerbslosen aufrechtzuerhalten und sie gegen die „verderblichen Einflüsse der Straße" abzuschirmen.

Im Jahre 1926 brachte ein neuerlicher Erlaß des Reichsarbeitsministers eine entscheidende inhaltliche Veränderung der – von den Experten kurz als „Kurse" bezeichneten – beruflichen Maßnahmen: mit einer programmatischen Festlegung dieser Veranstaltungen auf explizit arbeitsmarktpolitische Optionen wurde ein *„Modell der Jugendfürsorge durch schulische Berufsausbildung"* entworfen, das bis in die heutige Zeit aktuell bleiben sollte.

Die Krise des Jugendarbeits- und Lehrstellenmarktes, die im Winterhalbjahr 1923/24 ihren ersten und 1926 ihren zweiten Höhepunkt erreichte, bescherte der Berufsschule zwar einen erheblichen quantitativen Zuwachs, blockierte indes massiv ihre anvisierte pädagogisch-didaktische Weiterentwicklung. Die bei den Jugendlichen wegen ihrer Praxisferne – und das heißt ihrer Perspektivlosigkeit – nicht beliebten „Kurse" und die Errichtung sog. „Tagesklassen" – mit bis zu 50 Schülern und 36 Stunden Unterricht in der Woche – bedrohten letztlich den berufspädagogischen Kern der projektierten „neuen Berufsschule", das Berufsprinzip, und waren geeignet, auf längere Sicht auch deren materielle und institutionelle Basis zu zerstören.

In den Jahren 1930 bis 1933 kam es zu einer verschärften Wiederholung dieser Konstellation (vgl. Schütte 1992, S. 175 ff.). Die Industrieregionen in West- und Mitteldeutschland, vor allem Preußen, verzeichneten eine durch die Weltwirtschaftskrise induzierte erhöhte Jugendarbeitslosigkeit, die sich in kürze wiederum zu einem jugend- und arbeitspolitischen Problem erster Ordnung ausweitete. Die Betreuung der 14–18jährigen Erwerbslosen fiel dabei ganz selbstverständlich wiederum den Berufs- und Fachschulen zu, für die Arbeitslosen über 18 Jahre übernahmen die Arbeitsämter die Verantwortung. Ohne Mithilfe der beruflichen Schulen konnten diese jedoch die üblichen „Maßnahmen" gar nicht durchführen, so daß das Berufs- und Fachschulwesen nach 1930 nahezu vollständig zu einem Instrument der Sozialpolitik degenerierte (vgl. Schütte 1992, S. 196). Das öffentliche Berufsschulwesen zeigte sich insofern nahezu über die gesamte Weimarer Zeit hinweg mit der Wahrnehmung einer Doppelaufgabe – Durchführung der Berufsschulpflicht und Betreuung von arbeitslosen Jugendlichen – sachlich wie personell völlig überfordert.

Eine existenzgefährdende Entwicklungskrise für die Berufsschule lösten indes erst die radikalen Sparverordnungen der Länder im Zuge der weiteren Durchführung der *Notverordnungen des Reichspräsidenten* ab 1931 aus. Insbesondere die zweite Notverordnung vom Oktober 1932, die das Fachschulwesen aus der administrativen Verantwortung des *Preußischen Handelsministeriums* herausnahm, besiegelte die längst eingeleitete Marginalisierung des beruflichen Schulwesens und damit der gesamten Berufserziehung. Dieser Prozeß wurde in der Hauptsache befördert von einer spürbaren Kürzung der Gehälter der Berufsschullehrerschaft, der Einschränkung des nebenamtlichen Unterrichts (auf den Berufsschulen prinzipiell angewiesen sind), der radikalen Zusammenlegung von Fachklassen, der allgemeinen Kürzung der Unterrichtszeit und der teilweisen Aufhebung der Berufsschulpflicht. Anfang der 30er Jahre sah sich vor allem die Berufsschule ernsthaft in ihrem Bestand gefährdet; die öffentlichen Klagen der Berufsschullehrer-Verbände und der Kommunen dokumentieren einen deutlichen Niedergang. – Die Berufsschule – so könnte das Fazit ihrer Entwicklung während der Weimarer Zeit lauten – war durch ihre Degradierung zum Instrument der Regulierung des Arbeitsmarktes und der Aufrechterhaltung der Arbeitsmoral jugendlicher Erwerbsloser während der Stabilisierungskrise (1923–1926) und der Weltwirtschaftskrise (1930–1933) nahezu völlig ins bildungspolitische Abseits gedrängt worden. Der Graben zum allgemeinen Bildungswesen war nicht, wie es zu Anfang der Epoche vielfach gefordert worden war, beseitigt worden, er hatte sich im Gegenteil erheblich vertieft.

Mit dieser eher defizitären Entwicklung kontrastiert in merkwürdiger Weise der Versuch, für die Berufsschule eine explizit pädagogische Legitimationsgrundlage zu entwickeln. Für die Vorläuferinstitution, die Fortbildungsschule, hatte eine primär politische Rechtfertigung noch ausgereicht: in der berühmten Preisschrift Kerschensteiners bezieht die Fortbildungsschule ihre Legitimation vorzugsweise aus ihrer Eignung als Mittel der sozialen und politischen Integration, wie es schon der Titel der Schrift – „Staatsbürgerliche Erziehung der deutschen Jugend" – hinreichend deutlich macht. Kerschensteiner hatte allerdings bald erkannt, daß eine derartige Begründung für eine Bildungsinstitution, die in zunehmendem Maße in die Rolle einer allgemeinen öffentlichen Pflichtschule hineinwuchs, nicht ausreichte und versucht, nachträglich auch eine pädagogische Legitimation für die

Fortbildungsschule zu formulieren (vgl. Kerschensteiner 1907, S. 23–45). Nach 1920, als sich die politisch einseitige Position der Fortbildungsschule/Berufsschule nicht mehr länger aufrechterhalten ließ, wurde die Notwendigkeit einer „bildungstheoretisch“ untermauerten Legimation der Berufsschule vollends zum Programm.

Die in diesem Zusammenhang vor allem von dem Universitätspädagogen *Eduard Spranger* formulierte „Berufsbildungstheorie“ knüpfte ganz selbstverständlich an dem für das deutsche Bildungswesen zentralen Deutungsmuster „Bildung und Kultur“, d.h. an der neuhumanistischen Bildungsauffassung an (vgl. Spranger 1918, 1920 und 1923). Die Idee der „Bildung durch den Beruf“, so *Theodor Wilhelm* auf dem 9. Deutschen Berufsschultag (1966), „ist gewissermaßen das Äußerste an Modernität, was die neuhumanistischen Ideen herzugeben vermochten“ (Wilhelm 1966). Diese kühne These ist nicht nur problematisch, sie ist schlicht falsch, und zwar in doppelter Hinsicht. Zum einen hat – wie es *K. Stratmann* in einem aufschlußreichen Artikel belegt – gerade Spranger nie Zweifel darüber aufkommen lassen, daß Berufsbildung für ihn nur *ein* Bildungsweg neben anderen ist, und daß von einer „Gleichwertigkeit“ von humanistischer und beruflicher Bildung natürlich keine Rede sein kann (vgl. Stratmann 1988). Spranger, linker Neigungen völlig unverdächtig, dachte ganz eindeutig aus dem Blickwinkel eines „sozial-defensiven Konservativismus“ (Stratmann), wie seine veröffentlichten Gedanken zu bildungspolitisch zentralen Fragen wie Chancengerechtigkeit oder zum Problem des „Aufstiegs der Begabten“ zeigen.

Zum anderen muß vor allem das, was eine konservative Berufspädagogik aus den Überlegungen Sprangers ableiten zu können glaubte, als schlichte Ideogie bezeichnet werden. Daß der „Beruf als das wesentliche Mittel der Menschwerdung“ (Spranger) zu begreifen sei, hieß eben noch lange nicht, daß die Berufsschule wie das Gymnasium als eine Bildungsinstitution im klassisch-humanistischen Sinne zu verstehen wäre. Faktisch blieb die Berufsschule noch lange das, was die Fortbildungsschule unter der Perspektive des Berechtigungswesens gewesen war: eine Bildungssackgasse, abgekoppelt vom allgemeinen Schulwesen, Vermittler einer inferioren „Bildungskarriere“, die nicht das geringste mit dem an Gymnasium und Universität vorgesehehen Lernprogramm und seiner angeblich „bildenden“ Wirkung zu tun hatte. Spranger, der seine grundlegenden sozialen und politischen Eindrücke noch im Deutschen Kaiserreich empfangen hatte, ging es wohl kaum um die Aufwertung der nicht-akademischen Berufsausbildung, eher um die Rechtfertigung der Bestände, und das hieß um die Legitimation der überkommenen klassen- bzw. schichtspezifischen Spaltung des deutschen Schulwesens.

Gleichwohl, die „Berufsbildungstheorie“ avancierte für die „neue Berufsschule“ – wohl erst einmal im Sinne eines einzulösenden Anspruchs – sehr schnell zum wichtitigen Legitimationskonstrukt, für den sich formierenden Berufsschullehrerstand zum zentralen Element professionellen Selbstverständnisses und für die sich seit den 20er Jahren entwickelnde Disziplin „Berufs- und Wirtschaftspädagogik“ zum beherrschenden Paradigma (vgl. Müllges 1967). Erst Ende der sechziger Jahre brach dieses spekulative Legitimations- und „Wissenschafts"system unter dem Druck massiven Ideologieverdachts endgültig zusammen (vgl. Stütz 1970).

Die Nationalsozialisten bzw. ihre fachkundigen Sachwalter interessierte diese Art „Berufsbildungspolitik" nur wenig. Erst nach 1945 erhielten die Ideen der berufspädagoischen „Klassiker" – *Kerschensteiner, Spranger und Aloys Fischer* – wieder Einfluß und Gewicht. Die Protagonisten völkischer Berufsbildungspolitik interessierte vorerst der defizitäre Organisationszustand des Berufsschulwesens und die aktuelle Notlage auf dem Arbeitsmarkt. Unter dem Gesichtspunkt der schnellen Arbeitsbeschaffung erschien es mehr als notwendig, sich mit der Berufsschule intensiver zu beschäftigen. Begünstigt wurde diese Absicht durch die Liquidierung des Kulturföderalismus der Weimarer Republik und der Schaffung des *Reichsministeriums für Wissenschaft, Erziehung und Volksbildung*, in dem im „Amt für Erziehung" auch eine „Abteilung für berufliches Ausbildungswesen" eingerichtet wurde, wo die Fäden einer nun zentralisierten Berufsschulpolitik zusammenliefen (vgl. Wolsing 1977, S. 569 ff.).

Nichtsdestoweniger gestaltete sich die Haltung der Nationalsozialisten zur Berufsschule auf die Dauer sehr zwiespältig. Auf der einen Seite realisierten sie zahlreiche Vorhaben, die in der Weimarer Zeit über das Diskussions- und/oder Planungsstadium nicht hinausgekommen waren, und vollendeten so die Struktur der klassischen Pflichtberufsschule. Auf der anderen Seite versuchten sie, diese Schule in ihrer Bedeutung wieder zurückzustufen, indem sie – neben der schnellen und dauerhaften ideologischen Indienstnahme – deren Verselbständigung gegenüber der „Wirtschaft" rückgängig zu machen versuchten, ein Prozeß, der in der Weimarer Zeit zaghaft begonnen hatte. Im großen und ganzen kann man das Schicksal der Berufsschule im Dritten Reich – ganz im Gegensatz zu der von den Machthabern als eminent wichtig eingestuften und entsprechend geförderten Betriebsausbildung – mit dem Stichwort „Vernachlässigung" kennzeichnen (vgl. Seubert 1977, S. 119 ff.; Wolsing 1977, S. 655 ff.; Kümmel 1980, S. 33 ff.).

Die bis heute nachwirkenden Reformmaßnahmen der Nationalsozialisten auf dem Gebiet des beruflichen Schulwesens begannen mit dem „Erlaß des Reichsministers für Wissenschaft, Erziehung und Volksbildung vom 29. Oktober 1937, betr. reichseinheitliche Benennungen im Berufs- und Fachschulwesen". Mit den *Gruppenbezeichnungen „Berufsschule", „Berufsfachschule" und „Fachschule"* erhielt das schwer zu durchschauende berufliche Schulwesen erstmals eine verbindliche Rahmengliederung, die die oft beklagte „babylonische Benennungswirrnis" beendete (Kümmel 1980, S. 197 f.). Am 6. Juli 1938 erfolgte die *Verfügung der allgemeinen Berufsschulpflicht* mit dem „Gesetz über die Schulpflicht im Deutschen Reich (Reichsschulpflichtgesetz)". Das Ziel der Machthaber lag auf der Hand: durch die lückenlose Durchsetzung der Berufsschulpflicht – 1937 lag der relative Besuch dieser Schule bei etwa 66 Prozent – sollten endlich alle Jugendlichen der ideologischen Indoktrination unterworfen und zum Zwecke (rüstungs)wirtschaftlicher Eingliederung erfaßt werden. Für die langfristige Konsolidierung des Berufsschulwesens hatte diese Maßnahme indes entscheidende Bedeutung; sie markiert daher ein zentrales Datum der Berufsschulgeschichte (vgl. Kümmel 1980, S. 199 ff.).

Ebenfalls aus eher ideologischen Motiven forcierten die Nationalsozialisten den Ausbau des land- und hauswirtschaftlichen Berufsschulwesens. Gab es 1926 noch 213.163 Berufsschüler der Landwirtschaft, so hatte sich deren Zahl im Jahre 1938 auf 543.519 erhöht. Die Zahl der hauswirtschaftlichen Berufsschülerinnen nahm im gleichen Zeitraum von 28.995 auf 170.186 zu (vgl. Kümmel 1980, S. 25).

Der Plan eines umfassenden „Reichsberufsschulgesetzes" – von der gleichgeschalteten Berufsschullehrerschaft mit Eifer gefordert – fand zwar keine Verwirklichung, dafür regelte die nationalsozialistische Schulverwaltung jedoch in Ergänzung der Schulpflicht schrittweise entscheidende offene Fragen des Berufsschulwesens: so 1937 Trägerschaft und Finanzierung der Schule sowie die inhaltliche Gestaltung des Unterrichts, 1940 dessen zeitlichen Umfang und die Beschulungspflicht (vgl. Kümmel 1980, S. 207). Zusammenfassend läßt sich das vom *Reicherziehungsministerium* entworfene Berufsschulrecht, dessen flächendeckende Umsetzung der sich ausbreitende Krieg verhinderte, folgendermaßen umreißen: „Dreijährige Berufsschulpflicht mit 8 Wochenstunden Unterricht, Beschulungspflicht der Schulträger, reichseinheitliche Lehrpläne, engste Anlehnung der Berufsschule an die betriebliche Ausbildung, Schulträgerschaft im wesentlichen durch die Stadt- oder Landkreise, Berufsschulbeiräte aus Wirtschaftsvertretern zur Beratung der einzelnen Berufsschulen, Berufsschullehrer als reichsunmittelbare Beamte" (Grüner 1986, S. 651). Damit war schulrechtlich das Modell der klassischen Pflicht-Berufsschule fixiert, wie es dann nach 1948 – unter veränderten verfassungsrechtlichen und politischen Vorzeichen – flächendeckend im Westteil Deutschlands realisiert wurde (vgl. Grüner 1983).

Das Fazit der Entwicklung der beruflichen Bildung in der Weimarer Zeit und im Nationalsozialismus fällt – trotz der beschriebenen Blockierungen und Kalamitäten, insbesondere im Falle der Berufsschule – durchaus ambivalent aus. Es ist nicht zu verkennen, daß die Modernisierung der betrieblichen Berufsausbildung durch die Industrie und ihre ideologische Aufwertung durch die Nationalsozialisten sowie die – zwar nur unvollständig umgesetzten – schulrechtlichen Weichenstellungen in Bezug auf die Berufsschule im Dritten Reich die Verhältnisse in der beruflichen Erstausbildung wesentlich stabilisiert haben und darüberhinaus erstmals sichtbare Konturen des später so genannten „Dualen Systems" verdeutlichten. Diese Aufwertung der beruflichen Erstausbildung, ihre Durchsetzung für breitere Bevölkerungsgruppen und weitere Wirtschaftsbereiche, mußte auch wesentliche Auswirkungen auf das System der mittleren technischen Fachschulen haben.

Schon im letzten Kriegsjahr hatte die preußische Handelsverwaltung eine Systemverzahnung von Fortbildungsschule und Fachschule ins Auge gefaßt, also das Konzept eines „beruflichen Bildungsweges", das indes in den 20er und 30er Jahren infolge der beschriebenen Schwierigkeiten kaum Fortschritte verzeichnen konnte. Stattdessen verfestigte sich in diesen Jahren ein neuer institutioneller und curricularer Gegensatz im deutschen Bildungswesen: war die Technische Fachschule im 19. Jahrhundert als eine Einrichtung entstanden, die sich in deutlicher Absetzung vom Gymnasium an die aufstiegsorientierten Mittelschichten wandte, so ergab sich nun aufgrund der nicht realisierbaren Verzahnung von beruflicher Erst- und Weiterbildung eine weitere Frontstellung, nämlich die von „Fachbildung" und „Berufsbildung".

Die Abgrenzungslogik zwischen Allgemein- und Berufsbildung beruht im wesentlichen auf der Standardisierung der Spezifität der Berufe einerseits und der strukturell gegebenen Politisierung des beruflichen Ausbildungssektors andererseits. Mit Hilfe dieses „dualen" Legitimationsmusters ließ sich die Besonderheit des Systems beruflicher Bildung immer wieder herstellen, obgleich die wechselnde Politisierung des beruflichen Aus- und Weiterbildungsbereichs – mit ideologischen Versatzstücken der Mittelstands-, Sozial- und Wirtschaftspolitik oder der nationalsozialistischen Volksgemeinschafts- und Rasselehren – als äußerst fragwürdig eingestuft werden muß. Die permanente Politisierung kann indes als Indikator der sozialen Distanz zwischen dem Bereich der Allgemeinbildung und der Berufsbildung angesehen werden (vgl. dazu Schütte 2003, S. 408 ff.).

Die Abgrenzung zwischen Fachbildung und Berufsbildung basiert dagegen auf den Kategorien „Elite- und Theorie-Orientierung". Wie *Friedhelm Schütte* in seiner Untersuchung über die Entwicklung des „Technischen Bildungswesens in Preußen-Deutschland" zeigt, konnte dieser um 1890 implementierte Bildungszweig sehr schnell einen – wenn nicht *den* – wesentlichen Beitrag zur Integration der sich formierenden technisch-betrieblichen Funktionselite und mittelständischen Unternehmerschaft in die deutsche Industriegesellschaft leisten. „Die Baugewerk-, Hütten- und Maschinenbauschulen boten insbesondere den unteren Mittelschichten und dem aufstiegsorientierten 'Facharbeitermilieu' eine reale Chance zu beruflicher Mobilität", d. h. zur individuellen beruflichen Karriereplanung. Im Zeitraum seiner Untersuchung (1890 bis 1938), so Schütte, habe das Zertifikat einer Technischen Fachschule – von den beiden Krisen von 1914 bis 1918 und 1931 bis 1935 abgesehen – ein hohes Maß an Arbeitsplatzsicherheit garantiert; es erwies sich damit als weit krisenfester als jeder Universitätsabschluß (vgl. Schütte 2003, S. 385 ff.).

Die Abgrenzungskategorie „Theorie" zielt auf den didaktischen bzw. curricularen Unterschied zwischen Fachbildung und Berufsbildung. Theoretisierung und Intellektualisierung von beruflichen Handlungsmustern erweisen sich nur bei „höheren", weitgehend theoretisch basierten Berufen als brauchbarer Qualifikationsansatz, bei „niederen", eher auf pragmatischen Handlungsmustern beruhenden Berufen, zeigt sich dieser Ansatz nur sehr begrenzt anwendbar. Die Erfahrung lehrt, daß es bei dieser Kategorie von Einfach-Berufen in der Ausbildung – auch der schulischen – bestenfalls bei einer bloßen Addition von beruflicher Spezialisierung und einer mehr oder weniger beliebigen Ergänzung durch allgemeine Schulfächer bleibt. Die Technischen Fachschulen konnten sich dagegen schon im ersten Jahrzehnt des 20. Jahrhunderts mit einem spezifischen „Fachcurriculum" profilieren, das sich zusammensetzte aus – zwar eher der Allgemeinbildung verpflichteten – mathematischen und naturwissenschaftlichen „Fächern“ und einem ingenieurwissenschaftlichem Kerncurriculum wie es in anspruchsvollerer Form die Technischen Hochschulen boten. Keine Frage, daß die Technischen Fachschulen schon sehr früh in dieser Institution ein Vorbild sahen, dem es nachzueifern galt.

Die zu erwartende Absetzbewegung des Technischen Fachschulwesens vom System der beruflichen Erstausbildung, ein von den beschriebenen Abgrenzungskategorien stark beeinflußter Prozeß, der in der Vergleichenden Erziehungswissenschaft mit dem Begriff „Rolltreppeneffekt“ charakterisiert wird, ist in Deutschland in den 20er und 30er Jahren noch nicht erfolgt. Nach einem anfänglichen Ausbildungsboom in den Nachkriegsjahren wurden die Technischen Fachschulen in Preußen, Sachsen und Thüringen zwischen 1925 und 1933 noch einer gründlichen Reorganisation unterworfen. Doch schon im Schuljahr 1930/31 war ein empfindlicher Rückgang der Schülerzahlen zu registrieren, eine Folge von demographisch bedingtem Nachfragerückgang und Weltwirtschaftskrise. Dieser Abwärtstrend setzte sich nahezu ungebrochen bis 1937/38 fort. Die 1938 von den Nationalsozialisten verfügten „Rationalisierungsmaßnahmen“ – Verkürzung der Ausbildungszeiten, Öffnung der Bildungsgänge, Absenkung der Ausbildungsstandards, Reduzierung der Prüfungsleistungen – markieren den Beginn eines Niedergangs, der im Zuge des sich ausweitenden Krieges nach mehreren weiteren Eingriffen in einer nahezu totalen Demontage des Technischen Fachschulwesens in Deutschland endete (vgl. Schütte 2003, S. 338 ff.).

In der parteiamtlichen Publizistik, in Programmschriften und Erfolgsberichten hat das nationalsozialistische Regime immer wieder versucht den Eindruck zu erwecken, daß sich das Schulwesen unter seiner Herrschaft in einem zielgerichteten und planmäßig gesteuerten Prozeß grundsätzlicher Erneuerung befinde, wofür es in der Tat einige Anhaltspunkte und Beweise gibt (vgl. Herrlitz u. a. 1998, S. 154). Doch die stark propagandistisch überhöhte Schulpolitik der Nationalsozialisten kann nicht darüber hinwegtäuschen, daß ihr keine strategische Gesamtkonzeption zugrunde lag. Letztlich sahen die überzeugten Ideologen, vor allem Hitler selbst, in der Schule nicht mehr als ein Relikt des „bürgerlichen Leistungssystems“, das den direkteren Formen der nationalsozialistischen Jugenderziehung – Hitlertjugend, BDM, aber eben auch die betriebliche Berufserziehung – hoffnungslos unterlegen sei. Diese abschätzige Sichtweise galt weitgehend auch für das berufliche Schulwesen.

# 6. Kapitel: Zwei Dekaden der Nicht-Reform im westdeutschen Bildungswesen

Die Kapitelüberschrift überträgt einen Aufsatztitel von *Saul B. Robinsohn und J. Caspar Kuhlmann* ins Deutsche und schließt sich damit der von den Autoren entwickelten These an, daß es zwischen 1946 und 1949 – mit Plänen zur Annäherung der Schularten in fast allen Ländern – sowie in den Jahren 1959/60 – mit dem Rahmenplan des *Deutschen Ausschusses* und dem *„Bremer" Plan* – objektive Möglichkeiten zur Neuordnung des deutschen Bildungswesens gegeben habe, daß diese Chancen jedoch, im Großen und Ganzen, „versäumt, verdrängt, abgewehrt wurden" (vgl. Kuhlmann 1969, S. 54; Klafki 1985). „Niemals zuvor in der deutschen Bildungsgeschichte", so der bekannte Bildungspolitiker und -soziologe *Ludwig von Friedeburg*, „waren die Ausgangsbedingungen zwingender für die überfällige Bildungsreform" (Friedeburg 1986, S. 185). Die Gründe für das Ausbleiben der notwendigen Strukturreformen sind zahlreich und komplex; mehr als eine kurze analytische Skizze kann in unserem Zusammenhange nicht geboten werden.

## 6.1 „Wiederaufrichtung der Werte von Humanismus und Christentum" – die Restaurierung des dreigliedrigen Schulwesens nach 1945

Als Träger von Reforminitiativen im Bildungsbereich nach dem Zusammenbruch zeigten sich zum einen die alliierten Besatzungsmächte, zum anderen deutsche Organisationen und Personen, die im Dritten Reich verboten waren bzw. dieses in innerer Opposition oder in der Emigration überlebt hatten. An die nicht realisierten Programme der Weimarer Zeit knüpften beispielsweise SPD und KPD in einem gemeinsamen Aufruf aus dem Jahre 1945 an, der sich für ein einheitliches öffentliches Schulsystem mit strikter Trennung von kirchlichem Einfluß aussprach, das „im Geiste einer kämpferischen Demokratie" gestaltet werden sollte (vgl. Froese 1969, S. 87 ff.). Selbst innerhalb der neugegründeten CDU fanden sich um diese Zeit nicht wenige Befürworter eines „einheitlichen Schulsystems".

Die Alliierten hatten im Sommer 1947 in ihrer gemeinsamen *Kotrollratsdirektive Nr. 54* Prinzipien eines demokratischen Bildungswesens formuliert, die sich vor allem am amerikanischen Schulsystem orientierten: Entwicklung einer horizontal gestuften, weniger selektiven Schulstruktur, Verlängerung der Schulpflicht, Zusammenhalten der Schüler über das 10. Lebensjahr hinaus, Schulgeld- und Lehrmittelfreiheit, Schülerberatungsdienst durch Experten (vgl. Kuhlmann 1969, S. 46). Als im Jahre 1947 ein Teil der Verwaltungsfunktionen in den Westzonen auf die neu gewählten Länderparlamente und -regierungen überging, erarbeiteten fast alle

Kultusverwaltungen – bis auf *Bayern* und *Nordrhein-Westfalen* – bis Ende 1948 Gesetzesinitiativen, die einschneidende Srukturveränderungen im Schulwesen vorsahen. Dabei lassen sich drei Reformtendenzen ausmachen (vgl. Herrlitz u. a. 1998, S. 161 f.):

(1.) Anknüpfend an die Weimarer Schulgesetzgebung eine *Verlängerung der Grundschulzeit* auf sechs Jahre und daran anschließenden Übergang auf die drei bestehenden Schultypen (in Württemberg-Baden vorgeschlagen, in Hamburg, Bremen und Schleswig-Holstein realisiert);

(2.) Die schon Anfang der 30er Jahre diskutierte *Differenzierung der Mittelstufe des allgemeinen Schulwesens*. Hier wäre die vom hessischen *CDU-Kultusminister Stein* konzipierte „in sich gegliederte Einheitsschule“ (vgl. Huster/Schweiger 1970) zu nennen (vier Jahre Grundschule, zwei Jahre Förderstufe, eine Mittel- und Oberstufe, die sich in einen an praktischen Begabungen und Berufen orientierten „gehobenen praktischen“ Zweig und in einen an „wissenschaftlichen“ Begabungen und Berufen ausgerichteten gymnasialen Zweig teilt, die durch Annäherung der Lehrpläne horizontal miteinander verbunden sein sollten). Realisiert wurde in *Niedersachsen* als Schulversuch (bis 1964) der Plan eines „differenzierten Mittelbaus“ mit leichteren Übergangsmöglichkeiten in höhere weiterführende Schulen (vgl. Halbritter 1979; Leski 1990, S. 366 ff.).

(3.) Das Modell einer *zwölfjährigen Einheitsschule*, das im „Schulgesetz für Groß-Berlin“ (26. Juni 1948) rechtswirksam wurde (vgl. Froese 1969, S. 106 ff; Klewitz 1971). Dieser sehr weitgehende Reformversuch dekretierte: eine achtjährige gemeinsame Grundschule, danach eine Verzweigung in einen „praktisch-theoretischen“ Bildungsgang (Berufsfindungsjahr, dreijährige Lehre mit begleitender Berufsschule oder Berufsausbildung in der Berufsfachschule) und einen „wissenschaftlich-theoretischen“ Bildungsgang (nach naturwissenschaftlicher, neusprachlicher und humanistischer Richtung). Hier wurde also – und das ist heute so gut wie vergessen – flächendeckend der erste Versuch einer integrierten Gesamtschule gewagt, und zwar sowohl für die Sekundarstufe I und II: nicht nur die allgemeinen Schulen waren zu einer Einheit zusammengefaßt, auch die berufliche Bildung war in das Gesamtbildungssystem einbezogen. Es sollte fast ein Vierteljahrhundert dauern, bis diese konsequente reformpolitische Idee von der offiziellen Bildungspolitik wieder aufgegriffen wurde.

Die Chance der Durchsetzung bzw. Stabilisierung der skizzierten Reformansätze verschlechterte sich mit der Trennung der Westzonen des besetzten Deutschland von der sowjetisch besetzten Zone (SBZ). Die geplanten Maßnahmen in Württemberg-Baden und Hessen scheiterten bereits im Vorfeld der Gesetzgebung, die in den Stadtstaaten sowie in Schleswig-Holstein erzielten Reformfortschritte wurden von konservativ-liberalen Koalitionen rückgängig gemacht (vgl. Herrlitz u. a. 1998, S. 162). Für dieses schnelle Scheitern der Reformansätze zur Veränderung der Gesamtstruktur des Schulwesens nach 1945 werden in der einschlägigen Literatur zahlreiche Gründe aufgeführt, die man in zwei Kategorien einteilen kann (vgl. Kuhlmann 1969; Herrlitz u.a. 1998, S. 162ff):

(1.) Unmittelbar *schulbezogene Gründe* in den Westzonen – die Situation in der SBZ bleibt hier unberücksichtigt. Zu diesen gehören der unmittelbare Zwang bzw. Wille, so schnell wie möglich einen geordneten Schulbetrieb wiederherzustellen, was die überkommenen Schulformen zwangsläufig stabilisieren mußte; die schwache Stellung reformorientierter Einzelkämpfer in einer wenig veränderten Beamtenschaft in den Kultusministerien der Länder, und die durch „Entnazifizierung" und „Re-Education" nur wenig beeinflußte Mentalität der deutschen Lehrerschaft.

(2.) *Gesamtpolitische*, nicht unmittelbar schulbezogene, *Entwicklungen nach 1947*. Hierzu zählt die weitgehende Zurücknahme der sog. Re-Education-Politik – die zunächst die Reformkräfte bestärkt hatte – zugunsten pragmatischerer Formen der politischen Einflußnahme seitens der Westalliierten, vor allem aber die Wende in der Außen- und Deutschlandpolitik der *Vereinigten Staaten*, die mit dem beginnenden „Kalten Krieg" die Integration der Westzonen voranzutreiben begannen mit dem Ziel, diese als selbständigen Staat in das ökonomische und bündnispolitische System des Westens einzugliedern.

Innenpolitisch bedeutete dies für die sich formierende neue Republik eine Stärkung jener Parteien und gesellschaftlichen Kräfte, die auf eine – wenn auch stark reformorientierte – Wiederherstellung der traditionellen privatkapitalistischen Gesellschaftsordnung setzten. Den sich bildenden bürgerlichen Block aus CDU / CSU, den Kirchen, den Unternehmerverbänden, den konservativen Lehrerverbänden und Hochschulvertretern einte in diesem Zusammenhange auch das Interesse am Verhindern bzw. am Zurückdrängen sog. „sozialistischer Experimente in der Schulpolitik". „Die *Rechtfertigung* dieser konservativen Interessen übernahm zunächst vor allem die *Kirche*, die von vielen als eine der wenigen, während der nationalsozialistischen Herrschaft moralisch integer gebliebenen Institutionen angesehen wurde und daher besondere Autorität in Anspruch nehmen konnte.(...) Gemäß der vorherrschenden moralischen – und nicht soziologisch-politischen – Interpretation des Nationalsozialismus als, Abfall vom christlichen Glauben" konnte die Kirche demokratische Forderungen nach Entkonfessionalisierung und Integration des Schulwesens mit dem Argument zurückweisen, daß sie genauso 'unchristlich' waren wie die – scheinbar identischen – schulpolitischen Maßnahmen der Nationalsozialisten" (Herrlitz u. a. 1998, S. 164).

Nach der Wiederherstellung des dreigliedrigen Schulwesens in den Ländern der neuen Republik läßt sich eine allgemeine Entwicklungstendenz feststellen, die man ohne Einschränkungen als „Stagnation" bezeichnen kann. Natürlich lassen sich für die 50er und die ersten 60er Jahre eine Reihe von Einzelmaßnahmen in Bezug auf den inneren Ausbau der verschiedenen Schulen feststellen, was indes dem aufmerksamen Chronisten auffällt, ist die Aggressivität der Argumentation, gegenüber jeglicher reformpolitischer Aktivität, sei es in der Form von Vorschlägen, Plänen oder konkreten Schulversuchen wie dem zum „differenzierten Mittelbau“ in Niedersachsen. Gymnasiallehrer, die sich bei diesem einzigen großen Reformprojekt überhaupt engagierten, wurden von ihrem Berufsverband als „Wilderer an der Grenze der höheren Schule“ beschimpft. Im Jahre 1951, als die Pläne für die hessische Einheitsschule längst als Makulatur bezeichnet werden konnten, rief der Vorsitzende der hessischen Schulelternschaft für die Mittelschulen in einer Protestversammlung dazu auf, die „Würger unserer Schulart endlich und für alle Zeiten zum Schweigen zu bringen“. Eine Verlängerung der gemeinsamen Schulzeit treibe uns, wie der Hessische Philologenverband in seinem Mitteilungsblatt im Jahre 1951 feststellt, „der kommunistischen Ostzone in die Arme“ und „erinnert an Praktiken des Dritten Reiches“ (alle Beispiele bei Kuhlmann 1969, S. 53). Vor allem das letzte Beispiel – mit einer Argumentation, wie sie auch Vertreter und Würdenträger der Kirche nicht selten aufgriffen, wenn es um den Bestand der Konfessionsschule ging – zeigt, wie der sich verschärfende West-Ost-Gegensatz zur Verschmelzung von unterschiedlich motivierten ideologischen Rechtfertigungsmustern und damit zu einer Verbreiterung der Unterstützung der konservativen Bildungspolitik führte.

Nach 1918 wie nach 1945 wurden Fragen der Schulstruktur bzw. deren notwendiger Veränderung in Deutschland nicht unter der Perspektive von pädagogischer Leistungsfähigkeit oder sozialer Chancengerechtigkeit behandelt, sondern primär als eine Frage der Weltanschauung. Dies mag für die Zeit nach 1918 noch verständlich erscheinen, da rational begründete Gesichtspunkte und Alternativen von einer „geisteswissenschaftlich“ orientierten „Pädagogik“ nicht zur Verfügung gestellt werden konnten. Anders jedoch stellte sich die Situation in den späten 40er und in den 50er Jahren dar, wo es durchaus Erkenntnisse einer schon empirisch ausgerichteten „Erziehungswissenschaft“ gab, die die unkritisch betriebene Wiederherstellung des dreigliedrigen Schulwesens hätten zumindest in Frage stellen können.

So hatte beispielsweise *Erich Hylla* schon 1948 anhand repräsentativer Schülerpopulationen der fünften Klassen aller drei Schularten in Hessen und Berlin festgestellt, daß die vorfindliche – empirisch erhobene – Leistungsverteilung der Schüler in keiner Weise der Anspruchshierarchie der unterschiedlichen Schultypen entspricht. Andere Autoren hatten nachgewiesen, daß die Trennschärfe von Realschule und Gymnasium – gemessen an den Schülerleistungen – äußerst gering ist; daß die Einteilung der Schüler in drei „Begabungstypen“ (praktisch, theoretisch, praktisch-theoretisch) sich in keiner Weise wissenschaftlich begründen läßt; daß früh gestellte Schullaufbahnprognosen wenig bis keinen Aussagewert haben; und daß dem Sozialgefälle der Schultypen in auffälliger Weise ein beträchtliches Kostengefälle entspricht (vgl. Kuhlmann 1969, S. 52).

Um 1950 wäre die Erziehungswissenschaft also durchaus in der Lage gewesen, eine Reform mit dem Ziel der Annäherung der Schultypen bei gleichzeitiger Leistungsdifferenzierung zu stützen, doch die genannten Forschungsergebnisse in verstreuten Fachzeitschriften fanden keine Beachtung bei den Verantwortlichen. Diese vertrauten viel mehr den Thesen dubioser „Begabungsforscher" wie *Karl Valentin Müller* oder *Albert Huth*. Gleich nach dem Kriege ermöglichte das *Niedersächsische Kultusministerium* dem Sozialanthropologen K. V. Müller „eine erstmalige und einmalige vollkommene Bestandsaufnahme der Begabungswerte unserer Bevölkerung, ihrer natürlichen und sozialen Gliederung und ihrer Entwicklungstendenzen". Nach der Veröffentlichung der Ergebnisse in der bekannten Fachzeitschrift „Die Sammlung" (Herausgeber: *Herman Nohl*) erhielt Müller auch von anderen Kultusministerien den Auftrag, für ihr Land den Begabungsstand der Jugendlichen zu ermitteln, so 1951 von Schleswig-Holstein, später von Bayern und Nordrhein-Westfalen (vgl. Kuhlmann 1970, S. 122).

Letztlich bemühte sich Müller in allen seinen Untersuchungen und Schriften nachzuweisen, daß eine auf Bildungsexpansion und Förderung der Begabungsreserven zielende Schulreform sinnlos und sozial gefährlich sei (vgl. die Angaben bei Kuhlmann 1970, S. 188). 1947 riet er dem Niedersächsischen Kultusminister *Adolf Grimme*, künftig mehr Hilfsschulen als Gymnasien einzurichten. Und selbst zwölf Jahre später – die pädagogische Öffentlichkeit diskutierte angeregt den „Rahmenplan" des *Deutschen Ausschusses* – bot sich für Müller ein ähnlich „trübes Bild hinsichtlich der Ausbildungsfähigkeit unseres Nachwuchses". Er zeigte sich immer noch überzeugt, daß es „nicht mehr genügend förderungswürdige Begabungen gibt" (vgl. Müller 1959, S. 6). Bei seiner Theorie von der weitgehenden Unbeeinflußbarkeit von Begabung durch Umweltfaktoren berief sich Müller u. a. auch auf den damals stark beachteten Psychologen *Albert Huth*. Von diesem stammt die von konservativen Bildungspolitikern und „-experten" zu jener Zeit oft kolportierte Behauptung, der vorfindliche dreigliedrige Schulaufbau entspreche exakt einer natürlich gegebenen Begabungspyramide: nur etwa fünf Prozent eines Jahrganges erfüllten die begabungsmäßigen Voraussetzungen, die für einen Gymnasialbesuch erforderlich seien, weitere zehn Prozent besäßen die mehr praktisch orientierte Begabung wie sie die Mittelschulen voraussetzten, die übrigen 85 Prozent seien ausschließlich für den Besuch der Volksschule geeignet (vgl. Huth 1951 und 1952; als Multiplikator vgl. Weinstock 1955, 2. Aufl. 1958, S. 121 ff.).

Wenn Männer wie Grimme und Nohl schon die zweifelhaften Forschungsmethoden Müllers damals nicht kritisch zu beurteilen vermochten, so hätten sie zumindest an der diffamierenden Ausdrucksweise Müllers Anstoß nehmen müssen. Von den der angeblich wenig begabten unteren Sozialschicht angehörigen Schülern sprach er als „Nullen", „Nieten", „zweiter Garnitur", die Hilfsschule ist für Müller „die Standesschule der niederen sozialen Schichten". Die Förderung potentieller Begabungen zielt nach Müller auf die „letzten begabungsmäßigen Fettaugen", auf „minderbegabte Protektionskinder", die „mitgeschleppt" und „emporgeschleust" werden sollen. Mäßig Begabte zur Erreichung höherer Bildungsziele zu ermutigen, so Müller, sei unsinnig, sei eine „pseudodemokratische Vorstellung", ein „Sozialmärchen" (vgl. Kuhlmann 1970, S. 124).

Es fällt uns heute schwer zu glauben, daß von Bildungspolitikern und einer pädagogischen Fachwelt die pseudo-wissenschaftlichen „Forschungsergebnisse“ und polemischen Invektiven von Leuten wie K. V. Müller in den 50er Jahren ernst genommen wurden. Doch seine Wirkung als „Multiplikator einer scheinbar wissenschaftlich gestützten Auslese-Ideologie“, so *Caspar Kuhlmann* in seiner Untersuchung über Schulreform und Gesellschaft in der Bundesrepublik von 1946 bis 1966, „ist für die Jahre 1946 bis etwa 1960 von kaum zu unterschätzender Bedeutung gewesen. Versehen mit einem Forschungsauftrag einer pädagogischen Hochschule und späterhin als Leiter eines Institutes für empirische Soziologie, erhielt er die umfangreichsten begabungsstatistischen Forschungsaufträge, die jemals von Kultusministerien vergeben worden sind. Als Wissenschaftler, der auf diesem Felde ohne Konkurrenz wirkte, vermittelte er seine Einsichten Ministerien, Schulverwaltungen, Berufsverbänden, Wirtschaftsverbänden und Landtagen“ (Kuhlmann 1970, S. 122).

## 6.2 „Kyklische Grundbildung“ – der Versuch der Auflösung des gymnasialen Wissensenzyklopädismus in den fünfziger Jahren

Ein endgültiges Urteil über die sog. „Restauration“ des deutschen Bildungswesens nach 1945 läßt sich auch heute noch nicht abgeben. *Heinz-Elmar Tenorth* hat in seiner umfangreichen Untersuchung über „Hochschulzugang und gymnasiale Oberstufe“ (1945–1973) nach genaueren Analysen der entsprechenden Dokumente darauf hingewiesen, daß die Darstellung des Konfliktes in der vorfindlichen Literatur zwischen progressiven und konservativen Kräften in Bezug auf ihre Vorstellungen zur Gestaltung des Bildungswesens nach dem Zusammenbruch von 1945, „die breite Zone der Übereinstimmung und die im Prinzip historisch überholte und vormoderne, eindimensionale Begründung auch der als reformerisch eingestuften Konzepte“ verdeckt (vgl. Tenorth 1975, S. 63). Die Orientierung beider Gruppen an einem statischen Begabungsbegriff, ihr übereinstimmendes Festhalten an einer Trennung von Eliten- und Massenausbildung und deren didaktischer Legitimation in der Form von „höherer“ und „volkstümlicher“ Bildung waren weit größer als es die konkreten Änderungsvorschläge auf den ersten Blick nahelegen. – Bei dieser Sichtweise scheint es indes problematisch, von einem „Scheitern der Reformer“ oder aber von mehr oder weniger „bewußter Restaurierung traditionaler Strukturen“ zu sprechen.

Den stärksten Einfluß auf die Gestaltung des deutschen Bildungswesens nach dem Zusammenbruch von 1945 dürfte demnach wohl das gruppenübergreifende traditionelle Grundverständnis vom Verhältnis von Bildungswesen und Berufsstruktur gehabt haben, das sich schon im 19. Jahrhundert als das bestimmende konstitutive Element der Schulgestaltung erwiesen und im Berechtigungswesen seinen sichtbarsten Ausdruck gefunden hatte. Danach gelten Berufsqualifikationen und Ausbildungsinhalte von Schule als aufeinander bezogen. Die in der Regel nur vermuteten qualifikatorischen Anforderungen der verschieden anspruchsvollen Berufe werden als verbindliche curriculare Orientierung für das Bildungswesen interpretiert, d.h.

die Hierarchie der Berufe legitimiert letztendlich auch die Struktur des Bildungssystems, während individuelle Ansprüche an dieses mehr oder weniger ignoriert werden.

Damit erhält jedoch der Dreh- und Angelpunkt des Berechtigungswesens – wie in Kapitel 4.5. beschrieben: das *Abitur als Hochschulzugangsberechtigung* – eine strukturbestimmende Funktion für die Gestaltung des Gesamtbildungswesens: die Standards der Hochschulreife gliedern das System, trennen die Bildungswege nach unterschiedlichen Berechtigungen und bestimmen über die verlangten Eingangsqualifikationen zum Gymnasium auch die curriculare Struktur der allgemeinen Grundschule. Umgekehrt begründen die Qualifikationserwartungen der Universität die „innere Organisation“ des Gymnasiums (vgl. Tenorth 1975, S. 131 ff.).

Dieses spezifische Denken läßt sich vorzüglich am Beispiel der Bildungspolitik der fünfziger Jahre demonstrieren, deren ausschließlichen Bezugspunkt das Gymnasium bildete, insbesondere die von ihm vermittelte Hochschulreife. Uns interessieren allerdings in diesem Zusammenhang weniger die konkreten bildungspolitischen Positionen der geschilderten mehr reformerischen und der eher konservativen Fraktionen, auch nicht die konkreten Verwaltungsakte zur Modernisierung des Gymnasiums (vgl. dazu Scheuerl 1962; Ulshöfer 1967; Schindler 1974; Tenorth 1975), was uns interessiert, sind die geistigen bzw. ideologischen Grundpositionen, die die entsprechenden Diskussionen und bildungspolitischen Entscheidungen eingefärbt haben, also die eigentliche Legitimationsgrundlage für politisches Handeln bzw. Nicht-Handeln. Den Ausgangspunkt für diese Analyse sollen die einschlägigen Denkschriften des Jahres 1949 bilden.

Einen ersten Einblick in unser Untersuchungsfeld bietet ein Einzelgutachten von *Wilhelm Flitner* im Anhang einer *Denkschrift der Universität Hamburg* gegen heute nicht weiter erörterungswürdige Neuordnungspläne des Senats. Flitner, Ordinarius für Pädagogik an dieser Universität, 1951 dann auch Vorsitzender des Schulausschusses der „Westdeutschen Rektorenkonferenz“ (WRK), der die Debatte zur Gymnasialreform in den fünfziger Jahren wohl am stärksten beeinflußt hat, diskutiert in seinem Hamburger Gutachten Möglichkeiten und Bedingungen der Gliederung des Bildungswesens. Die Möglichkeit einer pädagogischen Begründung der organisatorischen Einheit von Schule schließt er dabei von vornherein aus. Es erscheint ihm vielmehr zwingend, in diesem Zusammenhang auf die vorfindliche Berufsstruktur zu rekurrieren. Er unterscheidet bei diesem Versuch zwischen „leitenden“ und „ausführenden“ Berufen, und unterteilt die erste Kategorie noch einmal in „leitende Stellen des praktischen Lebens“ in den Bereichen Politik, Wissenschaft, Technik und Verwaltung sowie in die „strenger wissenschaftlich-humanistisch auszubildenden Berufe, die ein Amt mit geistiger Verantwortung wahrnehmen (Geistliche, Richter, Forscher, Lehrer an Studienschulen, Ärzte usw.)“. Entsprechend dieser Berufsdifferenzierung bestimmt Flitner die verschiedenen Stufen des Bildungswesens:

„1. Volksschulen, Berufs- und Fachschulen für die ausführenden Berufe, Handwerker und Facharbeiter;
2. Schulen für die leitenden Stellen des praktischen Lebens – realistische Studienschulen, höhere Fachschulen, technische Hochschulen, Teile der Universität und Fachhochschulen;
3. wissenschaftliche Studienanstalten für die geistigen Ämter – Gymnasien und Universität" (Flitner 1949 a, S. 38 ff.).

Für das in der dritten Gruppe genannte Gymnasium fordert Flitner einen neunjährigen Lehrgang, da nur auf diese Weise „die wissenschaftliche Durchdringung", die frühzeitige Einübung in die sprachlichen und mathematischen Kenntnisse gesichert werden könnten. Die Naturwissenschaften lassen sich – nach einem Referat Flitners auf der *Pädagogischen Woche in Mainz* (1949) – nur dann als Element des Gymnasialkanons rechtfertigen, wenn sie nicht positivistisch als Anhäufung von bloßem Faktenwissen, sondern in der „Begrenztheit ihrer Methode" verstanden werden. Die Naturwissenschaften müßten, so Flitner, als Schulfächer auch auf „sittliches Verhalten" bezogen sein. Positivistisch-naturwissenschaftliches Verfahren verfehle, die „irrational-emotionale Zone" des Menschen, deren Erschließung nur über interpretierende, hermeneutische Verfahren gelingen könne. Die „Ämter mit geistiger Verantwortung" repräsentieren für Flitner diejenige Gruppe von Berufen, der im weiteren Sinne Weltdeutung und die Auslegung von individuellem und kollektivem Lebenssinn obliege (vgl. Flitner 1949 b, 591).

Diese Zitate aus wichtigen Dokumenten der Bildungsdiskussion der Nachkriegszeit spiegeln nahezu exakt das bekannte Deutungsmuster „Bildung und Kultur", wie es das deutsche Bildungsbürgertum etwa 150 Jahre früher formuliert und bis in die dreißiger Jahre zäh verteidigt hatte. Seine Kennzeichen: die Behauptung einer Vorrangstellung für die typisch bildungsbürgerlichen Berufe, eine Distanzierung von den Berufen der „societas civilis" in Politik, Wirtschaft, Gewerbe und Technik sowie die Abwertung der Naturwissenschaften zugunsten des sprachlich-mathematisch-historischen Fächerkanons. Flitner reiht sich mit diesem traditionellen Denkmuster ein in eine aktuelle geistige Strömung der Nachkriegszeit, die „unter der Kennmarke des Abendländischen eine Reaktivierung des Bildungsideals, eine Aufwertung der 'Persönlichkeit' gegen 'Fremdbestimmung' und 'Masse'" versuchte, und damit für die „gebildete" Schicht einem Rückzug ins Private und Geistige den Weg ebnete. Die Politik hat in dieser bevorzugten Sphäre der geistigen Elite – wie schon in früheren Phasen der deutschen Geschichte – selbstverständlich keinen Platz (vgl. Bollenbeck 1994, S. 303).

Dieser neuerliche Wiederbelebungsversuch des Deutungsmusters „Bildung und Kultur" läßt sich noch sehr viel präziser an jenem inhaltlichen Reformkonzept für die Gynmasialpädagogik illustrieren, das in der Literatur mit dem etwas sperrigen Begriff „kyklische Grundbildung" bezeichnet wird (vgl. Dehnbostel 1987, S. 58 ff.). Den Ausgangspunkt für dieses didaktische Modell bilden die sog. „Tübinger Beschlüsse" von 1951, die von Vertretern der Universitäten und höheren Schulen auf einer Konferenz „Universität und Schule“ gefaßt wurden (abgedruckt bei Ulshöfer 1967, S. 21 ff.). Die „Beschlüsse“ beziehen sich ausschließlich auf die „innere Organisation“ des Gymnasiums, d.h. vorzugsweise auf das Problem der Stofffülle und Fächerinflation, was an Hochschulen und Gymnasien nach Meinung der Teilnehmer zu Vielwisserei und einem falsch verstandenen Leistungsdenken geführt habe. „Die Durchdringung des Wesentlichen der Unterrichtsgegenstände“ habe dagegen in Zukunft den Vorrang zu beanspruchen vor jeder Ausweitung des stofflichen Bereichs; die Zahl der Abiturfächer sei einzuschränken, die Prüfungen müßten mehr auf Verständnis als auf Gedächtnisleistung abgestellt werden, von den zu starren Lehrplänen sei wieder zu den offeneren Richtlinien zurückzukehren.

Die Wirkung dieser „Beschlüsse“ auf die didaktische Diskussion an den Gymnasien kann kaum überschätzt werden. Zum einen eröffneten sie die Auseinandersetzung über „das Exemplarische“ als Unterrichtsprinzip, ein Thema, das sich zumindest umfangreich in der didaktischen Literatur der nächsten Jahre niedergeschlagen hat (vgl. z.B. Wagenschein 1962 und 1965), zum anderen regten sie u.a. *Wilhelm Flitner* an, sein Konzept der „kyklischen“ geistigen bzw. wissenschaftlichen Grundbildung zu entwickeln. Dieses Konzept erfährt erstmals im sog. „Tutzinger Maturitätskatalog“ von 1958 eine offizielle Festlegung, in einem von Vertretern der *Kultusministerkonferenz* (KMK) und der *Westdeutschen Rektorenkonferenz* (WRK) erarbeiteten Dokument, in dem der Begriff der Hochschulreife durch die Festlegung eines „inhaltlichen Minimums“ präzisiert werden soll (vgl. dazu Scheuerl 1962, S. 50 ff.).

Der empirisch-additive Katalog der Maturitätsanforderungen stützt sich auf einen zweiten, didaktischen Katalog, „der nun nicht mehr Einzelgegenstände oder Stoffe und Fächer umschreibt, sondern diejenigen elementaren, fundamentalen und unentbehrlichen Initiationen selber, deren Vollzug durch die Fächer und Stoffe hindurch geschehen muß und unerläßlich ist für jeden, der verstehen will, was in unserer geistigen und moralischen gesellschaftlichen Welt vorgeht“ (Scheuerl 1962, S. 36). Dieser zweite Katalog stammt von *Wilhelm Flitner*, und er setzt sich explizit ab von der „Kulturkunde“ *Hans Richerts*. Nicht auf die Darlegung von Theorien *über* die Quellen und Ursprungsfelder moderner Humanität kommt es an, nicht auf das Verständnis der antiken Kultur im historischen Sinne, sondern auf das Vertrautsein mit den Quellen selbst. Es geht um die „Initiation“ in die geistige Präsenz dieser Inhalte selbst; dies ist nach Flitners Auffassung das für die Maturität Entscheidende. „Um universitäre Studien beginnen zu können, bedarf es

1. eines elementaren Verstehens der christlichen Glaubenswelt und ihrer wesentlichen irdischen Schicksale;
2. eines philosophisch-wissenschaftlich-literarischen Problembewußtseins;
3. eines Verständnisses für das Verfahren und die Grenzen der exakt-naturwissenschaftlichen Forschung und ihrer Bedeutung für die Technik;
4. eines Begreifens der Probleme, die in der politischen Ordnung insbesondere durch die Französische Revolution, durch den Gedanken der Bürgermitverant-

> wortung, der Rechtssicherheit und persönlichen Freiheit, der Völkerrechtsidee entstanden ist, und wie die politische Aufgabe und die gesellschaftliche Zuständigkeit einander beeinflussen" (vgl. Flitner 1959, S. 59 ff. und 1961; hier zitiert nach Scheuerl 1962, S. 36 f.).

Diese Einführungen bilden einen Zyklus, schließen sich als *System geistiger Grundrichtungen* zusammen, sie sind jedoch nicht zu verwechseln mit der Vermittlung einer Weltanschauung. Wie die Tutzinger Gesprächsprotokolle und die Schriften Flitners deutlich machen, setzt sich die kyklische Grundbildung – ein Begriff, den W. Flitner selbst nicht verwendet, der jedoch in der Literatur üblich ist – aus den vier Initiationen und aus der „Beherrschung der Symbole" zusammen, wobei als „symbolisierende Geistestätigkeiten" vor allem die Sprache und die Mathematik verstanden werden. Sie bilden die „Grundlage alles wissenschaftlichen Bemerkens, Ordnens und Erfahrens" (Flitner 1960, S. 68).

## 6.3 „Zweiter Bildungsweg" und „Gesamtschule" – die ersten Reformruinen

Die am 29. September 1960 von der KMK verabschiedete „Rahmenvereinbarung zur Ordnung des Unterrichts auf der Oberstufe der Gymnasien" (Saarbrücker Rahmenvereinbarung) wird in der einschlägigen Literatur meist als administrative Umsetzung der „Tutzinger Gespräche" begriffen. Ihren Vorschlägen entsprechend wurden von 1961 an die höheren Schulen in der Bundesrepublik – mit Verzögerungen in Bayern, ohne Beteiligung des Saarlandes – umgestaltet. Die Genese dieser wichtigen Vereinbarung ist in einer umfangreichen Untersuchung detailliert beschrieben worden (vgl. Schindler 1974), in der auch der Frage der tatsächlichen Wirksamkeit dieses Übereinkommens nachgegangen wurde.

In unserem Zusammenhange interessiert indes vornehmlich die Frage, welche konkreten berechtigungspolitischen Entscheidungen in den „Tutzinger Gesprächen" vorgeprägt und dann in der Saarbrücker Rahmenvereinbarung festgeschrieben wurden. Dies zu einer Zeit, in der bereits gewichtige Vorschläge zu einer Strukturveränderung des deutschen Bildungswesens in Form des *Rahmenplanes* des „Deutschen Ausschusses" (1959) und des sog. *„Bremer Plans"* der „Arbeitsgemeinschaft der Deutschen Lehrerverbände" (1960) vorlagen.

Ausgangspunkt der „Tutzinger Gespräche" bildete das Problem der Unübersichtlichkeit, das durch die „Vielfalt der Möglichkeiten, zum Studium zu gelangen" entstanden war. Eigentlich war es jedoch die Sorge der Traditionalisten, „daß jede Einheit der Auffassungen über die Hochschulreife bereits unrettbar verlorengegangen sei" (Scheuerl 1962, S. 24), die angeblich sofortiges Handeln notwendig erscheinen ließ. In der Tat zählte der *Münchener Ministerialrat Höhne* nicht weniger als *elf Formen* von aktuell möglichen Hochschulzugängen auf – von der „ordentlichen Reifeprüfung" über diverse Begabten- und Sonderreifeprüfungen bis zu den Abschlüssen der Wirtschaftsoberschulen und Wirtschaftsgymnasien sowie der Frauenoberschulen und der „Institute des Zweiten Bildungsweges" (vgl. Scheuerl 1962, S. 24 f.).

Diese „Zersplitterung“ des höheren Schulwesens hatte die besorgte *Westdeutsche Rektorenkonferenz* (WRK) zu einer Mahnung an die *Kutusministerkonferenz* veranlaßt, die Hochschulzugangskriterien der „beruflichen“ Oberschulen, die im sog. „Düsseldorfer Abkommen“ von 1955 festgeschrieben worden waren, zu klären (vgl. dazu ausführlich Tenorth 1975, S. 138 ff.).

In erster Linie war es der Anspruch der WRK – also der Universitäten – bei der möglichen Erweiterung des Hochschulzuganges über die „Institute des Zweiten Bildungswesens“ mitreden zu wollen, der letztlich zu den „Tutzinger Gesprächen“ geführt hat. Für die Universitäten ging es, wie den Ausführungen Scheuerls zu entnehmen ist, gar nicht so sehr um die Klärung der Studienvoraussetzungen, „sondern um eine politische Entscheidung, die zugleich mit dieser Klärung (der im Gymnasium zu erwerbenden wissenschaftspropädeutischen Qualifikationen, der Verf.) die Möglichkeit einer, eben von der WRK konzipierten, deutschen traditionellen Universität auch für die Zukunft sichert“ (Tenorth 1975, S. 139). Die „Sanierung der Universität“ (Flitner) war also der entscheidende Bezugspunkt der Tutzinger Aktivitäten, nicht, wie ein erster Anschein es nahelegt, die künftige Gestalt der höheren Schule. Unter dem Gesichtspunkt universitärer Selbtbestimmung wurde die Frage des Zweiten Bildungsweges entschieden, und genau hier treffen sich die rückwärtsgewandte Gymnasialkonzeption des Universitätspädagogen Wilhelm Flitner mit der rückwärtsgewandten, auf die Tradition des 19. Jahrhunderts bezogenen, Universitätskonzeption der bildungspolitisch wirkmächtigen WRK.

Zusammen markieren diese der Vergangenheit verpflichteten Konzepte den Rahmen eines selektiv-elitären Bildungswesens, das den Zweiten Bildungsweg und die anderen alternativen Hochschulzugangsmöglichkeiten lediglich als „entsagungsvollen, nur kleinen Minderheiten offenstehenden Sonderweg“ zu akademischen Ehren zuzulassen bereit ist (vgl. Tenorth 1975, S. 140). Folglich werden in der Saarbrücker Rahmenvereinbarung die lästigen „zweiten“ Bildungsgänge inhaltlich dem „ersten“ weitgehend angeglichen und so auf kleine Gruppen von sozialen Aufsteigern begrenzt. Die entscheidende Frage, ob nicht langjährige Berufserfahrung gymnasiales Lernen kompensieren könne oder ob nicht – zumindest anspruchsvolle – berufsbezogene Inhalte und sog. „wissenschaftsorientierte“ als gleichrangig eingestuft werden müßten, wird letztlich ohne Diskussion schon im interessenpolitisch-ideologischen Vorfeld abgeblockt. Diese eher gesellschaftspolitische Entscheidung bildet den eigentlichen reaktionären Kern sowohl der „Tutzinger Gespräche“ wie der „Saarbrücker Rahmenvereinbarung“

Damit war zu einem sehr frühen Zeitpunkt die reformorientierte Bildungsinitiative eines „Zweiten Bildungsweges“ stark beschädigt. Die seit Anfang des 20. Jahrhunderts bestehende Idee eines alternativen Bildungsweges zur Universität über die Institutionen der beruflichen Bildung, die in den zwanziger und dreißiger Jahren in eher angeglichenen Formen an das traditionelle Gymnasium ansatzweise realisiert worden war – Arbeiter-Abiturienten-Kurse, Abendgymnasium, Vorstudienausbildung zum Langemarck-Studium –, gedieh eigentlich erst in den fünfziger Jahren zu einem bildungspolitischen Programm mit einiger Durchschlagskraft (vgl. Jüttemann 1991, S. 45 ff.). Den führenden Initiatoren und Förderern – neben einigen SPD-Politikern vor allem *Ralf Dahrendorf, Eduard Spranger, Theodor Litt* und der Berufspädagoge *Heinrich Abel* – kam es darauf an, vor allem inhaltlich ein alternatives Bildungsmodell dem traditionellen Gymnasium an die Seite zu stellen, ein „Schulwesen der nach außen gerichteten Aktivität“ wie es *Georg Kerschensteiner* noch auf dem Sterbebett als Vision beschworen hatte (vgl. Kerschensteiner 1933, S. 237 ff.). Arbeit und Bildung sollten nach den Vorstellungen dieser Reformer wieder in einen didaktischen Zusammenhang gebracht werden (vgl. Abel 1956, S. 191). Der Zweite Bildungsweg war antizipiert in der Form einer kontinuierlichen Schulkarriere, die „von der Volksschule über die Berufsschule / Lehrlingsausbildung, die Berufsaufbauschule und das Kolleg zum Abitur“ führen sollte, wobei jede Stufe dieses Weges ein in sich abgeschlossenes Bildungsprogramm bieten, aber auch die Möglichkeit zum weiteren Bildungsaufstieg ermöglichen sollte (vgl. Kühnhold 1979, S. 25 f.).

Für die Verteidiger einer traditionell ausgerichteten Hochschulreife mußte natürlich das Kolleg als die Oberstufe des alternativen Modells und Vermittler des ausschlaggebenden Zertifikats, dessen Selektionskriterien es sorgfältig zu kontrollieren galt, zentral ins Blickfeld geraten. Bis zum Ende der fünfziger Jahre spielte indes der Zweite Bildungsweg wegen seiner geringen Kapazitäten noch keine Rolle. Lediglich 605 Erwachsene besuchten zu diesem Zeitpunkt in der Bundesrepublik das *Abendgymnasium*, ganze 53 Schüler die seit 1949 geschaffenen *Kollegs*. Erst Mitte der fünfziger Jahre rückten die Kollegs offiziell als Oberstufe in den Zweiten Bildungsweg ein, was ihren Ausbau beträchtlich beschleunigte. Zwischen 1958 und 1967 wurden allein 29 dieser „Institute zur Erlangung der Hochschulreife“ gegründet, Anfang der 60er Jahre zählten Abendgymnasien und Kollegs zusammen bereits 920 Absolventen, Ende der 60er Jahre etwa 3.200 (vgl. Jüttemann 1991, S. 69).

Trotz dieser expansiven Entwicklung des Zweiten Bildungsweges war bei seinen engagierten Verfechtern Ende der sechziger Jahre die ursprüngliche Euphorie bereits verflogen, denn die mit dem „Tutzinger Maturitätskatalog“ eingeleitete Festschreibung einer traditionell ausgerichteten Hochschulreife blockierte die inhaltliche Neuausrichtung der Kollegs, was in den Augen der Reformer als unübersehbares Defizit erscheinen mußte. Das Ziel, den Zweiten Bildungsweg als einen vorzugsweise berufsbezogenen Bildungsgang einzurichten war gescheitert, stattdessen trat immer stärker seine Funktion als ein „zweiter“ gymnasialer Nachholweg zutage. Die Enttäuschung machte sich vor allem an der – vielfach empirisch ermittelten – Tatsache fest, daß in den Institutionen des Zweiten Bildungsweges sich die Arbeiterkinder noch stärker unterrepräsentiert zeigten als in den Schulen des „ersten“ Bildungsweges (vgl. Jungk 1968; Hamacher 1968; Zapf 1971; Albrecht-Heide 1974), d.h. der Zweite Bildungsweg hatte seine „erste wichtige Funktion“ verfehlt, „im Zuge einer in der Sozialentwicklung angelegten und verfassungsmäßig garantierten Gleichheit der Ausbildungs- und damit Aufstiegschancen bislang benachteiligten

Schichten gewissermaßen nachträglich eine Möglichkeit zur Wahrung ihrer Rechte (zu) eröffnen" (Dahrendorf 1959, S. 47). Der Zweite Bildungsweg hatte sich also nicht – wie die Reformer gehofft hatten – zu einem bildungspolitisch wirksamen Instrument entwickeln lassen, mit dem der soziale Aufstieg berufstätiger Jugendlicher und damit das „Bürgerrecht auf Bildung" in besonderem Maße befördert werden konnten.

Die traditionell-gymnasiale Ausrichtung des Zweiten Bildungsweges konnte seine Anziehungskraft indes nicht wesentlich schmälern. Seine Abgängerzahlen lagen im Jahre 1985 bei 2.700 (Abendgymnasien) und 3.300 (Kollegs). Die von Dahrendorf 1959 vorgegebene Zehn-Prozent-Marke für den Anteil des neuen Bildungsweges an der Gesamtzahl der Abiturienten wurde jedoch nie erreicht. Schon 1975 setzte ein Schrumpfungsprozeß bei den Kollegs ein, und am 21. Juni 1979 übertrugen die Kultusminister in zwei Vereinbarungen über die Neugestaltung der Kollegs und der Abendgymnasien im wesentlichen das System der reformierten gymnasialen Oberstufe auf die beiden Institutionen, womit ihr Abstieg zu bloßen Nachholformen des traditionellen deutschen Gymnasiums besiegelt war (vgl. Jüttemann 1991, S. 77 ff.).

In diesem Zusammenhang wird gern von Traditionalisten auf empirische Untersuchungen verwiesen, die belegen, daß die Mehrzahl der Kollegiaten ihrem früheren Beruf ausgesprochen distanziert gegenüberstand bzw. noch steht. „Nur 14 % der Befragten (streben) einen Beruf an, der 'in großem Umfang mit den bisherigen beruflichen Aufgaben Berührungspunkte hat', dagegen stehen 64 % der Befragten ihrem früheren Beruf ablehnend oder gleichgültig gegenüber", so in einer Auswertung einschlägiger Analysen (Blinkert 1974, S. 39 f.). Der Berufsbezug des Curriculums wurde – und wird vermutlich immer noch – von den Kollegiaten und Besuchern des Abendgymnasiums mehrheitlich strikt abgelehnt. Inwieweit dies als Votum *für* die gymnasiale „allgemeine" Bildungsform zu werten ist oder aber – dies erscheint weit plausibler – als ein Votum *gegen* die vorfindlichen Bedingungen der Berufswahl und Berufsausbildung der unteren Sozialschichten, dies mag dahingestellt bleiben, weil der zentrale Gesichtspunkt des eigentlichen Problems davon nicht berührt ist. Dieser spiegelt sich viel eher in den folgenden Sätzen des Soziologen *Christian v. Ferber*, der die inhaltlichen Schwierigkeiten des sozialen Aufstiegs berufstätiger Jugendlicher folgendermaßen kommentiert: „Die emanzipierende Wirkung der Bildung wird nur über die geistige Beherrschung der Lebensumstände eintreten, die im Zentrum der Klassenlage stehen – das lehrt die Geschichte aller Sozialen Bewegungen der Neuzeit, nicht zuletzt die der Arbeiterbewegung. Die die Klassenlage der Arbeiter beherrschenden Lebensumstände werden wir heute wie ehedem – darin hat die ›Organisierung der Klassengegensätze‹ expressis verbis keinen Wandel gebracht – in den Verhältnissen aufsuchen müssen, die geistig in der Technik und in der Ökonomie reflektiert werden" (v. Ferber in: Jungk 1968, S. XII).

Eine weitere Reformruine im Bildungswesen der Bundesrepublik entstand seit den sechziger Jahren mit der auf die Sekundarstufe I ausgerichteten Bildungsinitiative der „Gesamtschule". Der ruinöse Charakter dieses Reformversuchs ist vor allem durch den Umstand begründet, daß die Gesamtschule – mit nur einer regionalen Ausnahme – nirgends flächendeckend eingeführt wurde, so daß ihre Zulassung als Regelschule letztlich nur zu einer weiteren Aufsplitterung des deutschen Bildungswesens führte. Nimmt man das Interesse der Eltern an dieser Alternative zu den traditionellen Schulen als Regulativ ihrer allgemeinen Durchsetzung, so deutet sich schon seit längerem eine Sättigung der Nachfrage an, und zwar stets dann, wenn die Gesamtschule in einer Schulregion etwa 30 Prozent eines Schülerjahrganges erreicht (vgl. Arbeitsgruppe MPI für Bildungsforschung 1997, S. 542).

Die Einrichtung von integrierten Gesamtschulen – der wirklich echten Variante einer Einheitsschule – ging Anfang der sechziger Jahre vom Stadtstaat Berlin aus. Andere Bundesländer folgten mit entsprechenden Initiativen bald nach (vgl. z.B. Theis/Pohl 1997). Diese regionalen Reformansätze erhielten im Jahre 1969 durch eine Empfehlung des „Deutschen Bildungsrates“ – der damals wichtigsten Institution der Politikberatung im Bildungswesen – eine gemeinsame Plattform in der Weise, daß vorgeschlagen wurde, 40 Gesamtschulen in der Bundesrepublik als Versuchsschulen einzurichten. Die Kultusminister der Länder verabschiedeten noch im gleichen Jahr eine Vereinbarung über das Versuchsprogramm, in das zwei Varianten der Gesamtschule – die integrierte und die kooperative Form – einbezogen werden sollten, sowie auch Ganztags- und Halbtagsschulen.

Was an dieser Anfangsphase der Gesamtschulentwicklung auffällt, ist die offenkundige – und in der deutschen Bildungsgeschichte erstmalige – Abwendung von der deutschen Bildungstradition: nicht die Ideen und Versuche zur „Einheitsschule“ wie sie in der Weimarer Zeit entwickelt bzw. praktiziert worden waren oder die wenigen Reformansätze der Nachkriegszeit in dieser Richtung bildeten die Orientierung für die neuen Reforminitiativen, ganz im Gegenteil: diese deutschen Konzepte wurden eigentlich ganz bewußt umgangen. Als Vorbilder für die Gesamtschule wählte man Anfang der sechziger Jahre schulische Institutionen des Auslands: die High School der USA beispielsweise, die neue Comprehensive School in England, oder die eben reformierte neunjährige schwedische Grundschule. Die Anlehnung an diese westlichen Vorbilder schien auf den ersten Blick eher politisch motiviert, kam es doch darauf an, sich vom sozialistischen Konzept der Einheitsschule des Ostblocks abzugrenzen, insbesondere vom Schulwesen der DDR. Bei umfassenderer Betrachtung der Sachlage muß man allerdings feststellen, daß die westdeutsche Bildungsinitiative zur Gesamtschulentwicklung schon stark beeinflußt war von einem sozial- und kulturgeschichtlichen Umbruch, der nach allen neueren Untersuchungen zwischen 1958 und 1960 seinen Beginn schon angekündigt hatte.

## 6.4 „Der Bildungsauftrag der Wirtschaft“ – strikte Verteidigung des ausbildungspolitischen Status Quo

Bevor wir allerdings die neue Ausgangslage in den sechziger Jahren analysieren, wollen wir die unmittelbare Nachkriegsentwicklung im Berufsbildungssektor der Bundesrepublik kurz darstellen, d.h. kritisch betrachten. Nach dem Zusammenbruch und Jahren eines ungewissen Abwartens begann etwa ab 1947 der Wiederaufbau der Leistungseinrichtungen für das berufliche Ausbildungswesen, zunächst in den einzelnen Besatzungszonen, dann in der sog. Bi-Zone (englische und amerikanische Zone), von 1949 an in der *Bundesrepublik Deutschland*. Schon im April 1947 wurde von den Handwerkskammern und den Fachverbänden des Handwerks in der Bi-Zone ein Ausschuß für Berufsausbildung ins Leben gerufen, der 1949, nach der Errichtung des „Zentralverbandes des Deutschen Handwerks" in dessen Hauptausschuß für Berufserziehung umgewandelt wurde. Ebenfalls im Jahre 1947 richtete die Industrie Nachfolgestellen für das „Reichsinstitut für Berufsausbildung in Handel und Gewerbe" in Dortmund und München ein, die 1951 in Bonn zur „Arbeitsstelle für Berufserziehung des Deutschen Industrie- und Handelstages" zusammengefaßt wurden. Zwei Jahre später konnte die Trägerschaft dieser in *„Arbeitsstelle für betriebliche Berufsausbildung" (ABB)* umbenannten Institution von den Spitzenverbänden der Deutschen Wirtschaft – dem Deutschen Industrie- und Handelstag (DIHT), dem Bundesverband der Deutschen Industrie (BDI) und der Bundesvereinigung der Arbeitgeberverbände (BdA) – gemeinsam weitergeführt werden (vgl. Abel 1963 a, S. 62).

Die Jahre von 1947 bis 1964 sind im Bereich der beruflichen Bildung ähnlich von Stagnation und rückwärtsgewandter Verteidigung des Erreichten gekennzeichnet wie wir es für das allgemeine Schulwesen beschrieben haben. Dabei fehlte es nicht an kritischen Beurteilungen des „deutschen Systems" der Berufsausbildung. So hatte der amerikanische Sachbearbeiter *George W. Ware* im Amt des „Hohen Kommisars für Deutschland" in seinem Gutachten über „Berufserziehung und Lehrlingsausbildung in Deutschland" eingewandt, daß „die Berufserziehung im wesentlichen viel eher ein grundlegender Bestandteil der deutschen Wirtschaft als ein Teil des Schulwesens" sei. Die eigentliche Lehre, so Ware, die etwa fünf Sechstel der Ausbildungszeit ausmache, unterliege der Überwachung von Stellen, die sich nicht mit Erziehung befaßten. Folglich seien die Lehrlinge im wesentlichen Arbeiter und keine Schüler. In einem realen Sinn sei das dreijährige System der Lehre, insbesondere in seinem letzten Jahr, wo die produktive Arbeit beim Einsatz des Lehrlings überwiege, „ein System der billigen Arbeitskräfte" und stelle im ganzen einen wesentlichen Teil (etwa zehn Prozent) der gesamten deutschen Arbeitskraft dar, so das nüchterne Urteil des Amerikaners (vgl. Ware 1952, S. 38).

Immerhin führte diese harsche Kritik 1951 zur Gründung der „Zentralstelle zur Erforschung und Förderung der Berufserziehung", einem Diskussionsforum, das aufgrund der hohen Reputation seines Vorsitzenden, des FDP-Bundestagsabgeordneten Prof. Dr. *Paul Luchtenberg*, schnell zu großem Ansehen gelangte (vgl. Abel 1962). Doch die Antworten, die in der zweiten Sitzung dieser Zentralstelle auf die Frage „Ist die betriebsgebundene Berufserziehung die für Deutschland gemäße Form?" gegeben wurden, zeigten ziemlich eindeutig, daß sowohl Arbeitgebern wie Gewerkschaften der Gedanke an eine grundlegende Veränderung der deutschen Berufsausbildung völlig fern lag. Dies kann nicht verwundern beim Vertreter der

Industrie, *Herbert Studders*, der eines der Hauptreferate hielt. Der Abgesandte des BDI stellte einer Ausbildung und Erziehung „unter der Glasglocke" die betriebliche Berufserziehung gegenüber, die „straffe und geregelte Betriebsarbeit mit ihrer unerbittlichen Forderung nach Pünktlichkeit, Korrektheit, Leistung und Kameradschaftlichkeit". Diese Art der Ausbildung der Jugendlichen stelle, so Studders, einen unersetzlichen Wert dar in einer Zeit „der Auflösung, der Unordnung, der Unrast und der Schwerpunktlosigkeit des Menschen" (zit. nach Abel 1963 a, S. 66).

Als überraschend muß man hingegen die im Grundzug positiv-optimistische Beurteilung des Leiters der Abteilung berufliches Bildungswesen des DGB, *Josef Leimig*, in Sachen Betriebsausbildung einstufen, der das zweite Hauptreferat hielt. Zwar kritisierte er kräftig die im Prinzip unsystematische Lehre im Handwerk und die mit ihr verbundene Fehllenkung des Nachwuchses, eine mehr schulgebundene Berufsausbildung könne jedoch nach seiner Meinung „den nun einmal erforderlichen materiellen Gesichtspunkten zunächst nicht Rechnung tragen" (Abel 1963 a, S. 66). Das Bekenntnis der Gewerkschaften zur betriebsgebundenen Berufsausbildung, auf die sie durch das *Betriebsverfassungsgesetz* vom 11. Oktober 1952 einen wesentlichen – wenn auch erst einmal einzelbetrieblich begrenzten – Einfluß erhielten, fiel also in dieser wichtigen Umbruchzeit ziemlich eindeutig aus. Im Unterschied zur Unternehmerseite betonten die Gewerkschaften jedoch stets die wichtige Rolle der Berufsschule; sie weigerten sich in ihren offiziellen Stellungnahmen beharrlich, diese „berufsbegleitende Schule" als einen nur „sekundären", d. h. mehr oder weniger überflüssigen Partner im ganzen System der Berufsausbildung zu betrachten (vgl. Stratmann / Schlösser 1990, S. 63).

Im Herbst 1950 beauftragte die „Ständige Konferenz der Kultusminister der Bundesrepublik Deutschland" (KMK) einen Ausschuß von Sachverständigen (aus Kammern und Betrieben, Gewerkschaften und dem Berufs- und Fachschulwesen) unter dem Vorsitz des bekannten Arbeitspädagogen *Johannes Riedel* ein „Gutachten über die Berufsausbildung der Deutschen Jugend" zu erstellen, das dann im Herbst 1952 der Öffentlichkeit vorgestellt wurde (vgl. Abel 1963 a, S. 65). Konfrontiert man die Kernaussagen dieses Gutachtens mit der Kritik im Ware-Gutachten, so wird deutlich, wie weit sich die Rechtfertingsmuster des „deutschen Systems" der Berufsausbildung bei den Verantwortlichen und Experten schon verfestigt hatten. Was der Amerikaner Ware als besonders bedenklich kritisierte, galt dem KMK-Ausschuß als der entscheidende Vorzug des deutschen Ausbildungsmodells. Dies zeigt sich besonders deutlich in der Einschätzung der Rolle der Berufsschule: dieser, so der Ausschuß, dürfe nie „das Bewußtsein verlorengehen, daß sie der Betriebsausbildung nicht mehr Zeit fortnehmen darf, als wirklich unerläßlich ist". Die von den Gewerkschaften vorgebrachte Forderung nach einem zweiten Berufsschultag wird mit dem Hinweis abgelehnt, erst einmal zu prüfen, „wie weit sich mit einem vollen Berufsschultag auskommen läßt" (Gutachten … 1952, S. 31 f.).

Diese brüske Zurückweisung einer Aufwertung der Rolle der Berufsschule im später so genannten „dualen" System verdeckt indes die prinzipielle Ablehnung – auch nur jeden Ansatzes – einer „Verschulung“ der Ausbildung, und das heißt vornehmlich der Zurückdrängung des Einflusses der Kammern. Das Gutachten läßt in diesem Punkt eine deutliche Sprache erkennen: aus öffentlichen Haushalten finanzierte praktische Berufsausbildung gilt als indiskutable „Zumutung an den Steuerzahler“. Doch auch der „Gedanke, die neu zu errichtenden Stätten der praktischen Berufsausbildung (gemeint sind überbetriebliche Lehrwerkstätten, der Verf.) aus eigenen Quellen, etwa aus einer von der Wirtschaft zu erhebenden Umlage zu finanzieren, ist deshalb höchst bedenklich, weil damit ein wichtiges neues Feld der Selbstverwaltung entzogen und in erheblichem Umfang der amtlichen Bürokratie ausgeliefert würde.“ (...) In jedem Falle aber, „ganz gleich also welche Lösung gefunden wird, ist zu bezweifeln, daß eine öffentliche Einrichtung die gleiche Anpassungsfähigkeit besitzen würde wie die Wirtschaft“ (Gutachten ..., 1952, S. 27).

Die finanziellen und ordnungspolitischen Argumente, die hier in den fünfziger Jahren schon vorgebracht werden, klingen für denjenigen sehr vertraut, der die Reformdebatte der siebziger Jahre aufmerksam verfolgt hat. Sowohl die Einrichtung von zentralen *Finanzierungsfonds* zur Absicherung eines stabilen Angebots von Ausbildungsplätzen wie die Einführung eines allgemeinen *Berufsgrundbildungsjahres* wurden mit den gleichen Argumenten zurückgewiesen wie sie schon im KMK-Gutachten von 1952 zu finden sind. Insofern ist dieses Gutachten alles andere als ein „bedeutender Ausdruck des zu Anfang der fünfziger Jahre lebendigen Willens zur Überprüfung des ‘deutschen Weges’ in der Berufsausbildung und zur Schaffung neuer Grundlagen für eine vorausschauende Ausbildungspolitik“ (Abel 1963 a, S. 65). Das Gutachten bietet eher eine gute Hilfe zur Erklärung des fehlenden Reformdrucks in jenen Jahren.

Der Wille zur möglichst dauerhaften Zementierung des Erreichten war erklärlicherweise bei der Industrie besonders stark, deren gegen das Handwerk mühsam durchgesetzte Form der Lehrlingsausbildung erst durch die Nationalsozialisten eine formale Absicherung erfahren hatte. Als Beleg dafür läßt sich die Gründungsfeier für den „Arbeitsausschuß für Berufsbildung“ in der IHK Köln anführen, auf der der Präsident der Kölner Kammer zum Thema „Die überbetriebliche Ordnung der gewerblichen und kaufmännischen Berufsausbildung“ referierte. Als Träger des am 9. Dezember 1953 gegründeten Ausschusses präsentierten sich auf der Feier der *Bundesverband der Deutschen Industrie*, die *Bundesvereinigung Deutscher Arbeitgeberverbände* und der *Deutsche Industrie- und Handelstag*. Der Kammerpräsident, der in dem neu gegründeten Ausschuß „die Stimme des Gewissens der deutschen Unternehmer“ verkörpert sah, stellte in seiner Rede nicht nur das – sehr einseitig beurteilte – Verhältnis von Betriebsausbildung und Berufsschulunterricht noch einmal klar, für ihn erschien es auch völlig unstrittig, „daß an dem System unserer Ausbildung im wesentlichen nichts zu ändern ist“. Es gehe lediglich darum, „die geschaffene Ordnung auf dem Gebiet der Berufsausbildung weiterzuentwickeln und dafür nicht nur das Verständnis, sondern auch die Hilfe aller Unternehmer in der Wirtschaft und der großen Öffentlichkeit zu gewinnen" (zit. nach Stratmann / Schlösser 1990, S. 60).

Diesen Anspruch der Unternehmerschaft, der „Bildungsaufgabe der Wirtschaft" auch öffentliche Legitimation zu verschaffen, unterstützte bereitwillig eine eigentlich zur Neutralität in öffentlichen Belangen verpflichtete „Wirtschaftspädagogik", eine im Zuge der Handelslehrerausbildung zu universitärem Rang gelangte stark ideologisch ausgerichtete pädagogische Disziplin. Als typisches Beispiel in diesem Zusammenhang kann das Buch von *Karl Abraham* „Der Betrieb als Erziehungsfaktor" (1953, 2. Auflage 1957) gelten. Abraham, der zuerst an der Wirtschaftshochschule Mannheim, dann an der Universität Frankfurt (Main) die „Berufswissenschaft" der Handelslehrer vertrat, wollte in seiner mehrmals aufgelegten Untersuchung zeigen, „daß der Betrieb auf Grund seines Wesens zu den großen Erziehungsmächten gehört, die den Menschen der Gegenwart formen". Mit Hilfe der pädagogischen Kategorie der „funktionalen Erziehung" – nicht ausdrücklich geplanter Prägewirkungen sozialer, materialer oder operationaler Systeme auf den Menschen – versucht Abraham nachzuweisen, daß von einem „sachlich richtig und sittlich gut geordneten Betrieb ein Einfluß ausgeht, der das Wohl der zu ihm gehörenden Menschen und das allgemeine Wohl der Gesellschaft entscheidend fördert" (Abraham 1953, S. V).

In seinen Spekulationen über „das durch den sozialen Charakter verursachte unbeabsichtigte erzieherische Geschehen im Betriebe" wird an erster Stelle kurioserweise die funktionale Erziehung „zu Geschichtsbewußtsein" hervorgehoben. Abraham findet es richtig zu behaupten, „daß die Geschichte eines modernen Industrialismus die Geschichte eines Experimentes ist, das bewiesen hat, daß der moderne wirtschaftliche Betrieb ein Ordnungsgefüge ist, dessen Grundstruktur nicht von wirtschaftlichen Zwecken oder von den Gegebenheiten der geschichtlichen Epoche, sondern von den Gesetzmäßigkeiten der menschlichen Natur bestimmt wird" (S. 31 f.). Geschichtsbewußtsein ist bei Abraham folglich in erster Linie Ordnungsbewußtsein, womit die Ordnung der „Gesetzmäßigkeit menschlicher Natur" gemeint ist. Diese näher zu bestimmen, unterläßt indes der Autor, da ihm ein anthropologisch-philosophischer Orientierungsrahmen offensichtlich nicht zur Verfügung steht, bzw. weil ihm dessen Notwendigkeit gar nicht bewußt ist (vgl. zur Kritik Stütz 1970, S. 63 ff.).

Das eigentliche Ziel funktionaler Erziehung sieht Abraham allerdings erst dann verwirklicht, wenn es dem Jugendlichen per Analogieschluß gelingt, von der innerbetrieblichen Ordnung auf die Ordnung des sozialen Ganzen abzuheben. „Die funktionale Erziehung zu dem Bewußtsein, daß die Gesellschaft sinnvoll geordnet ist, und zu einem auf die Gestaltung von Ordnung gerichteten sozialen Handeln ist daher im Rahmen der funktionalen Erziehungsleistung des Betriebes von ganz besonderer Intensität und Wichtigkeit", so der Autor (S. 119).

Zusammenfassend kann man sagen, daß Abraham ein harmonistisches Konzept der Wirtschaftspädagogik konstruiert und für verbindlich erklärt, indem er alles das unterschlägt, was faktisch nicht so ist wie es sein soll. Er nimmt weder betriebliche und wirtschaftliche Realitäten so zur Kenntnis, wie sie nach empirischen Untersuchungen der Betriebs- und Industriesoziologie – das heißt der Disziplinen, auf die er sich übrigens in seiner Untersuchung stark zu stützen vorgibt – tatsächlich beschaffen sind, noch berücksichtigt er die Interessengegensätze zwischen den zu qualifizierenden abhängig Arbeitenden und den Unternehmern. Den Betrieb als Modell und Muster der Gesamtgesellschaft zu interpretieren bedeutet, die restriktiven Seiten industriegesellschaftlicher Arbeitsorganisation einfach zu ignorieren, die politische Prägekraft von betrieblicher Arbeit und Sozialstruktur unkritisch als erzieherisch förderlich einzustufen, bedeutet ein Votum für schlichte Anpassung an die gegebenen Verhältnisse.

Ein etwas anderes Konzept wirtschaftspädagogischer Grundorientierung präsentiert dagegen *Friedrich Schlieper*, in den fünfziger und sechziger Jahren ein zweiter wichtiger Fachvertreter der Wirtschafts- und Sozialpädagogik und gleichzeitig Direktor eines „Forschungsinstituts für Berufsbildung im Handwerk" an der Universität Köln: sein harmonistisches Konzept basiert auf der Behauptung eines historisch unwandelbaren „ordnenden Leitbildes jeglicher Erziehung", das sich nach Schliepers Auffassung unter anderem im handwerklichen Leitbild der Berufserziehung manifestiert. In seiner handwerksideologisch stark gefärbten Argumentation beruft sich Schlieper ausgerechnet auf die beiden Gutachten der „Zentralstalle zur Erforschung und Förderung der Berufsausbildung" und der Riedel-Kommission der KMK, ohne sich zu fragen, ob die daran beteiligten Experten mit ihren Empfehlungen nicht allzu bereitwillig dem Zeitgeist huldigten (vgl. Stütz 1970, S. 70 ff.). Doch Schlieper, dessen grundlegende wirtschaftspädagogische Texte zum Teil zur Zeit des Nationalsozialismus entstanden und mit nur wenigen Retuschen nach 1945 wieder aufgelegt wurden (vgl. Seubert 1977), gab sich überzeugt, daß man „das Erziehungsleitbild nicht aus jeweils gegebenen gesellschaftlichen Verhältnissen ableiten (kann), denn jegliche Erziehung ist nicht auf eine Gesellschaftsform, sondern auf den Menschen und seine Sinnerfüllung gerichtet. (...) Die menschliche Lebenssituation mag sich ändern, das ordnende Leitbild jeglicher Erziehung, nämlich die Aufgabe des Menschen, sein Menschsein im Rahmen einer objektiven sittlichen Weltordnung selbstverantwortlich zu gestalten, bleibt unwandelbar und in allen Gesellschaftsformen in gleicher Weise bestehen" (Schlieper 1959, S. 231). Ohne Frage boten derartige Legitimationskonzepte, wie sie Abraham und Schlieper in Verkennung der wirklichen Verhältnisse bzw. ihrer wissenschaftlichen Verpflichtung verbreiteten, eine vorzügliche Grundlage für die Verteidigung des ausbildungspolitischen Status Quo.

## 6.5 Die „deutsche Bildungskatastrophe" – Voraussetzungen und Triebkräfte der großen Bildungsreform

Noch unmittelbar nach dem Zweiten Weltkrieg lassen sich in allen westeuropäischen Ländern Bildungssysteme identifizieren, die in einem langen, etwa 150jährigen Entwicklungsprozeß entstanden waren, und in wesentlichen Merkmalen große Ähnlichkeit aufwiesen. Für etwa 90 Prozent eines Altersjahrgangs endete der pflichtmäßige Vollzeit-Schulbesuch mit dem 13./14. Lebensjahr, nur eine Minderheit – die Kinder der privilegierten Oberschichten – besuchte mittlere und höhere Schulen. Ein Teil dieser Schüler – im Studienjahr 1950/51 im westeuropäischen Durchschnitt etwa 5–8 Prozent eines Geburtsjahrganges – nahm danach ein Studium an einer Universität bzw. Hochschule auf, das indes nicht in allen Fällen erfolgreich abgeschlossen wurde. Nur etwa 4–6 Prozent erreichten einen akademischen Grad und traten mit dieser eher formalen Qualifikation in das Erwerbsleben ein (vgl. Lutz 1979).

Seit Anfang der fünfziger Jahre läßt sich feststellen, daß in den westeuropäischen Ländern das Bildungswesen zu expandieren beginnt, d. h. daß vor allem die Indikatoren für die quantitative Ausweitung der „höheren“ Bildungsgänge mit zum Teil enormen Zuwachsraten steigen. So wächst beispielsweise der Anteil der Studienanfänger am gleichaltrigen Jahrgang zwischen 1950 und 1970 in der Bundesrepublik von 6,2 auf 15,4 Prozent, in Frankreich von 8,5 auf 28,5 Prozent und in Schweden von 6,0 auf 37,6 Prozent (vgl. Lutz 1979, S. 637). In der Bundesrepublik wird dieser spektakuläre Anstieg des Gymnasial- und Hochschulbesuchs seit Mitte der sechziger Jahre begleitet von einer leidenschaftlichen öffentlichen Debatte über „die deutsche Bildungskatastrophe“, so der Titel einer aufrüttelnden Artikelserie von *Georg Picht*, die dann in Buchform weite Verbreitung fand (vgl. Picht 1964, 1965). Der Autor beschreibt und beklagt in seiner Schrift das Zurückbleiben der Bildungsentwicklung in der Bundesrepublik gegenüber derjenigen in vergleichbaren Indutrienationen und interpretiert dieses Versagen der Bildungspolitiker als zukunftsbedrohendes Versäumnis für den Wirtschaftsstandort Deutschland, d. h. als nationale Katastrophe.

Die politische Wirkung dieses Buches kann kaum überschätzt werden. Zwar hatte schon ab 1954 der „Deutsche Ausschuß für das Erziehungs- und Bildungswesen“ versucht, den Modernitätsrückstand des deutschen Bildungswesens stärker in das öffentliche Bewußtsein zu rücken, mit dem „Rahmenplan“ und dem Gutachten 7/8 zur Hauptschule und zum beruflichen Bildungsweg waren auch – eher vorsichtige, doch durchaus diskussionswürdige – Vorschläge zu Strukturveränderungen im deutschen Bildungswesen unterbreitet worden (vgl. Deutscher Ausschuß 1959 und 1964), doch eine durchschlagende Wirkung in der Öffentlichkeit wurde damit nicht erzielt. Die an die Gutachten und Empfehlungen des Deutschen Ausschusses sich anschließenden Diskussionen bewegten sich auf den schon bekannten Bahnen: die mit Entscheidungskompetenz ausgestatteten Gruppen beschworen die traditionellen, angeblich so bewährten Positionen, die reformorientierten schmiedeten an eher halbherzigen, wenig konkreten Alternativkonzepten (vgl. Schorb 1960). Das Verdienst des Deutschen Ausschusses besteht daher wohl auch eher darin, das Bewußtsein für die problematische Struktur des deutschen Bildungswesens und für notwendige Reformen wachgehalten zu haben (vgl. Kuhlmann 1970, S. 108 ff.)

Mit den Veröffentlichungen von *Georg Picht* und *Ralf Dahrendorf* – letzterer mit „Bildung ist Bürgerrecht“ (1965) – tritt wohl erstmals in der deutschen Bildungsgeschichte die Tradition hinter dem Bewußtsein der gesellschaftlichen und politischen Funktion des Bildungssystems zurück. Die Grundlage der Argumentation von Picht bilden bildungsökonomische Erkenntnisse: gestützt auf die empirischen Erhebungen und Vergleiche von *Friedrich Edding* – dem Nestor der deutschen Bildungsökonomie –, der OECD und auch der KMK prognostiziert Picht als Folge des Bildungsnotstandes drohende ökonomische Krisen. Anders Dahrendorf, der in seinem Plädoyer für eine konsequente Bildungsreform strikt gesellschaftspolitisch argumentiert. Die Teilnahme an der Leistungsauslese in einer demokratischen Gesellschaft, so Dahrendorf, muß für alle – auch für die bislang benachteiligten Sozialschichten – gleichermaßen möglich und staatlich gewährleistet sein, da in modernen Gesellschaften der Zugang zu sicheren Erwerbsmöglichkeiten und sozialen Positionen fast allein vom Erwerb spezifischer Qualifikationen und Zertfikate abhängt.

Beide stimmen indes darin überein, daß das *Gymnasium und seine Lehrer* das entscheidende Bildungsarrangement darstellen, mit dessen Hilfe die notwendige Bildungsexpansion und die eingeforderte soziale Chancengleichheit verwirklicht werden könnten. Beide betonen insofern die Bedeutung des Abiturs als die entscheidende Qualifikationsstufe, Picht eher mit quantitativen Erwartungen, Dahrendorf mit eher qualitativen. Für ihn, den politisch engagierten Soziologen, besteht das eigentliche Problem in der Behebung der mangelnden Bildungsbeteiligung der größten sozialen Gruppe, der Arbeiterschicht. – Die strukturellen Veränderungen, die auf Grund der von Picht und Dahrendorf angestoßenen Bildungsdebatte und dem politischen Druck, den sie sehr schnell erzeugte, ab den sechziger Jahren am westdeutschen Bildungswesen vorgenommen worden sind, zielten daher logischerweise in erster Linie auf die Erweiterung des Hochschulzuganges, nichtsdestoweniger geriet Ende der sechziger Jahre auch das Berufsbildungswesen der Bundesrepublik – insbesondere das „Duale System“ – in den Sog der allgemeinen Reformdiskussion. Was die breite Öffentlichkeit in diesem Zusamenhang vermutlich erstmals mit aller Klarheit wahrnahm, war die Existenz zweier sehr unterschiedlich privilegierter Bildungsgänge, von denen der eine auf die *Führungspositionenen* in der Gesellschaft vorbereitete, der andere auf die Übernahme *abhängiger Beschäftigung* im System gesellschaftlich organisierter Arbeit.

Die objektiv wirksamen Antriebskräfte der ab den sechziger Jahren in Westdeutschland massiv einsetzenden Bildungsexpansion sind trotz der mitgeteilten Ereignisse nicht ohne weiteres zu bestimmen. Der Soziologe *Burkart Lutz* hat in einem Vortrag auf dem 19. Deutschen Soziologentag im Jahre 1979 versucht, die vorgebrachten, unterschiedlichen Erklärungsversuche für die nachkriegs-europäische Bildungsexpansion auf ihre Glaubwürdigkeit hin zu überprüfen. Er sah sich dabei gezwungen, sowohl Deutungen zurückzuweisen, die darauf hinausliefen, den Trend zur höheren Bildung auf bewußt geplante demokratische Strategien – Bildung ist ein verfassungsmäßig verbrieftes Recht – oder volkswirtschaftliche Notwendigkeiten – „Zwänge der Kapitalverwertung“ (Hüfner 1970; Altvater/Huisken 1971) – zurückzuführen. Die Aufrufe zur Bildungsreform von Picht und Dahrendorf dürfen also nicht im Sinne einer objektiv-wissenschaftlichen Erklärung der Ursachen für das genommen werden, was sie sicherlich auch mit in Gang gesetzt haben.

Erst fünf Jahre später, in seiner grundlegenden Untersuchung der europäischen Wirtschaftsentwicklung – Titel „Der kurze Traum immerwährender Prosperität“ – hat *Burkart Lutz* dann selbst eine schlüssige Erklärung für die eigentlichen Triebkräfte der europäischen Bildungsexpansion nach dem Zweiten Weltkrieg geben können (vgl. Lutz 1984). Die langandauernde Phase starken Wirtschaftswachstums nach dem Kriege, so Lutz, wurde verursacht von zwei zentralen Komponenten: die gezielte Verfolgung wohlfahrtsstaatlicher Politik, insbesondere die Neutralisierung des Lohngesetzes und die Ausschaltung des sog. „Reservearmee“-Mechanismus. Vor allem letzteres hat die Grundlage traditoneller gesellschaftlicher Orientierungen, den Wirtschaftsdualismus mit seinem Gegensatz zwischen einem industriell-modernen und einem weitgehend traditionell strukturierten Sektor beseitigt. So hat auch in (West)Deutschland die zunehmende Erschließung und Absorption traditionaler Wirtschaftsweisen – in Handwerk, Handel (einschließlich primärer Dienstleistungen), kleinbäuerlichen Betrieben und in der Hauswirtschaft – durch den industriell-marktwirtschaftlichen Sektor im Laufe der Nachkriegs-Prosperitätsperiode u. a. das bis dahin stabile Bildungs- und Berufsbildungsverhalten großer Bevölkerungsgruppen dynamisiert.

Die mit diesem Prozeß verbundene Angleichung der Lebensweise nahezu aller Bevölkerungsgruppen – bislang in der europäischen Geschichte ohne Beispiel – ließ die verbleibenden Formen und Ursachen ungleicher Lebenslagen und Lebenschancen mit ungewohnter Schärfe ins öffentliche Bewußtsein treten (vgl. Lutz 1979, S. 654 ff.): ihre Reduzierung bzw. Legitimierung wurde schnell zu einem zentralen politischen Problem. Nach Meinung von Lutz bot die Reform des traditionellen Bildungswesens, in dem man eine der Hauptursachen für die ungleiche Verteilung von Sozialchancen entdeckt zu haben glaubte, die beste Möglichkeit, die Kritik an der weiter bestehenden sozialen Ungleichheit ohne Gefährdung der etablierten Macht- und Interessenstrukturen abzubauen bzw. zu unterlaufen.

Das Berufsbildungssystem in (West)Deutschland traf diese kritische Durchleuchtung der deutschen Bildungstradition gleich in doppelter Weise: zum einen wurde nun der interessierten Öffentlichkeit bewußt, daß die traditionelle Spaltung des deutschen Bildungswesens in einen „allgemeinbildenden“ und in einen „berufsbildenden“ Teil ein hervorstechendes Signum sozialer Klassenspaltung darstellte. Das alte Verdikt *August Bebels*, „Allgemeinbildung ist die Berufsbildung der Herrschenden, Berufsbildung ist die Allgemeinbildung der Beherrschten“ wurde in jenen Jahren wieder zum geflügelten Wort. Die Beseitigung der pädagogischen, organisatorischen und curricularen Unterschiede zwischen den beiden Bildungsbereichen, die „Integration von allgemeiner und beruflicher Bildung“, geriet zu einer Kernforderung der Bildungsdebatte. Als die Interessengruppe, die solchen Absichten vor allem im Wege stand, hatte man die Unternehmerschaft ausgemacht, die – aus ihrer Interessenlage verständlich – ihre auch von einem eben verabschiedeten „Berufsbildungsgesetz" (BBiG 1969) nicht wesentlich eingeschränkte Dominanz im Bereich der Berufausbildung nicht antasten lassen wollte (vgl. dazu Baethge 1970).

Der zweite kritische Einwand gegen das – ab etwa 1964 „dual" genannte – System der Berufsausbildung zielte auf dessen mangelhafte qualifikatorische Leistungsfähigkeit. Der traditionelle Wirtschaftssektor, auf dessen beschränkte technologische und arbeitsorganisatorische Dimension hin das vor und nach 1900 entstandene Ausbildungssystem angelegt war, hatte sich weitgehend verflüchtigt: die technologische wie ökonomische Anpassung des Handwerks, des Handels, der kleinbäuerlichen Landwirtschaft und der Hauswirtschaft an den industriell-marktwirtschaftlichen Sektor erforderte eine anspruchvollere qualifikatorische Ausstattung der dort beschäftigten Arbeitskräfte, die die überkommene Ausbildungspraxis jedoch nicht mehr vermitteln konnte. Sie war, wie zahlreiche empirische Untersuchungen vom Anfang der 70er Jahre belegen, weitgehend zu einem bloßen Ausbeutungsinstrument verkommen (vgl. Stratmann 1973), zu einer defizitären Ausbildungspraxis, gegen die sich u. a. auch die Betroffenen selbst, die Auszubildenden , in einer spontanen und autonomen „Lehrlingsbewegung" erhoben (vgl. Haug/Maessen 1971; Weiler/Freitag 1971).

Dieser zweifach motivierte Angriff auf das „Duale System" der Berufsausbildung, dessen Höhepunkt Anfang der siebziger Jahre zu verzeichnen ist, erzeugte einen politischen Druck, dem sich anfangs niemand – auch die Unternehmerschaft nicht – zu widersetzen wagte. Die Folge war eine Fülle von Vorschlägen und Plänen für massive Eingriffe in das etablierte Ausbildungssystem, deren Realisierungschancen indes von der im Jahre 1974 einsetzenden Weltwirtschaftskrise und der drohenden „Ausbildungskatastrophe" – der stark steigenden Nachfrage nach Ausbildungsplätzen bei eher rückläufigem Angebot – sehr schnell wieder in Frage gestellt wurden (vgl. Offe 1975).

# 7. Kapitel: Verlauf und Scheitern der großen Bildungsreform 1965 bis 1975

Das folgende Kapitel unserer Untersuchung behandelt den letzten großen Aufbruch zu einer umfassenden Bildungsreform in der Bundesrepublik, ein Unternehmen, das in der zweiten Hälfte der sechziger einsetzt und in der ersten Hälfte der siebziger Jahre seinen Höhepunkt erreichte. Seit dieser herausragenden bildungspolitischen Kraftanstrengung hat es ähnliche Aktivitäten dieses Ausmaßes im Hinblick auf die Veränderung unseres Bildungswesens nicht wieder gegeben. Diese letzte Reformepoche unterscheidet sich von allen vorhergehenden vor allem dadurch, daß (1.) in relativ großem Umfange erziehungswissenschaftliche Experten zur Entwicklung und Begründung der zu treffenden Lösungs- bzw. Veränderungsvorschläge herangezogen wurden; daß (2.) diese „Konzeptplanung" unmittelbar mit dem Sachverstand der Bildungsverwaltung, einem wichtigen bildungspolitischen Entscheidungsträger, konfrontiert wurde; und daß (3.) in die vorgesehene Gesamtplanung sowohl der Bereich des allgemeinen Schulwesens als auch das Gesamtsystem der beruflichen Ausbildung einbezogen wurde.

Die Forderung nach einer langfristig abgestimmten, die Kompetenzen von Bund und Ländern umgreifenden Bildungsplanung hatte *Georg Picht* in seinem Alarmruf noch einmal aufgefrischt, allerdings war durch die Arbeit des „Deutschen Ausschusses für das Erziehungs- und Bildungswesen", die 1965 endete, das Terrain für ein derartiges Vorhaben schon geebnet worden. Jedenfalls konnte die Kultusministerkonferenz auf ihrer 100. Sitzung ein Projekt konzipieren, das am 15. Juli 1965 mit einem „Abkommen über die Errichtung eines Deutschen Bildungsrates" seinen wirkmächtigen Anfang nahm. Nach dieser zwischen den Regierungen der Länder und der Bundesregierung geschlossenen Übereinkunft wurden dem Deutschen Bildungsrat folgende Aufgaben übertragen:

„1. Bedarfs- und Entwicklungspläne für das deutsche Bildungswesen zu entwerfen, die den Erfordernissen des kulturellen, wirtschaftlichen und sozialen Lebens entsprechen und den zukünftigen Bedarf an ausgebildeten Menschen berücksichtigen.
2. Vorschläge für die Struktur des Bildungswesens zu machen und den Finanzbedarf zu berechnen.
3. Empfehlungen für eine langfristige Planung auf den verschiedenen Stufen des Bildungswesens auszusprechen."

In Artikel 2 (vgl. KMK 1971, S. 213) ist weiterhin festgelegt, „daß die Bildungskommission (...) ihre Pläne, Vorschläge und Empfehlungen erst nach Beratungen mit der Regierungskommission (...) den Vertragsschließenden (vorlegt)."

Der sich am 7. Juli 1966 konstituierende Deutsche Bildungsrat hat diese Aufgabenbestimmung in der Weise interpretiert, daß nach einer Gesamtanalyse der Bestände des deutschen Bildungswesens Vorschläge für notwendige Strukturveränderungen zu entwickeln, mit der Regierungskommission zu diskutieren und den Vertragspartnern vorzustellen seien. Der Bildungsrat hat indes neben der Verfolgung des langfristig angelegten Gesamtplanungskonzepts auch in „ad-hoc"-Empfehlungen zu bestimmten aktuellen Problemen des Bildungswesens Stellung bezogen, so „Zur Neugestaltung der Abschlüsse im Sekundarschulwesen" (vgl. Dt. Bildungsrat 1969, a) oder „Zur Verbesserung der Lehrlingsausbildung" (vgl. Derselbe 1969, b).

## 7.1 Bildung als Bürgerrecht – der Aufbruch zur Reform

Die Bildungsoffensive der siebziger Jahre wird nur verständlich, wenn man sich die quantitativen Dimensionen der im letzten Kapitel erörterten Bildungsexpansion vor Augen führt. Innerhalb von zwei Jahrzehnten verdreifachte sich der Anteil der Realschüler an einem Jahrgang (1952: 6 Prozent – 1975: 21 Prozent), der Anteil der Gymnasiasten verdoppelte sich (1952: 12 Prozent – 1975: 24 Prozent), und die Abiturientenquote stieg von 6 Prozent (1952) auf 19,5 Prozent um mehr als das Dreifache. Der Anteil der Schüler, der die Volksschule (ab 1964: Hauptschule) besuchte und Anfang der 50er Jahre noch 80 Prozent pro Jahrgang betragen hatte, fiel im gleichen Zeitraum auf 46 Prozent im Bundesdurchschnitt, in einzelnen Ballungsgebieten auf unter 30 Prozent (vgl. Köhler 1978).

Diese dramatische Entwicklung verdeutlicht eine gefährliche Tendenz, auf die es bildungspolitisch eine wirksame Antwort zu finden galt. Konnte auf den Gymnasialkonferenzen von 1890 und 1900 vor dem Hintergrund der „Überfüllungsdiskussion" noch ganz offen das Motiv der sozialen Statussicherung für die akademischen Berufsschichten bemüht werden (vgl. Kapitel 3.5) und in der unmittelbaren Nachkriegsphase das legitimatorische Argument einer statischen Begabungsverteilung (vgl. Kapitel 6.1), um die vertikale Struktur des deutschen Bildungswesens zu verteidigen, so drohte nun die starke Expansion das System der allgemeinen Schulen von Grund auf in Frage zu stellen.

Versucht man die Maßnahmen in eine überschaubare Ordnung zu bringen, mit deren Hilfe in den sechziger Jahren die weitere soziale Reproduktionsfähigkeit des allgemeinbildenden Schulwesens gewährleistet werden sollte, so empfiehlt es sich, das Verhältnis von Sekundarstufe I und Sekundarstufe II in den Mittelpunkt der Betrachtung zu stellen, das in diesen Jahren neu definiert wurde, ohne allerdings die Grundstruktur des deutschen Bildungswesens wirklich zu verändern:

Die augenfälligste Veränderung im Sekundarbereich II der sechziger Jahre bildet die massive Zunahme der gymnasialen Typenvielfalt. Je nach zugrundegelegten Differenzierungskriterien kann man 15 bis 20 verschiedene Abiturregelungen und etwa 10 gymnasiale Oberstufentypen feststellen (vgl. Fritzsche 1971). Diese Vielfalt war enstanden zum Teil durch Einführung neuer Zweige an bestehenden Gymnasien, teils durch Einbeziehung bzw. Umwandlung sog. „Oberschulen" sowie durch Schulversuche. Neben den zur allgemeinen Hochschulreife führenden klassischen Gymnasialtypen wurde in Umsetzung des sog. „Hamburger Abkommens" der KMK (1964) Gymnasien in Aufbauform zur Erlangung einer „fachgebundenen Hochschulreife" für Volks- und Realschüler in drei- und vierjähriger Form eingerichtet, der Übertritt von der Volksschule in ein Aufbaugymnasium wurde von der 7. auf die 6. Klasse vorgezogen. Ebenfalls in die 60er Jahre fällt die Erleichterung, letztlich die Aufhebung der Aufnahmeprüfung für Gymnasien, der völlige Verzicht auf Schulgelderhebung und die Einführung der Lehrmittelfreiheit.

Parallel zu dicsen Maßnahmen verlief die Aufwertung der Klassen 5 bis 9 der Volksschule zur Hauptschule – formal betrachtet: zu einer weiterführenden Schule – durch Verlängerung der Schulpflicht, Erweiterungsklasse, der Angleichung des Fächerspektrums an Realschule und Gymnasium, vor allem der Einführung einer Fremdsprache und des neuen Faches Arbeitslehre. Der Ausdifferenzierung des Gymnasiums durch Erweiterung des Typenspektrums war eine Modifikation der gymnasialen Oberstufen vorausgegangen (vgl. „Saarbrücker Rahmenvereinbarung" der KMK von 1960 und die „Stuttgarter Empfehlungen" von 1961). Diese Abkommen verfügten eine Verminderung der pflichtmäßigen Unterrichtsfächer für die klassischen Gymnasialformen zugunsten einer Schwerpunktbildung und „exemplarischen" Vertiefung – „Beschränkung der Zahl der Unterrichtsgebiete, Beschränkung der Lehrstoffe durch paradigmatische Auswahl und Bildung von Schwerpunkten, Umwandlung von Pflichtfächern in Wahlpflichtfächer, Umwandlung bisheriger Pflichtfächer zu freiwilligen Unterrichtsveranstaltungen" (KMK 1963, S. 1). Der gemeinsame Pflichtkanon für alle Gymnasialtypen sollte nur noch aus sechs Fächern (Deutsch, Mathematik, eine Fremdsprache, Gemeinschaftskunde, Leibesübungen, ein musisches Fach; *keine Naturwissenschaft!*) bestehen.

Diese Regelungen in Bezug auf die gymnasiale Oberstufe, die durch die sog. „Berliner Vereinbarung" von 1966 in Richtung Mittelstufe des Gymnasiums ergänzt wurden (vgl. KMK 1967), waren nicht nur im Hinblick auf die Reduzierung des überbordenden Fächerangebotes konzipiert, sie sollten gleichzeitig für die Schüler zusätzliche Wahl- und Übergangsmöglichkeiten in und zwischen den einzelnen Gymnasialtypen eröffnen und eine Vereinheitlichung der Unterrichtsstruktur auf der Mittelstufe des Gymnasiums bewirken. Diese „Enttypisierung der gymnasialen Mittelstufe" trug u.a. dazu bei, daß ab der zweiten Hälfte der 60er Jahre von jeder Schule der Sekundarstufe I zumindest formal der Übergang in die gymnasiale Oberstufe möglich wurde. Die vielbeklagte frühe soziale Auslese, die schicksalhafte Weichenstellung zwischen Studium und Berufsausbildung, fand nun grundsätzlich nicht mehr nach der vierten Schulklasse statt, sie konnte jetzt auch nach der zehnten, und das heißt vor allem: wesentlich begründeter, erfolgen (vgl. Drewek/Müller 1982, S. 127f.). Die Abschlüsse des Sekundarbereichs I, die sog. „mittleren Abschlüsse", waren damit zum „strategischen Punkt der heutigen Verteilungsproblematik" geworden (Hans Maier).

Den entscheidenden Beitrag zu den Maßnahmen der Erhöhung der vertikalen Bildungsmobilität in den sechziger Jahren bildete indes die Umwandlung der „höheren Fachschulen" in „Fachhochschulen", was ihre Erhebung in den Status von *Hochschulen* bedeutete (vgl. das „Abkommen der Ministerpräsidenten zur Vereinheitlichung des Fachhochschulwesens" vom 30./31. Oktober 1968 und die „Empfehlungen zur Fachhochschulgesetzgebung der Länder", KMK-Beschluß vom 12. März 1970). Mit der damit verbundenen Errichtung von „Fachoberschulen" (vgl. „Rahmenvereinbarung über die Fachoberschule", KMK-Beschluß vom 6. Februar 1969) wurde eine neue Hochschulzugangsberechtigung, die „Fachhochschulreife", geschaffen, ein Schulabschluß, der geeignet erschien, den sozialen Druck auf die gymnasialen Bildungsgänge erheblich zu vermindern. Die folgenreiche „Erfindung" der Fachhochschule kann nach unserer Meinung als Fortsetzungs- bzw. Wiederholungsakt der preußischen Reformpolitik in den neunziger Jahren des 19. Jahrhunderts interpretiert werden, als zur Entlastung des Gymnasiums, zur „Umlenkung wirtschaftsbügerlicher Bildungsansprüche", das moderne Fachschulwesen in Preußen-Deutschland aus der Taufe gehoben wurde (vgl. Kapitel 4.3).

Die Liquidierung der höheren Fachschulen zugunsten von Fachhochschulen lag durchaus *nicht* im Interesse der Wirtschaft – Unternehmern und Gewerkschaften –, eher befriedigte sie das Prestigedenken der aufstiegsorientierten Studierenden der Mittelschichten, vor allem aber die Statuswünsche der Fachhochschul-Dozentenschaft. Der Hinweis auf die Notwendigkeit der Anpassung an die europäischen Verhältnisse hatte u. E. vorwiegend Legitimationscharakter. Es dauerte daher auch nicht lange, und zur Schließung der von den höheren Fachschulen hinterlassenen Qualifikationslücke mußte eine neue Bildungseinrichtung gegründet werden: die „Berufsakademie", deren Selbständigkeit bald schon wieder zur Disposition stand. Insgesamt hatte also der vermeintliche Befreiungsschlag in Sachen vertikaler Bildungsmobilität mindestens soviel Probleme wie Entlastungen zur Folge.

Der für berufliche Eliteschulen typische „Rolltreppeneffekt", der die höheren Fachschulen bis dahin verläßlich nach oben befördert hatte, geriet in dem Augenblick ins Stocken, als sich die Fachhochschulen nun das Ziel setzten, die Gleichstellung mit den wissenschaftlichen Hochschulen, genauer: mit den Technischen Universitäten, anzustreben. Dies schien um 1975 im Rahmen der lebhaften Diskussion um die am angelsächsischen Vorbild angelehnte Idee der „Gesamthochschule" durchaus im Bereich des Möglichen zu liegen. Doch leider war auch um diese Zeit – vor dem Hintergrund einer massiven Weltwirtschaftskrise – der bildungspolitische Reformwille in der Bundesrepublik längst erlahmt. Im Jahre 1986 wurde so das Konzept der Gesamthochschule im Hochschulrahmengesetz, ohne großen Widerstand hervorzurufen, wieder gestrichen.

Seitdem kann man von einem „Gleichstellungskampf" der Fachhochschulen sprechen, der in seiner Zielsetzung und in seiner Ausdauer eine gewisse Ähnlichkeit mit dem Gleichstellungskampf der Technischen Hochschulen mit den Universitäten im Zeitraum von 1880 bis 1900 aufweist (vgl. Kapitel 4.4). Die Erfolgsaussichten dieses Kampfes sind für die Fachhochschuleln in den letzten Jahren indes dramatisch gesunken, da zum allgemeinen Versiegen des Reformwillens in bezug auf das Bildungswesen die Finanzkrise der öffentlichen Haushalte hinzugekommen ist. Schon 1993 konnte auf der Loccumer Tagung „Fachhochschulen im Aufwind“ festgestellt werden, daß von der Seite der Politik – d. h. von der Bund-Länder-Seite – dem weiteren zügigen Ausbau des Fachhochschulwesens nur noch sehr verhalten das Wort geredet wurde (vgl. Loccumer Protokolle 11/93). Gerade deshalb klagen die Fachhochschulen heute in zunehmendem Maße ein, was ihnen der Wissenschaftsrat einst zur Bestärkung ihres weiteren Weges ins Stammbuch geschrieben hatte: in den diesbezüglichen Empfehlungen heißt es nämlich, *die Fachhochschulen seien gegenüber den anderen Hochschulen zwar andersartig aber gleichwertig.*

Daß sie andersartig sind, dessen sind sich die Fachhochschulen heute ziemlich sicher, sehen sie sich doch seit über einem Vierteljahrhundert vor allem aufgrund der wachsenden Nachfrage nach ihrem spezifischen Qualifizierungsangebot in ihrer Eigenständigkeit bestätigt. Doch von der Gleichwertigkeit gegenüber den Technischen Universitäten sind sie noch sehr weit entfernt, und es sieht im Augenblick nicht danach aus, daß sich dieser ungewisse Zustand in absehbarer Zeit in ähnlich überraschender Weise ändern würde wie im Jahre 1899 der Gleichstellungskampf der Technischen Hochschulen mit den klassischen Universitäten. Der deus ex machina in Gestalt eines technikbegeisterten Kaisers, der mit einem Federstrich den Fachhochschulen den wissenschaftlichen Ritterschlag erteilen könnte, muß heute unter der Rubrik „besonnte Vergangenheit“ eingeordnet werden.

An der prekären Lage der Fachhochschule, ihrem ungeklärten Verhältnis zu den wissenschaftlichen Hochschulen, hat sich auch seit dem Jahre 1996 nichts Wesentliches geändert als durch die politische Diskussion um die Stärkung des Wirtschaftsstandortes Deutschland eine Veränderung in der Strategie des Gleichstellungskampfes möglich erschien. Unter der Perspektive „Internationalisierung“ der deutschen Hochschulausbildung und dem von der Europäischen Union in Gang gesetzten „Bolognaprozeß“, der eine Angleichung der Hochschulausbildung in den Mitgliedstaaten vorsieht, steht heute vor allem die Einführung neuer Hochschulabschlüsse und die Modularisierung der Studienorganisation auf der Tagesordnung. Diese „Reformperspektive“ kommt in Deutschland sehr divergenten Interessen entgegen, wobei das Argument, daß aktuell etwa 80 Prozent aller Hochschulen Bachelor- und Masterstudiengänge anbieten und die deutschen Hochschulen eben dies auch tun müßten, noch die geringste Schubkraft besitzen dürfte. Die Fachhochschulen jedenfalls sehen in diesem Zusammenhang vor allem die Möglichkeit, durch verstärkte Einrichung von Masterstudiengängen und -abschlüssen ihre Beschränkung bzw. Fixierung auf den akademischen Undergraduate-Bereich zu entkommen. Das Ergebnis solcher Bemühungen ist indes offen, denn zahlreiche Universitäten – vor allem die Technischen – tendieren aus unterschiedlichen Gründen zur Einführung von Bachelor-Studiengängen und verschärfen auf diese Weise, ob nun bewußt oder rein zufällig, die Konkurrenz bei der politisch gewollten Durchsetzung von Kurzstudiengängen. Es ist kaum anzunehmen, daß die Fachhochschulen als die großen Gewinner aus diesem Wettbewerb hervorgehen werden (vgl. Greinert/Schütte 2002).

Ähnlich skeptisch ist die Weiterentwicklung des Gymnasiums bis und ab der Oberstufenreform von 1972 zu bewerten (vgl. Vereinbarung zur Neugestaltung der gymnasialen Oberstufe in der Sekundarstufe II, KMK-Beschluß mit einem einführenden Bericht vom 7. Juli 1972). Orientierungspunkte für diese Vereinbarung bildeten reichlich heterogene Positionspapiere der allgemeinen Gymnasialdiskussion, so die eher rückgewandten 1969 veröffentlichten „Kriterien der Hochschulreife" der *WRK*, die den „Tutzinger Maturitätskatalog" einfach fortschrieben, oder aber den progressiven „Strukturplan für das Bildungswesen" des *Deutschen Bildungsrates*, in dem die Bildungsorientierung am traditionalen gymnasialen Fächerkanon radikal aufgegeben ist (vgl. Deutscher Bildungsrat 1970, S. 159 ff.).

Die gymnasiale Oberstufenreform wie sie 1972 von der KMK vereinbart und dann von den Ländern umgesetzt worden ist, wird in der einschlägigen Literatur i. d. R. als teilweise Rücknahme der in den 60er Jahren erfolgten Öffnung des gymnasialen Bildungsweges interpretiert (vgl. z. B. Drewek/Müller 1982). Nach der Vereinbarung soll der Unterricht in den Klassen 11–13 so strukturiert werden, „daß sowohl eine gemeinsame Grundausbildung für alle Schüler gewährleistet als auch der individuellen Spezialisierung Raum gegeben ist." Diese Verbindung von allgemeiner Grundbildung und individueller Spezialisierung soll eine Unterrichtsorganisation sicherstellen, die zum einen zwischen Pflicht- und Wahlbereich unterscheidet, zum anderen zwischen Grund- und Leistungskursen. Die Grund- und Leistungskurse sind i. d. R. den Fächern in drei – den Hochschulreifekriterien nachempfundenen – Aufgabenfeldern zugeordnet, und zwar dem *sprachlich-literarisch-künstlerischen* Aufgabenfeld, dem *gesellschaftswissenschaftlichen* und dem *mathematisch-naturwissenschaftlich-technischen* Aufgabenfeld (vgl. KMK-Gutachten vom 7.07.1972, S. 22 ff.).

Die allgemeine Grundbildung wird durch Pflichtbindungen festgelegt, die die drei Aufgabenfelder und die Fächer Religion und Sport umfaßt. Diese Pflichtbindung sichert indes keinen gemeinsamen Fächerkanon, d. h. beim Pflichtbereich handelt es sich genau genommen – bis auf die auch quantitativ festgeschriebenen Fächer Deutsch, Mathematik, Religion und Sport – eigentlich um einen Wahlpflichtbereich. Selbst bei der allgemeinen Grundbildung findet sich also eine bislang unübliche Unbestimmtheit der Fächerung. Dieses sich modern gebende neue didaktische Konzept beruht auf einem veränderten Verständnis von „Allgemeinbildung", in dem ein spezifisches Wissenschaftsverständnis, eine Revision des Verhältnisses von Allgemein- und Berufsbildung und die Bemühung um die Individualisierung schulischen Lernens zusammenfließen. Diese neue „kritische Bildungstheorie" formulieren beispielsweise *Jürgen Habermas* und *Hartmut von Hentig* in einem einschlägigen Sammelband (vgl. Lingelbach 1975, S. 25–61).

In beiden Texten wird davon ausgegangen, daß in modernen Gesellschaften die Wissenschaften, insbesondere die positivistischen Einzelwissenschaften, das Dasein und das Verhalten der Individuen bestimmen. Der Mensch wird in zunehmendem Maße Objekt in durch Technik, Ökonomie und Verwaltung verselbständigten, „sekundären" Systemen. *Habermas* geht es darum, „die wissenschaftlich vergegenständlichten Beziehungen in das Netz der gelebten Bezüge rückzuübersetzen." Über das Erlernen von Wissenschaft muß das Individuum in den Stand gesetzt werden, die wissenschaftliche Praxis zu durchschauen und den entstandenen Widerspruch zwischen scheinbar wissenschaftlich bestimmten Handlungszwängen und individueller Lebenssphäre aufzuheben. Dies kann nach Habermas indes nur durch Qualifikation in einem Bildungswesen erreicht werden, „das die Kontinuität einer wissenschaftlichen Zivilisation von der Universität bis zu Grundschule sichert."

*H. v. Hentig* begründet die Notwendigkeit wissenschaftlich orientierten Lernens damit, daß er die Wissenschaft selbst als „die allgemeinste Form von Bildung" bestimmt, „die wir heute in unserer Kultur erreichen können." Da es keine nichtspezialisierte Wissenschaft mehr gibt, bezieht sich laut v. Hentig Allgemeinbildung auf das „was an den Gegenständen oder Verfahren eine Verallgemeinerung erlaubt oder nötig macht." Ganz im Gegensatz zum Neuhumanismus sieht also v. Hentig im Verhältnis des Speziellen zum Allgemeinen keinen Widerspruch. Wissenschaftspropädeutisches Lernen, wie es der Oberstufe des Gymnasiums zugewiesen werden muß, hat folglich zum Ziel, das Allgemeine, Übergreifende in den speziellen wissenschaflichen Inhalten, Methoden, Theorien und Denkweisen herauszuarbeiten und zu vermitteln. Diese neue wissenschaftliche Allgemeinbildung, bestimmt v.Hentig in Anlehnung an Habermas in ihrer allgemeinen Zielsetzung als den Erwerb von „substantieller Rationalität". *Felix v. Cube* nennt dieses didaktische Konzept weniger prätentiös „produktive Einseitigkeit" (vgl. Schindler 1974, S. 167 ff.).

Dieses neue Bildungsdenken berührte offensichtlich die objektiven Gegebenheiten der Gymnasialreform anfangs der siebziger Jahre nur an der Oberfläche. Dies wird schon daran sichtbar, daß die Institutionen der beruflichen Bildung in der Sekundarstufe II nicht in die Reform einbezogen wurden, obwohl das neue Bildungsverständnis dies durchaus erlaubt hätte und wie es im Strukturplan auch folgerichtig vorgeschlagen wird. Die KMK-Vereinbarung verstand sich zwar als ein „Modell", das „offen für die Aufnahme berufsbezogener Fachrichtungen" sein sollte, dies wurde indes angesichts der mit dieser Maßnahme zusammenhängenden erheblichen Schwierigkeiten eher „als eine langfristige Aufgabe" angesehen. Die Kultusminister lehnten sich daher weit stärker an die 1969 von der *Westdeutschen Rektorenkonferenz* (WRK) entwickelten „Grundanforderungen" an. In der zweiten Hälfte der 70er Jahre setzte sich dann die restriktive Position der WRK vollends durch: mit Hilfe zusätzlicher detaillierter Vereinbarungen zur Durchführung der Reform und zur Vereinheitlichung der Prüfungsanforderungen wurde der Spielraum zur Einbeziehung beruflicher Fachrichtungen in die gymnasiale Oberstufe rigoros eingeengt.

Es ist indes zu vermuten, daß sich schon 1972 in den Augen von Bildungspolitik und Bildungsbürokratie die eigentliche, aktuell zu bewältigende Problemlage ganz anders darstellte: der enorme Anstieg der Schülerzahlen in der gymnasialen Oberstufe Ende der 60er/Anfang der 70er Jahre schien geeignet, den sozialen Reproduktionsprozeß der akademisch zu qualifizierenden Berufsschichten durch eine starke Minderung des Marktwertes des Abiturs zu stören, wenn nicht gar zu gefährden. Deshalb ist die „Enttypisierung" der Oberstufe des Gymnasiums eher als eine wichtige Maßnahme zur Abwehr dieser Entwicklung zu deuten. Die Beseitigung der auf unterschiedliche Bildungsvoraussetzungen und Karrierewünsche einer unübersichtlich gewordenen Klientel ausgerichteten Typisierungsvielfalt der gymnasialen Oberstufe sollte die inhaltlichen Anforderungen wieder vergleichbar machen und die soziale Selektionsfunktion wieder verschärfen. So wurde die gymnasiale Oberstufe als ein eigenständiger Bereich innerhalb der Sekundarstufe II abgegrenzt, in ihrer studienvorbereitenden Funktion massiv gestärkt und zum Bereich der beruflichen Bildung sowie zu den Schultypen der Sekundarstufe I neu in Beziehung gesetzt (vgl. Drewek/Müller 1982, S. 111 und 127).

## 7.2 „Die vergessene Majorität" – Berufsbildungsreform in den siebziger Jahren

„Eine überholte Berufsbildung schafft heute eine Qualifikationslücke für die Anforderungen von Wirtschaft und Gesellschaft und ein Altersproletariat für das Jahr 2000. Ohne grundlegende Reform der Lehrlingsausbildung bleiben Chancengleichheit und Mündigkeit für die Jugendlichen Illusion." Mit einer schmalen Broschüre, die diesen Untertitel trug, versuchte 1970 *Wolfgang Dietrich Winterhager* auf einen Bereich unseres Bildungswesens aufmerksam zu machen, der über der allgemeinen Bildungseuphorie in Vergessenheit zu geraten drohte: *das Lehrlingwesen* bzw. der Bereich der Berufsausbildung im sog. „Dualen System".

Der *Deutsche Bildungsrat* hatte zwar schon ein Jahr früher eine Empfehlung „Zur Verbesserung der Lehrlingsausbildung" veröffentlicht (vgl. Deutscher Bildungsrat 1969), und am 1. September 1969 war nach *fünfzigjährigen* politischen Auseinandersetzungen ein „Berufsbildungsgesetz" (BBiG) in Kraft getreten, das endlich der langanhaltenden Rechtsunsicherheit und Rechtszersplitterung in diesem Bereich ein Ende setzte, doch diese letzte Großtat der Großen Koalition von CDU/CSU und SPD war nicht dazu angetan, den in den Jahrzehnten in der Berufsausbildung aufgelaufenen Reformstau zu beseitigen. Insbesondere die Gewerkschaften, die die ganzen fünfzig Jahre um eine Mitwirkung in der Berufsausbildung gekämpft hatten, zeigten sich von dem Gesetz enttäuscht, weil es weder eine wirklich einheitliche Regelung aller Bereiche der Berufsausbildung – die handwerkliche Ausbildung blieb Bestandteil der Handwerksordnung – noch genügend Anknüpfungsmöglichkeiten für zukunftsweisende Reformen vorsah, vor allem jedoch an der administrativen Zuständigkeit der Kammern – und damit der privaten Unternehmerschaft – für die betriebliche Berufsausbildung keine entscheidenden Abstriche vornahm.

Da auch von den anderen vom Gesetz Betroffenen erhebliche Kritik geäußert wurde, übernahm die *sozial-liberale Regierung Brandt* die Berufsausbildung im Rahmen der Bildungspolitik sofort in ihren Katalog der „Inneren Reformen“. Während man jedoch anfangs offenbar annahm, durch eine extensive Ausschöpfung der bestehenden gesetzlichen Möglichkeiten notwendige Verbesserungen realisieren zu können, entschloß man sich später zu energischeren Eingriffen: das *zweite Kabinett Brandt* erhob die berufliche Bildung explizit zu einem Reformvorhaben. „Die Chancengleichheit verlangt für die berufliche Bildung den gleichen Rang, wie ihn andere Bildungsbereiche haben“, so der Bundeskanzler in seiner Regierungserklärung vom 18.01.73. „Das Berufsbildungsgesetz muß neu gefaßt werden.“

Die Grundlage für die im Januar angekündigte Neufassung des Berufsbildungsgesetzes (BBiG) legte die Bundesregierung am 15.11.1973 in Form der sog. „Markierungspunkte“ vor (Pätzold 1982, S. 241 ff.). Den Kern dieses Novellierungskonzeptes bildete eine erhebliche Verstärkung der staatlichen Verantwortung für die Berufsbildung, konkretisiert in der beabsichtigten Übertragung wesentlicher Ausbildungsfunktionen der Kammern auf eine neu zu schaffende Berufsbildungsverwaltung. Diese Behörde sollte insbesondere für die Akkreditierung und Kontrolle der Lernorte – besonders der privaten Betriebe – nach festgelegten Eignungskriterien, für die Erstellung aller Ausbildungsordnungen und für das gesamte Prüfungswesen zuständig werden.

Obwohl der am 20.02.74 präsentierte – nie offiziell veröffentlichte – Referentenentwurf sich entgegen diesen Prinzipien eher an den Strukturen der traditionellen Berufsbildungsverwaltung orientierte, liefen die Unternehmer und ihre Verbündeten einmütig Sturm gegen diesen Novellierungsversuch des BBiG. Die Reaktionen reichten von entschiedenen Stellungnahmen über offene Androhung von Rechtsbruch, bis hin zu verklausulierten Drohungen, keine Lehrstellen mehr zur Verfügung zu stellen (vgl. Pulte / Vorbrücken 1974, S. 219 ff.). Die SPD-FDP-Koalition, politisch schon schwer angeschlagen, wich zurück und verschob die Neufassung des BBiG auf den Herbst; der Regierungswechsel Brandt-Schmidt setzte dann jedoch diesem ersten Anlauf der Berufsbildungspolitik der sozial-liberalen Koalition ein vorzeitiges Ende.

Bei dem Versuch des *ersten Kabinetts Schmidt* die Arbeit an der Novellierung des BBiG wiederaufzunehmen, handelte es sich faktisch um einen ganz neuen Anlauf. Das Abrücken von den „Markierungspunkten“ wurde spätestens in den am 7.11.1974 vom *Bundesminister für Bildung und Wissenschaft* vorgestellten „Leitlinien zur Bildungspolitik“ sichtbar (vgl. Leitlinien … 1974), die für ein novelliertes BBiG eine Neuregelung der Berufsbildungsverwaltung nach einem Selbstverwaltungs- bzw. Mitbestimmungsmodell und ein überbetriebliches Finanzierungssystem für die Ausbildung ankündigten. Dies letztere Vorhaben, die Kosten für die Berufsausbildung auf alle Betriebe – im Schnitt beteiligen sich nur 25 bis 30 Prozent an der Ausbildung – umzulegen und über einen zentralen Fonds die tatsächlich ausbildenden Betriebe finanziell zu entschädigen, rief den Unternehmerflügel der FDP auf den Plan, deren Exponent im Kabinett – der Bundeswirtschaftsminister, dem auch noch das mitbestimmte Selbstverwaltungsmodell mißfiel – sofort umfangreiche Vorbehalte anzumelden wußte (Greinert 1975b).

Steigende Arbeitslosenziffern, insbesondere stark um sich greifende Jugendarbeitslosigkeit, und abflauende Konjunktur im Zuge einer Weltwirtschaftskrise boten Ende 1974 der bis in die Regierung hineinreichenden Front von Gegnern der Berufsbildungsreform genügend Anlässe, die Notwendigkeit der Neufassung des BBiG überhaupt in Frage zu stellen. Am 13.01.1975 erhielt die Bundesregierung die Aufforderung zur Kapitulation in Form eines Briefes, den fünf Unternehmerverbände an den Bundeskanzler gerichtet und in der Öffentlichkeit bekannt gemacht hatten. Die gesellschaftlichen Interessenvertreter der Unternehmer unterbreiteten das „Angebot", unter bestimmten Bedingungen – in der Hauptsache Rücknahme bereits in Kraft gesetzter Regelungen zur qualitativen Verbesserung der Ausbildung – bis Ende 1975 „etwa zehn Prozent mehr Lehrstellen" zur Verfügung zu stellen – eine Bezugszahl wurde indes nicht genannt (vgl. „Die berufsbildende Schule" 1975, S. 117ff.). Dieses beispiellose Erpressungsmanöver konnte die unter Handlungszwang stehende Bundesregierung allerdings nicht mehr daran hindern, das Projekt berufliche Bildung nun doch irgendwie zum Abschluß zu bringen.

In mehreren Gesprächen einigten sich die Koalitionspartner SPD und FDP auf die Grundlinien eines Gesetzentwurfes (Nolte/Röhrs 1979, S. 146ff.), in dem die schon reduzierten Reformansätze auf Drängen der mittelstandsfreundlichen FDP erneut beschnitten wurden: die geplante Finanzierungsregelung wurde bis zur Unkenntlichkeit verwässert, das die Gewerkschaftsinteressen begünstigende Selbstverwaltungsmodell wurde fallengelassen, das im Entwurf vorgesehene rechtsfähige „Bundesinstitut für Berufsbildung" wurde zur nachgeordneten Behörde degradiert; vor allem aber blieb die entscheidende Position der „zuständigen Stellen" (der Kammern) in der Berufsbildungsverwaltung unangetastet.

Dieser Gesetzentwurf, um den es noch ein Jahr lang vehemente Auseinandersetzungen gab (vgl. Nolte/Röhrs 1979, S. 165ff.), wurde am 9.04.1976 in zweiter und dritter Lesung im Bundestag von den Koalitionsparteien verabschiedet, am 14.05. 1976 jedoch vom Bundesrat, in dem die CDU/CSU die Mehrheit der Stimmen hielt, abgelehnt. Am 30.06.1976 verabschiedete die Regierungskoalition daraufhin ein nach ihrer Meinung nicht zustimmungspflichtiges „Ausbildungsplatzförderungsgesetz" (APlFG), das nur noch zwei Punkte regelte (vgl. Pätzold 1982, S. 283ff.): (1.) Struktur und Aufgaben eines „Bundesinstituts für Berufsbildung" und (2.) die Erhebung einer Berufsbildungsabgabe von größeren Betrieben im Falle eines nicht ausreichenden Lehrstellenangebots durch Rechtsverordnung des Bundesministers für Bildung und Wissenschaft. Trotz objektiven Bedarfs wurde auf diese Möglichkeit in den folgenden Jahren nie zurückgegriffen; mit den eindeutigen Empfehlungen der 1970 berufenen „Sachverständigenkommission Kosten und Finanzierung der beruflichen Bildung" (1974) verband diese „Kompromißlösung" ohnehin nichts mehr.

Das APlFG wurde am 10.12.1980 vom *Bundesverfassungsgericht* für nichtig erklärt, weil bei seiner Verabschiedung die Bundesländer nicht beteiligt worden waren. Das am 2.12.1981 vom Bundestag als Ersatz verabschiedete „Gesetz zur Förderung der Berufsbildung durch Planung und Forschung (Berufsbildungsförderungsgesetz – BerBiFG)“ lehnt sich in wesentlichen Teilen an das kassierte APlFG an, enthält aber keine Finanzierungsregelung mehr (vgl. Pätzold 1982, S. 292 ff.). Damit war der zweite Versuch einer Neufassung des Berufsbildungsgesetzes gescheitert. Ein dritter Versuch wurde nicht mehr unternommen; bis heute steht eine Anpassung dieses zentralen Qualifizierungsgesetzes an die inzwischen weitgehend veränderten Verhältnisse aus.

Noch weit dramatischer und verwickelter gestaltete sich die politische Abwehrschlacht gegen die verbindliche Einführung eines *Berufsgrundbildungsjahres* (vgl. Greinert, 1984). In seinem 1970 vorgelegten „Strukturplan für das Bildungswesen“ hatte der *Deutsche Bildungsrat* die allgemeine Einführung eines Berufsgrundbildungsjahres (BGJ) vorgeschlagen, für dessen Einbindung in die duale Berufsausbildung im § 29 BBiG die rechtlichen Voraussetzungen geschaffen worden waren (vgl. Deutscher Bildungsrat 1970, S. 182 ff.). Das erste Jahr der Lehre sollte nach den Vorstellungen des Bildungsrates „als ein von der Produktion getrenntes Bildungsjahr“ gestaltet werden, eine möglichst umfassende berufliche Grundbildung auf Berufsfeldbreite vermitteln und zugleich die allgemeinen Fächer der Sekundarstufe I fortführen. Das BGJ sollte in öffentlichen wie privaten Bildungsinstitutionen angesiedelt werden können, die pädagogische Verantwortung sollte jedoch auch bei privater Trägerschaft bei den Schulverwaltungen liegen. Für diese grundlegende Strukturveränderung der Berufsausbildung sprachen gewichtige Gründe: pädagogische und entwicklungspsychologische, qualifikations-, bildungs- und sozialpolitische Argumente (vgl. Greinert 1978), so daß dieses Vorhaben interessenübergreifend sehr schnell zum „berufspädagogischen Reformprojekt Nr. 1“ avancierte.

Bundesregierung und Kultusministerkonferenz hatten mit der sog. „Anrechnungsverordnung“ und der „Rahmenvereinbarung“ im Jahre 1972 die Voraussetzungen für die Einführung der neuen Schule und für die Anrechnung ihres Besuchs auf die Ausbildungszeit geschaffen, so daß bereits im gleichen Jahr die ersten Bundesländer – z. T. schon mit schulrechtlicher Absicherung – das BGJ als „Grundstufe“ der Pflicht-Berufsschule einrichteten (vgl. Greinert/Jungk 1982, S. 9 ff.). Die neue Schule wuchs schnell: im Schuljahr 1973/74 zählte das BGJ bereits ca. 12.500 Schüler, zehn Jahre später, im Schuljahr 1983/84, ca. 103.500. Mit der Entspannung auf dem Lehrstellenmarkt gingen indes die Zahlen wieder zurück. Zahlreiche Bundesländer – voran Niedersachsen – waren indes fest entschlossen, das BGJ flächendeckend einzuführen, d. h. das erste Ausbildungsjahr zu verschulen bzw. zu standardisieren.

Die Gewerkschaften favorisierten von vornherein das *schulische* Berufsgrundbildungsjahr (BGJ/s), weil es bei flächendeckender Einführung zwei Nachteile des dualen Systems zu mindern versprach: (1.) das regional, berufsstrukturell und zeitlich variierende Angebot an Ausbildungsplätzen, und (2.) die von gesellschaftspolitischen Anforderungen nicht beschränkte Rekrutierungs- und Selektionspraxis der privaten Betriebe. Als erklärter Gegner des schulischen BGJ erwiesen sich von Anfang an die Unternehmerverbände, die dem BGJ/s ungeprüft eine „Praxislücke" anzulasten versuchten, die nach ihrer Meinung zur Gefährdung der gesamten Ausbildung führen mußte (vgl. Greinert, 1984, S. 100 ff.). Die Abwehrstrategie der Arbeitgeber bzw. der Betriebe gegen das BGJ/s bestand im wesentlichen aus zwei sich ergänzenden ausbildungspolitischen Aktivitäten: (1.) aus einem breit angelegten Versuch der Betriebe, die Anrechnungsverordnung zu unterlaufen und die weitere Ausbildung von BGJ-Absolventen zu verweigern, und (2.) im Gegenzug zur Realisierung des schulischen BGJ ein sog. „kooperatives" BGJ aufzubauen und als Modell durchzusetzen. Die Bildungsverwaltung in den einzelnen Bundesländern verhielt sich bis auf einzelne Ausnahmen gegenüber dieser Interessenkonstellation eher unentschieden, was die Möglichkeit der Durchsetzung des Reformvohabens nicht unbedingt steigerte.

Die Auseinandersetzungen um das BGJ kulminierten in den Jahren 1975 bis 1978, z. B. im sog. „Anrechnungsstreit", den das KFZ-Handwerk vom Zaun brach, oder in den Auseinandersetzungen um die Einführung des BGJ „Metall" in der Region Salzgitter, des ersten flächendeckenden obligatorischen BGJ in Niedersachsen (vgl. Greinert, 1984, S. 98 ff.). Der permanente und massive Druck der Arbeitgeber auf die Bundesregierung in Sachen BGJ, der 1975 mit dem sog. „Erpresser-Brief" begonnen hatte, führte letztlich doch zu einem beachtlichen Teilerfolg: im Jahre 1978 wurde die Anrechnungsverordnung in entscheidenden Punkten geändert. Es erfolgte – vor allem durch Einführung sog. „Schwerpunkte" in wichtigen Berufsfeldern – eine Aufweichung des für das BGJ zentralen Prinzips der berufsfeldbreiten Grundbildung, eine Beschränkung der Anrechnungspraxis und – indirekt, durch Verlängerung der Ausbildungszeiten in wichtigen Berufen – eine Halbierung der Anrechnungsdauer des BGJ (vgl. Ausbildungsverordnung BGJ, 1978).

Daraufhin rückten die Gewerkschaften, insbesondere die IG Metall und die damalige ÖTV, demonstrativ vom „berufspädagogischen Reformprojekt Nr. 1" ab und widmeten sich fortan seiner Demontage. Sie hatten inzwischen begriffen, welche Machtposition in der Berufsausbildung ihnen durch das BBiG zugefallen war und versuchten nun – etwa ab 1976, nach dem Scheitern ihrer Hoffnungen auf ein noveliertes BBiG – Berufsbildungspolitik in direkter Auseinandersetzung mit der Arbeitgeberseite, unter der Perspektive bewußter Zurückdrängung staatlichen Einflusses zu machen (vgl. Greinert, 1984, S. 185 ff.). Rückblickend läßt sich u. E. behaupten: beim Kampf um das Berufsgrundbildungsjahr spielten die beiden Hauptbeteiligten mit gezinkten Karten, d. h. sie wollten nicht offen sagen, warum sie diese Innovation nicht (mehr) wollten. Jedem Eingeweihten war indes klar, daß die Arbeitgeberverbände letztlich eine schleichende Verstaatlichung der Berufsausbildung befürchteten, die Gewerkschaften ihren Organisationszugriff auf die Jugendlichen gefährdet sahen. Es ging in den z. T. mit beispielloser Härte geführten

Auseinandersetzungen also gar nicht um die Qualifikations- und Innovationsleistungen des BGJ, es ging in Wahrheit „um die nackte Macht", wie es *Günter Wiemann*, der Initiator und langjährige Exekutor des Niedersächsischen BGJ-Programms, bündig formulierte (vgl. „Der Spiegel", Nr. 28/1983, S. 122). Das Berufsgrundbildungsjahr kann heute, ähnlich wie Zweiter Bildungsweg und Gesamtschule, in die Reihe spektakulärer Reformruinen eingeordnet werden. Bedenkenlos wurde in den siebziger Jahren von beiden Sozialpartnern die Chance einer organisatorischen, didaktischen wie finanziellen Stabilisierung des Dualen Systems verspielt. Das neue Berufsbildungsgesetz von 2005 sieht keine zwingende Anrechnung des BGJ mehr auf eine spätere Ausbildung im Dualen System vor; jedes Bundesland kann nun über die Zukunft noch vorhandener Berufsgrundbildungs-Einrichtungen selbst entscheiden (vgl. Münk 2009).

Überblickt man die Fülle der auf die Berufsbildung bezogenen Reformvorschläge der 70er Jahre und fragt nach ihrer Realisierung, so kommt man zu dem Schluß, daß nur Teile durchgesetzt werden konnten, die die traditionellen Macht- und Interessenstrukturen unberührt zu lassen versprachen. Im Detail läßt sich dies gut am Schicksal des Berliner Programms der Oberstufenzentren studieren oder am Verlauf des Kollegstufen-Versuchs in Nordrhein-Westfalen, was wir in den folgenden Kapiteln zeigen werden. Während diese schulischen Reformvorhaben einschließlich des Berufsgrundbildungsjahres mehr oder weniger unvollendet geblieben sind, haben sich eine Reihe von betriebspädagogisch orientierten Maßnahmen auf ganzer Breite durchsetzen können. Man kann hier unterscheiden zwischen Innovationen, die durch das 1969 verabschiedete Berufsbildungsgesetz zwingend vorgeschrieben wurden, und solchen, für deren Durchführung das Gesetz die Voraussetzungen schuf. Zur ersten Gruppe zählt die Neuordnung der Kompetenzen in der Berufsbildung: das traditionelle Verfügungsrecht der Kammern mußte weitgehend staatlicher Zuständigkeit für die entscheidenden Rahmenbedingungen der Berufsausbildung weichen. Seit 1973 ist der Bundesminister für Bildung und Wissenschaft (heute: Bundesministerium für Bildung und Forschung, BMB+F) federführend für den Bereich betrieblicher Berufsausbildung; nur die Verantwortung für die Anerkennung der Ausbildungsberufe und den Erlaß von Anrechnungs- und Gleichstellungsverordnungen liegt bei den entsprechenden Fachministern (z. B. Berufe der gewerblichen Wirtschaft: Bundesminister für Wirtschaft). Im einzelnen ist das BMB+F zuständig für Novellierungen des BBiG, für berufsbildungspolitische Grundsatzfragen, es ist vorgesetzte Behörde des „Bundesinstituts für Berufsbildung", und es ist unmittelbar zuständig für den Erlaß von Verordnungen über die berufliche Weiterbildung und die pädagogische Qualifizierung von Betriebsausbildern (vgl. Zuständigkeitsanpassungsgesetz, 1975).

Der einseitige Einfluß der Arbeitgeber auf die Berufsausbildung wurde per Gesetz abgelöst von einem System differenzierter Verantwortung,das gleichwohl die Interessen der Beteiligten nicht voll erfüllt. Bund, Länder und Gewerkschaften, in eingeschränktem Maße auch die Lehrer beruflicher Schulen wirken auf verschiedenen

Ebenen bei Planung, Durchführung und Kontrolle der beruflichen Bildung mit (vgl. BBiG §§ 54–59; BerBiFG § 19). Für die unmittelbare Betriebsebene finden sich entsprechende Regelungen im Betriebsverfassungsgesetz. Seit 1977 hat sich auch die Transparenz des Ausbildungsmarktes in entscheidendem Maße erhöht. Der im BerBiFG vorgeschriebene jährliche Berufsbildungsbericht beschreibt die regionale und sektorale Entwicklung des Angebots an Ausbildungsplätzen sowie die Nachfrage; auch die voraussichtliche Weiterentwicklung des Ausbildungsplatzangebotes der kommenden Jahre wird abgeschätzt. Eine mit dem Bericht verbundene „Berufsbildungsstatistik" gibt über wichtige Daten und Trends der Berufsausbildung Auskunft.

Für die Erhebung und Aufbereitung derartiger Informationen wurde das „Bundesinstitut für Berufsbildung“ gegründet, das als bundesunmittelbare rechtsfähige Institution darüber hinaus auch noch andere Aufgaben erfüllt, so:

- die Vorbereitung von Ausbildungsordnungen und sonstigen Rechtsverordnungen nach BBiG oder HwO,
- die Förderung von Modellversuchen einschließlich wissenschaftlicher Begleituntersuchungen,
- die Unterstützung von Planung, Errichtung und Weiterentwicklung Überbetrieblicher Berufsbildungsstätten,
- die Beratung der Bundesregierung in Fragen der Berufsausbildung,
- die Durchführung von Berufsbildungsforschung nach einem abgestimmten Forschungsprogramm,
- die Führung und Veröffentlichung des Verzeichnisses der anerkannten Ausbildungsberufe,
- die Prüfung und Anerkennung berufsbildender Fernlehrgänge samt deren Verbesserung durch Forschung und Förderung von Entwicklungsvorhaben, und
- die Mitwirkung an der internationalen Zusammenarbeit in der beruflichen Bildung (BerBiFG §§ 6–18).

Der Nachweis berufs- und arbeitspädagogischer Qualifikationen von seiten der Betriebsausbilder (§ 21) und die Anrechnung schulischer bzw. sonstiger nichtbetrieblicher Berufsausbildung auf die Ausbildungszeit (§ 29) sind im BBiG zwar nicht zwingend vorgeschrieben, in beiden Fällen nutzte die Bundesregierung indes die rechtlich bestehende Möglichkeit, per Rechtsverordnung diese wichtigen und daher stark umstrittenen Fragen für eine effektive Berufsausbildung zu klären (vgl. Ausbilder-Eignungsverordnung, 1972). Doch weder die „Ausbildereignungsverordnung“ noch die diversen „Anrechnungsverordnungen“ für Berufsgrundbildungsjahr und Berufsfachschule konnten das Problem, um das es jeweils ging – im ersten Falle eine verbindliche pädagogische Qualifizierung des betrieblichen Ausbildungspersonals, im zweiten die rechtliche Gleichstellung schulischer Berufsausbildung – wirklich lösen. Diese beiden Regelungsversuche führten nur zu Teilerfolgen.

Es verbleiben als sozusagen originäre und erfolgreiche Reformvorhaben in der Betriebsausbildung der flächendeckende Aufbau Überbetrieblicher Berufsbildungsstätten (ÜBS) und der Komplex „Neuordnung der Ausbildungsberufe“. § 22 BBiG und § 23 HwO verpflichten diejenigen Betriebe, die ausbilden bzw. ausbilden wollen, aber das Ausbildungsprogramm nicht vollständig anbieten können, ergänzende Ausbildungsmaßnahmen außerhalb der Ausbildungsstätte vorzusehen. Aufgrund dieser gesetzlichen Verpflichtung der Betriebe hat die Bundesregierung von 1973 an erhebliche Förderungsmittel für die Kapazitätsausweitung der Überbetrieblichen Berufsbildungsstätten zur Verfügung gestellt. Nach der letzten Bestandsaufnahme sind in den alten Bundesländern etwa 600 Einrichtungen aufgebaut worden, nach der Wiedervereinigung in den neuen Ländern etwa 180. Die ÜBS der alten Länder verfügen über etwa 80.000 Ausbildungsplätze, womit das 1989 vom Bundestag beschlossene Ausbauprogramm von 77.100 Plätzen sich übertroffen zeigt. Das Ausbauprogramm für die ÜBS in den neuen Bundesländern ist noch nicht abgeschlossen. Von den bislang bestehenden Werkstattplätzen wird ein Großteil für die außerbetriebliche Vollausbildung genutzt, eine Notmaßnahme, mit der der damalige Lehrstellenmangel in den neuen Ländern gemildert werden sollte.

Trotz dieser beeindruckenden Erfolge mit dem ÜBS-Programm bleibt diese ausbildungspolitische Maßnahme weiter umstritten. Dies hängt einmal damit zusammen, daß die ÜBS trotz fast vollständiger Finanzierung durch die öffentliche Hand keiner öffentlichen Kontrolle unterliegen. Träger der ÜBS sind in erster Linie Wirtschaftsorganisationen – z.B. Kammern, Innungen, Kreishandwerkerschaften etc. – in deren Vermögen das investierte Kapital nach einiger Zeit übergeht, und die eine Mitbestimmung von seiten der Gewerkschaften und der Berufsschule bislang strikt ablehnen. Die Gewerkschaften betrachten die ÜBS mit Mißtrauen, da diese nach ihrer Meinung nur eine Form verdeckter mittelständisch orientierter Subvention darstellen; das Finanzierungsprinzip des dualen Systems, so ihr Einwand, werde durch sie weiter ausgehöhlt und von partialen Handwerksinteressen werde ihre eigentliche Aufgabe verdrängt (vgl. Greinert 1998, S. 101).

Während das ÜBS-Programm sich als zwar gewichtiges, aber nicht unbestrittenes Innovations-Projekt präsentiert, wird die Neuordnung der Ausbildungsberufe von allen beteiligten Gruppierungen als unbestritten erfolgreiches Vorzeigeunternehmen begriffen. Dabei war dieses zentrale Vorhaben trotz eindeutiger Vorgaben im BBiG in den siebziger Jahren nur langsam angelaufen. Vorreiter der Neuordnung sollten traditionell die industriellen Metallberufe sein, eine problematische Entscheidung, da sich Gesamtmetall (die Arbeitgebervereinigung) und IG Metall in Ausbildungsfragen seit langen Jahren tief zerstritten zeigten. Die Pervertierung der Stufenausbildung zu einem Instrument verschärfter Selektion und Dequalifizierung, die einseitigen Vorstöße von Gesamtmetall zur Durchsetzung eines „differenzierten Ausbildungsmodells“ im Jahre 1976 (vgl. „Handelsblatt“) und das Scheitern der Novellierung des BBiG, all dies hatte die Entwicklung von konsensfähigen Vorstellungen zwischen Arbeitgebern und Gewerkschaften massiv behindert.

Erst 1978 fanden Gesamtmetall und IG Metall auf Drängen des Bundeswirtschaftsministeriums zu einer gemeinsamen Position, die in den sog. „Eckdaten zur Neuordnung der industriellen Metallberufe“ niedergelegt wurde. Im Jahr darauf wurden die industriellen Elektroberufe in das Verfahren einbezogen. Die entscheidenden Auseinandersetzungen um ein neues Ausbildungskonzept – die im BBiG noch als explizites Modernisierungskonzept verankerte Stufenausbildung stand nicht mehr zur Debatte – führten Industrie und Gewerkschaften im Rahmen der Revision der Metallberufe, deren Ausbildungsordnungen z. T. noch aus den 30er und 40er Jahren des vorigen Jahrhunderts stammten. „Das Konzept von Gesamtmetall war nicht nur an einer Ausbildung in sogenannten Monoberufen orientiert, sondern auch an der Vorstellung eines sich im Zuge des technischen Wandels stark differenzierenden und sich eher vermindernden Qualifikationsbedarfs. Die betrieblich verwertbare Arbeitsqualifikation war der entscheidende Fixpunkt. Die IG Metall wollte demgegenüber ‘Planung und Organisation neuer Ausbildungsgänge verstärkt an der sozialen und ökonomischen Interessenlage von Arbeitnehmern’ ausrichten und ging von einer Neukonzeption der Ausbildungsgänge aus, die über den institutionellen Rahmen der Betriebe hinausführte. Ziel der Ausbildung sollte nicht eine enge fachlich-betriebliche Qualifikation, sondern die Befähigung zu beruflicher Mobilität und Flexibilität sein“ (Stratmann/Schlösser 1990, S. 259).

Was als Kompromiß bei diesen Auseinandersetzungen herauskam und schließlich rechtlich sanktioniert wurde (vgl. die Ausbildungsordnungen für die industriellen Metall- und Elektroberufe von 1987), erhielt nicht nur Leitbildcharakter für die folgende Neuordnungspraxis, es berührte auch die Ausbildungsstruktur des Dualen Systems selbst. Das in den siebziger Jahren begonnene Neuordnungsverfahren in den industriellen Metall- und Elektroberufen

- setzte hinsichtlich seines Umfanges neue Maßstäbe: geordnet wurden nicht einzelne Berufe sondern ganze Berufsfelder; im Falle der Metalltechnik wurden 42 Ausbildungsberufe einbezogen (Benner 1985; Krischok 1985);
- verhalf den neuen Verfahrensregeln zum Durchbruch: das Verfahrensmodell für die „Erarbeitung von Ausbildungsordnungen und ihre Abstimmung mit den Rahmenplänen“ konnte sich erstmals in einem schwierigen Vorhaben bewähren;
- bekräftigte in diesem Zusammenhang das neue Abstimmungskonzept zwischen den betrieblichen Ausbildungsplänen und den Rahmenplänen der Berufsschule;
- veränderte den bislang üblichen Ausbildungs-Monoberuf in Richtung breitangelegter, flexibler Grundberufe mit gestuftem Qualifizierungsprogramm;
- formuliert für die Berufsausbildung einen neuartigen Qualifikationsbegriff, der fachliche, personale und soziale Kompetenz einschließt und auf eine berufliche Handlungsfähigkeit im Sinne selbständigen Planens, Durchführens und Kontrollierens zielt.
- gab einen wesentlichen Anstoß zur Entwicklung ganz neuer betrieblicher Ausbildungsmethoden, die auf die Vermittlung dieser beruflichen Handlungsfähigkeit abzielen (Greinert 1997b, S. 136ff.).

Das von den Sozialpartnern mit Unterstützung des Bundesinstituts für Berufsbildung betriebene Verfahren der Neuschaffung und Modernisierung der Ausbildungsberufe war damals praktisch die einzige wichtige Innovationstätigkeit im Hinblick auf die Anpassung des Gesamtsystems der Berufsausbildung an die veränderten Verhältnisse. Doch mit dieser bildungspolitischen Aktivität allein war – wie die Experten zu bedenken gaben – die offensichtliche Erosion des Dualen Systems der Berufsausbildung nicht zu stoppen (vgl. Rauner 1998, S. 17ff.).

## 7.3 Im Zeichen neuer Bildungsideologie – die Integration von allgemeiner und beruflicher Bildung I: Beispiel Kollegschulversuch Nordrhein-Westfalen

In seiner langfristig angelegten Gesamtplanung für das Bildungswesen verfolgte der *Deutsche Bildungsrat* ein strategisches Konzept, das zwei zusammenhängende Ziele vorsah: (1.) die Abgrenzung von Schulstufen, also eine verstärkte horizontale Ausrichtung des Gesamtbildungswesens, und (2.) die integrierte Ausgestaltung dieser Stufen, also die Beseitigung der unterschiedlichen Schultypen in den Sekundarstufen I und II. Schon 1969 hatte der Bildungsrat daher die Einrichtung von Schulversuchen mit Gesamtschulen empfohlen, um die Vereinheitlichung der Sekundarstufe I zu befördern, 1974 legte er in einer Empfehlung zu Sekundarstufe II ein „Konzept für eine Verbindung von allgemeinem und beruflichem Lernen" vor (vgl. Deutscher Bildungsrat 1974). In diesem Konzept wurde noch keine bestimmte Schulform konkretisiert, im Teil 4 der Empfehlungen sind lediglich Maßnahmen zur schrittweisen Realisierung des vorgestellten Reformkonzeptes vorgeschlagen. Um die Integrationsversuche von allgemeiner und beruflicher Bildung verstehen zu können, müssen wir etwas näher auf die Ausführungen im „Strukturplan" von 1970 – also dem bildungspolitischen Gesamtkonzept – eingehen und auf die Empfehlungen von 1974 zur Verbindung von allgemeinem und beruflichen Lernen.

Im Strukturplan wurde die Notwendigkeit der Reform des Bildungswesens, insbesondere die des Sekundarbereichs II, durch den von der Verfassung abgeleiteten Anspruch auf *materiale Chancengleichheit* begründet. Die bestehende Ungleichheit der Bildungschancen ist nach Meinung des Bildungsrates nur dadurch abzubauen, daß Bildung nicht mehr schulorganisatorisch und didaktisch geteilt als Allgemeinbildung und Berufsbildung auftritt, d. h. als wissenschaftsorientierte oder als volkstümliche Bildung, was allerdings auch bedeutet, daß Bildung nicht mehr nach spezifischen Inhalten differenziert werden kann. Genauer: die Vorstellung einer Materialisierung von Allgemeinbildung in bestimmten Fächern – wie bislang im Gymnasium üblich – muß aufgegeben werden (vgl. Deutscher Bildungsrat 1970, S. 34 und 170).

Der Bildungsrat unterscheidet in seinen Ausführungen daher auch nur zwischen *fachlichen Lernzielen und allgemeinen Lernzielen,* wobei sich erstere auf die Inhalte der jeweiligen Fächer beziehen, letztere auf Einstellungen, Haltungen und Überzeugungen. Integriertes Lernen wird möglich durch das Hinzutreten zweier didaktischer Prinzipien: Wissenschaftsorientierung und Kritik. Die Vermittlung fachlicher Lernziele unter der Perspektive dieser Kriterien soll sicherstellen, daß mit den fachlichen Lernzielen auch gleichzeitig die allgemeinen erreicht werden können (S. 65).

Als spezifisches Problem thematisiert der Strukturplan die traditionelle „duale" Form der Berufsausbildung in der Bundesrepublik, speziell die konstitutive Dominanz der fachpraktischen Ausbildung in den privaten Betrieben und deren Regulierung durch die Kammern. Da realistischer Weise der Bildungsrat davon ausging, daß der nicht-schulischen Rechtsnormen unterliegende Bereich der Berufsausbildung nur gegen den Willen mächtiger Interessengruppen dem öffentlichen Bildungsrecht unterstellt werden könnte (vgl. dazu Kapitel 6.4), daß es im übrigen auch gar nicht wünschenswert sei, das „bewährte" duale Ausbildungsmodell einfach zu verschulen, konnte er im Strukturplan auch keine volle Intergration für die ganze Sekundarstufe II in naher Zukunft empfehlen (S. 168). Eine solche Empfehlung mit entsprechender Begründung findet sich erst im Sekundarstufenkonzept von 1974 – ob stark beeinflußt von den Strategen des Kollegstufenversuchs NRW, dies muß hier offen bleiben.

Im Sekundarstufenkonzept von 1974 entwickelt der Bildungsrat eine völlig neue Form der institutionellen Koordination aller „Lernorte" in der Sekundarstufe II, durch die insbesondere das schwierige Problem der Einbeziehung des „Dualen Systems" einer Lösung zugeführt werden sollte. Nach Meinung des Bildungsrates sollte nach diesem Modell die Sekundarstufe II nicht mehr nach Bildungs*institutionen* sondern nach Bildungs*gängen* strukturiert werden. Um alle Bildungsgänge nach einem gemeinsamen organisatorischen und didaktischen Konzept gestalten zu können, schlägt der Bildungsrat ein „Lernortverbundsystem" vor, „das als ein Institut der Kooperation der vier Lernorte zu begründen ist" (Deutscher Bildungsrat 1974, S. 20). Dabei werden als Lernorte *Schule, Lehrwerkstatt, Betrieb* und das neu zu schaffende *„Studio"* genannt. Die Institution, in der die vier Lernorte zu einer „kooperativen Organisation" zusammengefaßt sind, soll nach dem Willen des Bildungsrates *„Kolleg"* genannt werden.

Das Kolleg ist nach Definition des Bildungsrates kein Lernort, sondern eine die Lernorte übergreifende Institution, die die einzelnen Lernprogramme – bei relativer curricularer Autonomie der einzelnen Lernorte – „nach staatlichen Vorgaben" aufeinander abzustimmen hat (S. 88). Da das Kolleg als Instanz der gemeinsamen Verantwortung aller Lernort-Träger im eigentlichen Sinne keine staatliche Schule ist, können in diese Konstruktion nach Meinung des Bildungsrates auch die nicht-schulischen Lernorte mit einbezogen werden. Mit diesem schlichten Winkelzug glaubte der Bildungsrat einen realistischen Ansatzpunkt für die schwierige Integration auch der betrieblichen Berufsausbildung gefunden zu haben.

Wenden wir uns nun dem ersten Realisierungsversuch dieses Konzeptes zu. Anfang der siebziger Jahre erschien die allgemeine bildungspolitische Konstellation für die organisatorische wie didaktische Konzeptionierung einer integrierten Sekundarstufe II noch günstig. Die Diskussion des „Strukturplanes für das Bildungswesen“ hatte einen breiten öffentlichen Konsens über die Notwendigkeit radikaler Eingriffe in die Bildungsstrukturen erkennen lassen, der „Bildungsbericht ‘70“ der Bundesregierung orientierte sich in seinen Aussagen zur Verbindung von Allgemeinbildung und Berufsbildung praktisch ohne Abstriche an den Prinzipien des Strukturplanes. Doch schon im „Bildungsgesamtplan“ von Bund und Ländern (1973) finden sich Positionen, die das „Ende der öffentlichen Emphase für die Bildungsreform“ (Blankertz) andeuten. Zwar wird in diesem Dokument die „Herstellung der Gleichwertigkeit von beruflicher und allgemeiner Bildung“ noch angestrebt, „wobei das berufliche Schulwesen neu zu ordnen und auszubauen und die gymnasiale Oberstufe in der geplanten und differenzierenden Form neu zu entwickeln ist“. Zwar wird die „curriculare Abstimmung und Verzahnung von Bildungsgängen im derzeitig allgemeinen und beruflichen Bildungswesen“ noch als Reformprinzip genannt, eine organisatorische „Zusammenfassung der verschiedenen Bildungsgänge und Ausbildungsformen des Sekundarbereichs II“ soll jedoch allenfalls in Modellversuchen erprobt werden (vgl. Bund-Länder-Kommission 1973, S. 30 f.).

Diese Formulierungen zeigen, daß offensichtlich nach dem Willen von Ländern *und* Bund für den Sekundar„bereich“ II zunächst einmal „die traditionelle Trennung der beiden Bildungswege (...) festgeschrieben“ werden sollte (Lingelbach 1975, S. 13). Daß noch nicht einmal das Problem der „Gleichwertigkeit“ durchdacht war, das zeigt der Hinweis auf die Neugestaltung der gymnasialen Oberstufe (S. 29), so daß sich folgern läßt, daß im ersten – indes auch letzten – Bildungsgesamtplan der Bundesrepublik das Scheitern der Integrationspolitik im Bildungswesen schon angelegt bzw. vorweggenommen war: für qualitative Veränderungen sollten langfristige Modellversuche angesetzt werden, gleichzeitig betrieb man jedoch die Expansion mit einem Regelsystem, das dafür ganz ungeeignet erscheint. Offenbar war zumindest der bildungspolitische Konsens zwischen den Parteien schon 1973 aufgekündigt, ein Grund, daß es zur Fortschreibung des *Bildungsgesamtplanes* nicht mehr kam, genausowenig wie zu einer zweiten möglichen Amtsperiode des *Deutschen Bildungsrates* nach 1975. Politikberatung und Bildungsplanung waren in der Bundesrepublik Mitte der siebziger Jahre schon an ihr Ende gekommen.

Das erste Bundesland, das das Konzept des Bildungsrates für eine integrierte Sekundarstufe II organisatorisch und didaktisch zu konkretisieren versuchte, war das Land *Nordrhein-Westfalen*. Am 28. Juli 1970 wurde in einer Regierungserklärung ein Modell „Kollegstufe NW“ angekündigt: „Für das 11. bis 13. Schuljahr“, so heißt es da lapidar, „werden Kollegs eingerichtet, in denen Absolventen der Hauptstufe bei differenziertem Bildungsangebot auf Studium und Beruf vorbereitet werden.“ Im Jahr 1972 legte die 1970 unter dem Vorsitz von *Herwig Blankertz* eingerichtete Planungskommision ihre Empfehlungen vor (vgl. Kollegstufe NW 1972). Sie beginnen mit einer bildungstheoretischen Begründung, in der die Möglichkeit einer inhaltlichen Definition von allgemeiner Bildung angesichts des gesellschaftlichen, kulturellen und wissenschaftlichen Entwicklungsstandes ausgeschlossen wird. Die sog.

„Bildungs"inhalte, so im Text, können nicht mehr aus einer Bildungs„theorie" abgeleitet werden, sie ergeben sich als gesellschaftliche Anforderungen an Schule und Unterricht. Allerdings, und hier erfolgt die klare Anknüpfung an die Überlegungen des Deutschen Bildungsrates, müssen diese Inhalte dem Anspruch von Wissenschaftlichkeit und Kritik standhalten. Beide Prinzipien vereinigen sich in der Kollegstufe zur „Wissenschaftspropädeutik" als systematisch zu praktizierendem Hauptthema. Der Wissenschaftsbezug des Unterrichts muß sich bis zu dieser Stufe so verdichtet haben, „daß er nun die für das wissenschaftliche Arbeiten und Erkennen typischen Probleme der Objektivierung und der Abstraktion im Medium der jeweiligen Sachfragen zu seinem Gegenstand machen kann" (Kollegstufe NW 1972, S. 28).

Das Strukturmodell, das diesen Grundsätzen entsprechen soll, weist die folgenden hauptsächlichen Merkmale auf:
- eine vollkommene organisatorische Integration von gymnasialer Oberstufe und beruflichen Schulen;
- eine radikale Auflösung des Klassenverbandes zugunsten eines differenzierten Kurssystems;
- eine Systematisierung des Lehrangebotes nach drei „Lernbereichen": Schwerpunktprofil, obligatorischer Bereich und Wahlbereich;
- eine konsequente curriculare Integration aller Bildungsgänge der Kollegschule.

Die Planungskommission hatte beschlossen, über die Vorgaben des Kultusministers und die Überlegungen des Bildungsrates hinaus auch die Teilzeit-Berufsschule in das Programm einzubeziehen, was eine Trimester-Ordnung für die gesamte Unterrichtsorganisation notwendig machte. Durch „Blockung" des Teilzeitunterrichts eröffnete sich damit für die Berufsschüler die Möglichkeit, am Vollzeitunterricht der übrigen Kollegiaten teilzunehmen. Die Schwerpunktprofile zeigen sich durch die angestrebten Abschlüsse definiert; der diesbezügliche Unterricht soll 12–16 Wochenstunden betragen (obligatorischer Bereich 6–8, Wahlbereich 6–12 Wochenstunden). Innerhalb der Schwerpunktprofile sind bestimmte Kurskombinationen verbindlich vorgeschrieben, studienbezogene Schwerpunktpofile müssen mindestens 75 Prozent wissenschaftspropädeutische Kurse enthalten, berufsqualifizierende mindestens 20 Prozent. In einer voll ausgebauten Kollegschule sollten die folgenden Abschlüsse erreicht werden können:

(1.) Studienqualifikation (allgemeine Hochschulreife, Fachhochschulreife);

(2.) Berufsqualifikation (Betriebsausbildung + Berufsschule, Berufsgrundschuljahr – Betriebsausbildung + Berufsschule, Berufsfachschule ein- und zweijährig)

(3.) Berufsvorbereitung (mit und ohne Sekundarstufenabschluß I)

(4.) Berufsbefähigende Lehrgänge (an Stelle der bisherigen sog. „Jungarbeiterklassen", d. h. Klassen für Berufsschulpflichtige ohne Lehrvertrag).

Als Besonderheit der Kollegstufe muß berücksichtigt werden, daß sich aus ihrer organisatorischen und curricularen Anlage die Möglichkeit zum Erwerb sog. „Doppelqualifikationen" ergibt, d. h. der Erwerb von Hochschulreife und Berufsqualifikation in einem integrierten Bildungsgang. Dieser bis dahin im westdeutschen Bildungssystem nicht mögliche Abschluß der Sekundarstufe II und das letztlich doch ungeklärte Verhältnis der Kollegstufe zum Dualen System der Berufsausbildung, dessen Kern – die Betriebsausbildung – andere Träger-, Rechts- und politische Einflußstrukturen aufweist als das öffentliche Schulwesen, bildeten dann folgerichtig das Einfallstor für die verbreitete Kritik an diesem Modell. Doch 1973 wurde die Planungskommission für ihr Konzept erst einmal ausgezeichnet: *die Pfaff-Stiftung in Rheinland-Pfalz* betonte in ihrer Würdigung, daß die Kommission „die Lösung eines der schwierigsten Probleme unseres Bildungssystems in Angriff genommen hat: die Aufhebung einer zunehmend widersprüchlichen und schädlichen Trennung der allgemeinen studienbezogenen und nicht allgemeinen berufsbezogenen Bildung" (zit. nach Petry 1987, S. 174).

Nach mehrjähriger Diskussion wurde das Konzept 1976 noch einmal ergänzt und geringfügig verändert; offiziell bekam der Schulversuch nun den Namen *„Kollegschule NW"*. Die erste Kollegschule begann 1977 mit dem Unterricht in integrierten Bildungsgängen. Im Laufe der Jahre nahmen über 30 Schulen am Versuch teil, bis auf einzelne Ausnahmen alles berufliche Schulen. Trotz der feststellbaren Abnahme des allgemeinen Reformwillens in Bezug auf das Bildungswesen trug den Kollegschulversuch zu dieser Zeit noch eine breite Zustimmung. Die Landesparteien signalisierten zumindest Einverständnis mit dem Programm, die CDU allerdings nur in der Perspektive eines Ausbaumodells für die beruflichen Schulen. Auf der Ebene der Schulträger fanden sich Befürworter in der Form unterschiedlicher Koalitionen. Die „Gewerkschaft Erziehung und Wissenschaft" (GEW) und die beiden Berufsschullehrerverbände (VLW und VLBS) unterstützten das Projekt, nur der Philologenverband verhielt sich ablehnend, was dazu führte, daß sich nur zwei Gymnasien am Modellversuch beteiligten. Auch bei den Wirtschaftsverbänden und Kammern ließ sich eine strikt ablehnende Haltung vorerst nicht ausmachen. Der „Landesausschuß für Berufsbildung", in dem die Sozialpartner paritätisch vertreten sind, sagte der Landerregierung seine Unterstützung bei der Durchführung des Modellversuchs zu (vgl. Petry 1987, S. 180 f.).

Zusammenfassend läßt sich feststellen, daß die Diskussion über die Kollegschule von der Konzeptionsphase (1970–1977) bis zum Auslaufen der Kollegschul-Sondervereinbarung mit der KMK im Jahre 1985 im Lande ohne besondere Schärfe verlief. Von außerhalb war indes schon im Jahre 1972 schroffe Kritik aus dem Lager der Wirtschaftspädagogen zu vernehmen (vgl. Zabeck 1973; dagegen kritisch-zustimmend: Lempert 1972). In einem Referat am 6. Oktober 1972 vor der „Arbeitsgemeinschaft der Direktoren der deutschen Wirtschaftsgymnasien" qualifizierte *Jürgen Zabeck* Strukturplan und Kollegstufenmodell als eine „utopische Vision", „die jedoch nicht wegen ihres Mangels an Rationalität einfach abgetan werden kann“, ihre eigentliche Gefahr liege vielmehr darin, daß sie „eine große politische Sprengkraft“ besitze (S. 456). Damit geriet das Kollegstufenmodell als „Strategie der Systemüberwindung“ und „Spielwiese der Neuen Linken“ in den Sog einer gesellschaftspolitischen Auseinandersetzung, die im „roten Jahrzehnt“ (1967 bis 1977) der Bundesrepublik vor allem im Bildungsbereich mit besonderer Härte und Erbitterung ausgetragen wurde (vgl. Koenen 2001).

Im Zuge dieser Entwicklung häuften sich nun die Vorbehalte gegenüber dem Kollegstufenmodell. Kurz vor der Landtagswahl 1985 und vor dem Hintergrund der auslaufenden Sondervereinbarung mit der KMK von 1976 traten die alten und die neuen Kritiker mit gesteigerter Entschiedenheit auf den Plan. Trotz anderslautender, positiver Belege durch die wissenschaftliche Begleitung des Kollegstufenversuchs wurden die Praktikabilität des Integrationsansatzes und die Möglichkeit der Doppelqualifizierung massiv angezweifelt und z. T. mit übler Polemik belegt (vgl. Petry 1987, S. 184 ff.). Auf der offiziellen politischen Ebene ging es dagegen ganz eindeutig um die Verteidigung der allgemeinen Hochschulreife, des zentralen Berechtigungsnachweises für die akademischen Berufspositionen. Dies zeigen vor allem die entsprechenden Verhandlungen in der KMK, die nach Auskunft von *Ludwig Petry* im Vorfeld einer einvernehmlichen Regelung „zu platzen drohte“ und für deren einzelne Teilnehmer die „Schmerzgrenze“ erreicht war (vgl. Petry 1987, S. 183). Die Auseinandersetzungen der Kultusminister mit der Kollegschule beschränkten sich allerdings nahezu ausschließlich auf die allgemeine Hochschulreife, insbesondere auf die doppeltqualifizierende Form, das Gesamtkonzept dagegen fand ebensowenig Interesse wie die übrigen Abschlüsse und Bildungsgänge. Die KMK empfahl die bundesweite Anerkennung der Doppelqualifizierung mit allgemeiner Hochschulreife lediglich unter der Maßgabe, daß der entsprechende Bildungsgang vier, statt der vorgesehenen drei Jahre dauern sollte.

Der KMK-Beschluß vom 17./18. April 1986, der verbreitet als hart erkämpfter Kompromiß bewertet wird, entfernt sich nicht nur von dem Konsens, die gymnasiale Oberstufe für berufsbezogene Fachrichtungen und Inhalte zu öffnen bzw. offen zu halten, wie er noch in der Vereinbarung von 1972 enthalten war, er markiert darüberhinaus im Rückblick schon das Ende der auf die Sekundarstufe II bezogenen Integrationspolitik in Nordrhein-Westfalen, im Grunde genommen die Absage an jegliche Integrationspolitik auf dieser Stufe. Wir zitieren den Wortlaut:

„1. Die nordrhein-westfälische Kollegschule ist ein Versuch, die allgemeine Hochschulreife mit Hilfe berufsbezogener Lehrpläne und Stundentafeln zu erreichen.
Dieser Weg ist in der Vereinbarung zur Neugestaltung der gymnasialen Oberstufe nicht vorgesehen. Die Kollegschule ist daher nicht Regelschule, sondern Schulversuch.

2. Die Abschlüsse der Nordrhein-Westfälischen Kollegschule werden unter folgenden Bedingungen bis auf weiteres anerkannt:
   a) Der Umfang des Versuchs wird nicht ausgeweitet.

b) Eingangsbedingung für die zur allgemeinen Hochschulreife führenden Bildungsgänge ist die Oberstufenreife.
c) Die Möglichkeit der Nachprüfung wird aus der einschlägigen Abiturprüfung gestrichen.

3. Die Kultusminister und -senatoren bekräftigen ihre Absicht einer Fortschreibung der allgmeinen Vereinbarungen zur Neugestaltung der gymnasialen Oberstufe. Bei dieser Fortschreibung wird auch über die Bildungsgänge und Abschlüsse der Kollegschule zu entscheiden sein."

Am 25. November 1997 wurde das „berufsbildende Schulwesen" in Nordrhein-Westfalen durch das „Gesetz zur Änderung des Schulverwaltungsgesetzes (Berufskolleggesetz)" neu geordnet (vgl. GVNW, S. 426). In diesem Gesetz wird explizit der eigenständige Wert der beruflichen Bildung betont, und – angesichts der umbruchartigen Veränderungen im Wirtschafts- und Arbeitsleben – werden umfassende Handlungskompetenz und lebensbegleitendes Lernen als wesentliche Ziele für eine zukunftsorientierte Vorbereitung auf das Berufsleben definiert. Der Paragraph 4 e SchVG faßt in der Institution „Berufskolleg" die bestehenden beruflichen Schulen zu einer organisatorischen und didaktischen Einheit zusammen. Das breite fachliche Angebot ist nach Bildungsgängen geordnet, die ihrerseits nach Berufsfeldern und fachlichen Schwerpunkten gegliedert sind. Eine spezielle „Ausbildungs- und Prüfungsordnung Berufskolleg" bestimmt die verschiedenen Abschlüsse. Die berufsqualifizierenden reichen von der Berufsvorbereitung bis zur beruflichen Weiterbildung, an allgemeinbildenden Schulabschlüssen werden sämtliche Abschlüsse der Sekundarstufen I und II vergeben – vom nachträglichen Hauptschulabschluß bis zur allgemeinen Hochschulreife. Eine Spezialität bilden die sog. „doppeltqualifizierenden" Bildungsgänge mit einer Berufsausbildung nach Landesrecht (= Assistentenberufe) und dem Erwerb der allgemeinen Hochschulreife (vgl. Ministerium für Schule, Wissenschaft und Forschung NRW 12/2001).

Wie umfassend und flexibel dieses Sekundarschulmodell auch immer sein mochte, zwei entscheidende Ziele des ursprünglichen Reformprogramms wurden mit ihm nicht erreicht: (1.) die Einbeziehung der gymnasialen Oberstufe in den Verbund und (2.) die Ermöglichung einer Doppelqualifizierung auch im Zusammenhang mit den Ausbildungsberufen nach Berufsbildungsgesetz (BBiG) und Handwerksordnung (HWO), also den Massenberufen im Dualen System der Berufsausbildung. Das bevorstehende „Ende der gymnasialen Oberstufe und der Berufsschule", das *Herwig Blankertz* 1972, beim Aufbruch in den Kollegstufenversuch, glaubte ausrufen zu können (vgl. Blankertz 1972, S. 2) war also nicht eingetreten. Im Grunde ist das erreicht worden, was die nordrhein-westfälische CDU schon zu Beginn des ehrgeizigen Versuchs als maximal zu erreichendes Ziel anzuerkennen bereit war: *eine Neuordnung des beruflichen Schulwesens.*

## 7.4 Integration von allgemeiner und beruflicher Bildung II: das Beispiel „Oberstufenzentren“ in Berlin

Berlin war Anfang der sechziger Jahre ein Vorreiter der Gesamtschulentwicklung gewesen, insofern lohnt es sich, den groß angelegten und ehrgeizigen Versuch dieses Stadtstaates zu analysieren, mit dem versucht wurde, auch eine integrierte Sekundarstufe II zu schaffen, die sich sozusagen als das noch fehlende Element einer umfassenden Strukturreform im Bildungswesen verstehen ließ. Dies zeigen schon die begrifflichen Neuschöpfungen „Mittelstufenzentren“ und „Oberstufenzentren“ für die zu schaffenden integrierten Formen von Sekundarstufe I und II (vgl. dazu und dem folgenden Lehmann 1977).

Erste Hinweise auf eine explizite Integrationspolitik im Hinblick auf die Sekundarstufe II finden sich in Berlin im „Schulentwicklungsplan I“ (1970) und in der Regierungserklärung vom 30. April 1971 (vgl. Senator für Schulwesen 1970; Abgeordnetenhaus von Berlin, Drucksache 6/49 vom 30.04.71). Trotz dieser öffentlichen Ankündigungen einer auf Integration zielenden Bildungsplanung für die Sekundarstufe II dauerte es noch zwei Jahre, bis sich der Berliner Senat endlich entschloß, konkrete Pläne zur Neugestaltung der Oberstufe zu entwickeln. Am 12. September 1972 wurde durch Senatsbeschluß ein *ressortübergreifendes Planungsteam* und ein *Planungsausschuß* für den Bereich der Sekundarstufe II (Oberstufenzentren) eingesetzt. Im „Schulentwicklungsplan II“ von 1973 wurde das Ziel der Integrationspolitik klar bestimmt: berufsgerichtete und studienbezogene Bildungsgänge sind – soweit möglich – zu integrieren (vgl. Senator für Schulwesen 1973, S. 2). Die Begründung dafür lautete: „Der Ausgleich zwischen gesellschaftlichen Ansprüchen und individuellen Bedürfnissen, wie er in dem Bemühen um größere Chancengleichheit deutlich wird, führt schließlich auch zu Reformen in der Oberstufe. Dabei kann die Schule nicht auf einen festen Bildungskanon als Gerüst einer sogenannten Allgemeinbildung zurückgreifen“ (S. 1).

Im Unterschied zu Nordrhein-Westfalen stand das Berliner Unternehmen unter einem enormen Zeitdruck: bis 1982 sollten 22.000 zusätzliche Schülerplätze in der Sekundarstufe II geschaffen werden, was im Grunde nur mit Hilfe eines ausgedehnten Bauprogramms zu bewältigen war. Der Druck entwickelte sich jedoch nicht nur aus einer zu erwartenden demographisch bedingten Übernachfrage nach Plätzen in der Sek II, die Berliner Politik hatte auch endlich zu ihrem Versprechen gegenüber Arbeitgebern und Gewerkschaften zu stehen, das durch Krieg und Mauerbau nahezu aufgeriebene und seither vernachlässigte städtische Berufsschulwesen auf einen modernen Entwicklungsstand zu bringen. Die Einlösung dieser Zusage hatte sich schon massiv verzögert. Ein Jahr nach Einsetzung des Planungsteams mußte der Schulsenator zugeben, daß das Planungsverfahren für die Sekundarstufe II „leider spät – zu spät“ in Gang gesetzt worden war (vgl. Abgeordnetenhaus von Berlin Plenarprotokoll 6/58 vom 11.10.73).

Das Planungsverfahren war ursprünglich auf neun Monate veranschlagt worden, doch erst nach zweijähriger Tätigkeit beendete das Planungsteam seine Arbeit im November 1974. Nach der Stellungnahme der einzelnen Senatsverwaltungen und einigen notwendigen Korrekturen veröffentlichte die Senatskanzlei im Herbst 1975 die offizielle Fassung des Planungskonzeptes in Form eines „Abschlußberichtes" (vgl. Regierender Bürgermeister von Berlin 1975). Die schulgesetzliche Umsetzung der Planungsvorgaben erfolgte im „12. Schuländerungsgesetz" von 1975 (vgl. Gesetz- und Verordnungsblatt für Berlin 1975, S. 634 ff.): die berufsfeldbezogenen Oberstufenzentren wurden damit – nach dem Vorbild der Gesamtschulen in der Sekundarstufe I – als gleichberechtigte Regelschulen neben die bestehenden Oberschulzweige der Sekundarstufe II gesetzt, bzw. in Konkurrenz zu den traditionellen Schulen installiert.

Die Verlaufsgeschichte des Oberstufenprojektes in Berlin ist, anders als beim Kollegschulversuch in NRW, vor allem durch Eigenheiten des Planungsprozesses selbst beeinflußt worden. Im Hinblick auf die Steuerung der Reform entschied sich der Senat für das Instrumentarium des „Berliner Planungssystems", das in den Jahren 1970/71 für komplexe, d.h. ressortübergreifende Planungsverfahren im Rahmen der Stadtentwicklung geschaffen worden war. Die drei Ebenen des Planungsprozesses – Zielplanung, Programmplanung, Projektplanung – sollen einen kurzgeschlossenen Informations- und Entscheidungsfluß zwischen den beteiligten Ressorts verbürgen sowie zwischen der politischen und der Verwaltungs-Ebene. Entscheidender Nachteil dieses Verfahrens: die zu programmierenden Innovationsprozesse und ihre Umsetzung folgen nahezu ausschließlich dem „Bürokratie-Modell" (Max Weber) bzw. einer politisch-administrativen Strategie.

So war das *Planungsteam* von zeitweise beurlaubten Beamten aus der Linie der Verwaltungshierarchie und von Mitarbeitern aus den Stäben der Grundsatzabteilungen der Ressorts besetzt, der *Planungsausschuß*, der die Zwischenentscheidungen zu treffen und die Abstimmung mit der politischen Führung zu gewährleisten hatte, mit leitenden Kräften der Ressorts, Vertretern des Rates der Bürgermeister (= Bezirksebene) und Mitgliedern der zuständigen Ausschüsse des Abgeordnetenhauses. Als Berater ohne Stimmrecht waren Vertreter gesellschaftlich relevanter Gruppierungen vorgesehen sowie zwei Abgesandte des „Landesausschusses für Berufsbildung" (vgl. Lehmann 1977, S. 123 ff.). Eine institutionalisierte wissenschaftsorientierte Assistenz – wie beispielsweise im Kollegschulversuch in NRW – war in Berlin nicht vorgesehen. „Die Bürokratie duldete keinen anderen Herrn neben sich" – wie schon in Preußen 1816, als die auf Vorschlag von Humboldt und Süvern 1809/10 eingesetzte „Wissenschaftliche Deputation", „die den Geist der Wissenschaft in der Sektion zur Geltung bringen" sollte, von der Administration zur Aufgabe gezwungen wurde (vgl. Matthias 1913, S. 86).

Die einzelnen Phasen der Integration, wie sie im Abschlußbericht des Planungsteams entwickelt worden waren, stellten sich folgendermaßen dar: *Phase I/Konzentration* ist vor allem durch die Errichtung der beruflichen Oberstufenzentren und die

Durchführung der Oberstufenreform an Gymnasien gekennzeichnet; *Phase II/ Annäherung und Verzahnung* sieht die Entwicklung gemeinsamer Kurse für studien- und berufsqualifizierende Bildungsgänge vor, Abstimmung der Unterrichtsorganisation und Neuordnung der Abschlüsse in der Sekundarstufe II; in *Phase III/ Zusammenschluß* sollten dann einheitlich organisierte Kollegs, ein einheitliches Kurssystem und eine einheitliche Verwaltung für die staatlichen und privaten Lernorte in der Sekundarstufe II realisiert sein (vgl. Lehmann 1977, S. 187).

Diese konsequente Verwirklichung des Stufenprinzips in der Struktur des Bildungswesens hätte als Konsequenz die Auflösung des Gymnasiums nach sich gezogen: in der Mittelstufe wäre diese traditionsbeladene Institution Teil der Gesamtschule geworden, in der Sekundarstufe II wäre sie in den Oberstufenzentren aufgegangen. Das Planungsteam hatte diesen Prozeß im Entwurf des Abschlußberichtes eindeutig festgeschrieben, doch die Senatsschulverwaltung war nicht bereit, diese Empfehlung zu übernehmen: in der endgültigen Fassung des Abschlußberichtes wurde schon die Existenz des Gymnasiums nicht mehr in Frage gestellt. Knapp und präzise heißt es da: „Neben den Oberstufenzentren wird es in Berlin (West) weiterhin Gymnasien für Schüler studienbezogener Bildungsgänge geben" (Abschlußbericht, Nr. 119 und S. 13).

Offensichtlich war der politische Druck von seiten der „gebildeten Oberschicht" gestiegen. So hatte bereits 1974 die CDU-Fraktion im Berliner Abgeordnetenhaus in einer Stellungnahme mit dem Titel „Chancengerechtigkeit und Freiheit" gegen die Integrationspläne des Senates Stellung bezogen. „Unter der Zauberformel der Integration von allgemeiner und beruflicher Bildung", so nicht ohne Polemik, „ist letzthin gemeint, daß jeder Bildungsweg auch zu einer Studienberechtigung führen soll" (Diepgen 1974, S. 11). Der „Deutsche Philologenverband" nahm seine Vorstandssitzung in Berlin im November 1976 zum Anlaß, die Kultusminister vor weiteren Veränderungen in der Sekundarstufe II zu warnen. Die „überholten und ungeprüften Theorien" zur Begründung der Stufenschule seien endlich aufzugeben, so die verunsicherten Gymnasialvertreter, die entsprechenden Schulversuche hätten das „heutige funktionierende gegliederte Schulwesen in ein chaotisches Experimentierfeld" verwandelt, die Einheit des Gymnasiums müsse im Interesse einer erfolgreichen Ausbildung der kommenden Generation erhalten bleiben (zit. nach Lehmann 1977, S. 194).

Der beschriebene Zeitdruck – „Vor den Oberstufenzentren erhebt sich der Schülerberg", so am 23.04.77 der „Tagesspiegel" auf Seite 8 –, die im Planungsteam oft beklagte Unbeweglichkeit der Bürokratie, der steigende politische Druck konservativer Provenienz, vor allem aber die deutlichen Absetzbewegungen wichtiger Unterstützergruppen von zentralen Vorhaben – wie im Kapitel 7.2 am Beispiel „Berufsgrundbildungsjahr" (BGJ) beschrieben – bewirkten, daß immer mehr wichtige innovative Elemente des Berliner Oberstufenprogramms aufgegeben wurden, so die Einführung eines verbindlichen Berufsgrundbildungsjahres für alle Bildungsgänge im OSZ, die Errichtung der „Technisch-Apparativen Zentren" (TAZ) als neue Lernorte für eine berufspraktische Ausbildung an den OSZ, die allgemeine Durchsetzung des zweiten Berufsschultages oder die Einrichtung von Ergänzungslehrgängen zum Erwerb der allgemeinen Hochschulreife für Absolventen der Fachoberschulen. Eine Fachtagung zum Thema „Oberstufenzentren" auf den „Hochschultagen Berufliche Bildung '84" in Berlin, auf der wichtige Vertreter der Berliner Bildungsbürokratie sich zum Ergebnis ihres inzwischen in die Jahre gekommenen „Reformprojektes" äußern konnten, macht allerdings auch deutlich, daß die Senatsschulverwaltung, die den Planungs- und Umsetzungsprozeß großenteils dominiert hatte, nicht unbedingt mit großer Überzeugung und massivem Einsatz das sicher nicht leicht zu handhabende Vorhaben gefördert hatte, sonst wäre statt der nachträglichen Diffamierung des ursprünglichen Ansatzes eher ein Bedauern über sein weitgehendes Scheitern fällig gewesen (vgl. Dikau 1985, S. 122 f.).

Insbesondere die Aushöhlung des als „Kernstück" der OSZ-Konzeption geplanten einheitlichen Berufsgrundbildungsjahres hat die anvisierte Integrationsidee letztlich in der Praxis scheitern lassen. Noch 1974 bestand die entscheidende planerische Aufgabe darin, „die Lehrinhalte des Berufsgrundbildungsjahres so zu gestalten, daß es einerseits voll auf eine anschließende Berufsausbildung dieses Berufsfeldes, andererseits jedoch soweit wie möglich auch im Hinblick auf eine allgemeine Hochschulreife bzw. eine Fachhochschulreife angerechnet werden kann" (zit. nach Dikau 1985, S. 123). Diese Zielformulierung ist klar auf eine echte „Doppelqualifizierung" ausgerichtet, kein Wunder, daß auch genau an diesem Punkt die Kritik der KMK ansetzte. Bis 1986 war zwar die „Berliner Form eines Beruflichen Gymnasiums" mit spezifischem Berufsgrundbildungsjahr und beruflichem Prüfungsschwerpunkt, das an einigen der Oberstufenzentren quasi als Ersatz für die nicht gewagte große Lösung eingerichtet wurde, als Schulversuch toleriert worden. Doch danach mußte das BGJ im Berliner Beruflichen Gymnasium wegen des großen berufsorientierten Anteils in der Stundentafel des weitgehend nach Bundesrecht geregelten Lehrprogramms auf Druck der übrigen Bundesländer aufgegeben werden.

Auch der Berliner Integrationsversuch auf der Sekundarstufe II mündete also letztlich nur in eine Neuordnung des beruflichen Schulwesens ein. Die ursprünglich mit ihm verknüpften Ziele sind heute weitgehend vergessen, die damaligen Kontrahenten sind inzwischen in Pension gegangen. Im einzelnen bescherte dieser ehrgeizige Reformversuch dem Westteil der Stadt einen ansehnlichen Kranz moderner bzw. modernisierter Berufsschulzentren und in diesen: neue Berufsfachschulen und Fachoberschulen sowie neun beruflich orientierte Gymnasien, weiterhin berufsbefähigende Lehrgänge für das 10. Schuljahr in Vollzeitform und Übergänge von einer Teilzeitschule (= Pflichtberufsschule) auf Vollzeitlehrgänge im 11. Schuljahr für Jugendliche ohne Ausbildungs- oder Arbeitsverhältnis.

In beiden Fällen – sowohl in Nordrhein-Westfalen wie in Berlin – ist es immerhin gelungen, neue eigene Gymnasialformen im beruflichen Sektor der Sekundarstufe II zu begründen und ihre Anerkennung bundesweit durchzusetzen. Doch eine echte Integration von beruflich-fachlichem und allgemeinem Lernen ist in diesen Oberstufen nicht verwirklicht worden. Es gilt daher heute noch immer das, was der renommierte Bildungsforscher *Friedrich Edding* in seiner Eröffnungsrede auf den „Hochschultagen Berufliche Bildung '84" den damals mehrheitlich noch gläubigen Zuhörern zum Thema Integration glaubte entgegenhalten zu müssen: Die beiden etablierten Systeme, so Edding in seiner nüchternen Analyse, werden sich in vorhersagbarer Zukunft nicht integrieren lassen. „Zuviel steht einer wirklichen Verschmelzung entgegen: die große Verschiedenheit im Wesenskern, die traditionsgebundenen Bestände lehrenden Personals, die Vorstellungen breiter Kreise der Eltern und nicht zuletzt die Machtverhältnisse. Solange die berufliche Bildung noch weit von der Gleichrangigkeit entfernt ist, bedeutet Integration in der Regel, daß sich dabei traditionelle gymnasiale Bildungsmuster durchsetzen" (vgl. Greinert 1985, S. 31).

Es liegt natürlich nahe, für das Scheitern der großen Projekte der Berufsbildungspolitik in den siebziger Jahren in erster Linie die letztlich nicht aufzubrechenden gesellschaftlichen Machtverhältnisse verantwortlich zu machen. Daß es „bewußter politischer Planung möglich sein könnte, der Ökonomie des Marktes und der privaten Wirtschaft einen größeren Spielraum zur Gestaltung der gesellschaftlichen Verhältnisse nach den Bedürfnissen der Menschen nach mehr Wissen und kultureller Teilhabe abringen zu können", dieser Glaube währte in der Tat nicht lange, genau genommen lediglich von Mitte der sechziger bis Mitte der siebziger Jahre (vgl. Baethge 1983, S. 145). Wir sind indes der Meinung, daß speziell für das Scheitern der Integrationsversuche nicht allein die konservative Gegenmacht verantwortlich zu zeichnen hat, es ist einfach nicht zu übersehen, daß die Integrationskonzepte selbst sich in gefährlichem Maße ideologisch aufgeladen zeigten, d.h. radikal formuliert: daß sie zumindest in einigen wichtigen Facetten „an der Realität mißlungene Vernunft" (G. Stütz) spiegeln.

Sichtbar wird dies sowohl an zentralen organisatorischen wie didaktischen Konstruktionselementen der Integrationsprojekte. Dazu zwei Beispiele:

(1.) Um den Anspruch der Realisierung von materialer Chancengleichheit aufrechterhalten zu können, ergab sich für die ernsthaften Integrationsversuche als Notwendigkeit die Berücksichtigung der Berufsausbildung im Dualen System, d.h. die Einbeziehung der Ausbildungsberufe nach BBiG und HWO. Da diese Ausbildung in ihrem dominierenden betrieblichen Teil keinen schulrechtlichen Bestimmungen unterliegt, hatte der Deutsche Bildungsrat in seinem Strukturplan eine Einbeziehung dieses Qualifikationsbereichs in eine integrierte Sekundarstufe II noch für nicht durchsetzbar gehalten.

In den Empfehlungen zur Neustrukturierung der Sekundarstufe II von 1974 versuchte der Bildungsrat überraschenderweise diesem Verzicht durch das Konzept eines „Lernortverbundes" abzuhelfen: die Lernorte der Sekundarstufe II – Schule, Betrieb, Lehrwerkstatt und Studio – wurden zu einer „kooperativen Einheit", dem „Kolleg" zusammengefaßt, einer lernortübergreifenden Institution, die – da sie nach Meinung des Bildungsrates keine Schule sei – die Einbeziehung nicht-schulischer Lernorte wie Betrieb oder Lehrwerkstatt erlaubte. Schon die Aufgabenstellung für das Kolleg, nämlich die Lernprogramme der einzelnen Lernorte „nach staatlichen Vorgaben" aufeinander abzustimmen, verweist indes auf die Brüchigkeit der ganzen Konstruktion. Nicht nur, daß die begriffliche Neuschöpfung „Lernort" sich bei genauerer Analyse als eine reichlich unausgegorene pädagogische Idee herausstellte (vgl. Beck 1984), weit schwerer wog, daß mit diesem Konstrukt das eigentliche Problem grundsätzlich nicht zu lösen ist. Wie der Kolleg*schul*versuch in Nordrhein-Westfalen zeigt, bleibt die unabhängig gedachte Institution „Kolleg" – schon dafür hätte die Planungskommission auf ganz andere Organisationsmuster zurückgreifen müssen (vgl. Greinert 2001) – fast wie selbstverständlich nach staatlichem Schulrecht verfaßt.

*Das problematische Spannungsverhältnis zwischen öffentlicher und privater Trägerschaft ist also faktisch mitnichten aufgehoben.* Die „Berufsbildung" bleibt nach wie vor korporatistisch verfaßt und dem dominierenden Einfluß der privaten Betriebe und ihren gesellschaftlichen Interessenvertretungen unterworfen. Berufliche Bildungsgänge im Kollegstufenkonzept blieben folglich ausschließlich auf den Lernort Schule und damit allein auf die sog. „Schulberufe" beschränkt.

(2.) Die für die Didaktik der Integrationsversuche zentrale Frage der Herstellung von „Gleichwertigkeit" gymnasialer und beruflicher Bildungsgänge wurde vom Bildungsrat zum einen durch die Liquidierung der Allgemeinbildungsidee, andererseits durch die Ersetzung dieser Normierung durch die Orientierung an fachlichen und allgemeinen Lernzielen zu beantworten versucht. Die allgemeinen Lernziele sollten dabei gegenüber den fachlichen eine kritische Funktion vertreten, d.h. sie sollten von ihnen eine Form der Vermittlung im Lernprozeß verlangen, durch die sie sich als pädagogisch rechtfertigen können. Dies sollte in der Unterrichtspraxis durch die Unterwerfung des fachlichen Lernens unter die – „bildungstheoretischen" – Kriterien der „Wissenschaftsorientierung" und der „Kritik" (vgl. Strukturplan S. 33). geschehen. Beide Kriterien verdichten sich in der Sekundarstufe II zum gymnasialen Anspruch der „Wissenschaftspropädeutik", so im Konzept des Kollegschulversuchs NW. Der wissenschaftspropädeutische Unterricht sollte demnach

1. grundlegende wissenschaftliche Verfahrens- und Erkenntnisweisen systematisierend und problematisierend vermitteln; …
2. wissenschaftliche Attitüden, ohne die wissenschaftliche Verfahrens- und Erkenntnisweisen unpraktikabel bleiben, bewußtmachen und einüben;
3. den sich jeweils historisch wandelnden Gesellschaftsbezug aller wissenschaftlichen Theorie und Praxis aufdecken, da ohne Korrektur durch gesellschaftstheoretisch fundierte Beurteilungskategorien Wissenschaft prinzipiell jedem Zweck dienen kann beziehungsweise immer nur systemimmanent kritisierbar ist" (Kollegstufe NW 1972, S. 28f.).

Dem Verzicht der studienbezogenen Bildungsgänge auf den gymnasialen Allgemeinbildungskanon mußte nach Meinung der Planungskommission auf der Seite der berufsqualifizierenden Bildungsgänge der Anschluß an Programm und Niveau der Wissenschaftspropädeutik entsprechen. Rechtfertigen läßt sich dies daraus, daß die beruflichen Anforderungen immer stärker von Wissenschaften und wissenschaftlichen Technologien bestimmt werden, so daß auch die Berufsausbildung der Tendenz zur Theoretisierung und Intellektualisierung zu folgen hat. Doch diese für die didaktische Konzeption einer integrierten Sekundarstufe zentrale Voraussetzung – die These von der Konvergenz wissenschaftlichen und beruflichen Lernens – erweist sich bei näherer Prüfung als eine Fehleinschätzung.

Natürlich gibt es zahlreiche Bildungsgänge, in denen wissenschaftliche und berufsbezogene Lernziele nebeneinander existieren, sich sogar fallweise konstruktiv verschränken, doch es besteht heute in der Wissenschaftstheorie Einigkeit darüber, daß zwischen Erklärung von Sachverhalten (= empirische Theorien) und technologisch-praktischem Handeln keine Strukturidentität besteht. Strukturelle Verschiedenheit zwischen Erklärung und Prognose (= als Ergebnis beruflichen Handelns betrachtet) verbietet es daher, praktische Handlungsanleitungen unmittelbar aus wissenschaftlichen Theorien herleiten zu wollen. Im Klartext: In der Wissenschaft geht es um Erklärungen, im beruflichen Handeln um Entscheidungen im Hinblick auf eine zu bewältigende Aufgabe. Dieser grundsätzliche Unterschied zieht wichtige Folgen für das akademische und berufliche Lernen nach sich: wissenschaftlich-akademisches Lernen orientiert sich didaktisch primär an wissenschaftlichen Disziplinen, berufliches Lernen an praktischen, ergebnisorientierten beruflichen Handlungsmustern.

Schulisch organisierte Berufsausbildungssysteme – in Frankreich oder Schweden z.B. – zeigen sehr deutlich, daß Theoretisierung und Intellektualisierung beruflicher Handlungsmuster sehr schnell an ihre Grenzen stoßen: lediglich bei anspruchsvollen, d.h. vorwiegend theorieorientierten Berufen, gelingt didaktisch die Kombination von abstrakt-intellektuellem Lernen und beruflich bestimmten Qualifikationsanforderungen. Grundsätzlich betrachtet ersetzt der Kollegschulversuch die verworfene Allgemeinbildungsideologie durch das didaktische Prinzip wissenschaftlich-akademischen Lernens, was den Einbezug stark theoriebezogener Berufsausbildung zwar erlaubt, die Mehrzahl vor allem der gewerblich-industriellen Berufe aufgrund ihrer Praxisbetonung jedoch ausschließt. Die bemühte „bildungstheoretische" Grundlegung des Kollegschulmodells erweist sich, kritisch unter dieser Perspektive betrachtet, gleichfalls, wie die „Allgemeinbildung", als bloße Ideologie.

# 8. Kapitel: Das Satyrspiel – Auseinandersetzungen um einen „Deutschen Qualifikationsrahmen“ (DQR)

Inzwischen hat sich der bildungspolitische Sachverhalt, der zuletzt mit den Integrationsprojekten einer Lösung zugeführt werden sollte, auf die Ebene der europäischen Qualifizierungspolitik verlagert. Diese konzentriert sich aktuell – unter Einbeziehung von 32 Staaten, also auch von Nicht-Mitgliedern der EU – auf mehrere Projekte, in deren Rahmen „Instrumente“ entwickelt werden, die vor allem die Erwerbsqualifizierungspolitik in diesen Ländern in zunehmendem Maße vergleichbar machen bzw. steuern sollen.

Die drei wichtigsten Instrumente sind der *„EuroPass“*, der *„Europäische Qualifikationsrahmen“* (EQR) und das *„Europäische Kreditpunktesystem für berufliche Bildung“* (ECVET). Dazu sind eine Reihe von Leitlinien vorgesehen, die den Einsatz dieser Instrumente begleiten bzw. anleiten sollen. Insbesondere EQR und ECEVET lassen erkennen, daß mit ihrer Durchsetzung starke Veränderungen in der Auslegung und Bewertung von Qualifikationen verbunden sein werden. Betroffen von diesem tiefgreifenden Perspektivwechsel werden vor allem die Staaten sein, die auf eine lange Tradition historisch mit ihrer nationalstaatlichen Entwicklung gewachsener hochentwickelter Berufsausbildungssysteme zurückblicken können (vgl. Greinert 2005). Zu diesen Ländern gehört ohne Zweifel auch Deutschland.

Um den Unterschied des künftigen europäischen „Berufsbildungskonzeptes“ zum deutschen Modell zu verdeutlichen, soll seine Grundstruktur – besser: seine bestimmende Systemlogik – vorweg kurz skizziert werden. Deren zentrale Voraussetzung besteht vor allem darin, daß die *menschlichen Fähigkeiten, die für die Durchführung von Arbeitsprozessen relevant sind*, auf eine neue Art definiert, in spezifischer Form bewertet und zertifiziert sowie individuell dokumentiert werden sollen (vgl. besonders das umfängliche Gutachten von *I. Drexel* 2005, dem wir in unserer Argumentation weitgehend folgen).

Dies geschieht zum einen (1.) mittels des dominierenden Schlüsselprinzips *„Kompetenz“* (competence). Abweichend vom deutschen Sprachgebrauch wird hier Kompetenz definiert als durch Prüfung nachgewiesene Fähigkeit, bestimmte Kenntnisse, Fertigkeiten und beruflich-personale Verhaltensdispositionen selbstbestimmt in einem konkreten Kontext – einer Arbeits- oder Prüfungssituation – zu bündeln und anzuwenden (vgl. Kommission 2005, S. 13). In der deutschen Berufspädagogik wird der Kompetenzbegriff fast ausschließlich differenziert verstanden und benutzt: als Fachkompetenz, Sozialkompetenz, Handlungskompetenz etc.

Ergänzend tritt zu dieser Neuakzentuierung (2.) das Prinzip der *„Outcomeorientierten Identifikation und Bewertung“* der arbeitsrelevanten Qualifikationen. Dagegen ist das deutsche Berufsbildungsmodell *Input-orientiert*, d. h. der eigentliche Ausbildungsprozeß ist – auf der Basis gesellschaftlicher Übereinkunft – nach Lernzielen, Lernorten, Lerninhalten, -methoden und auch Dauer mehr oder weniger normiert. Die abschliessende Prüfung dokumentiert, inwieweit das gewünschte Berufsprofil vom Auszubildenden erreicht wurde. Im künftigen europäischen Berufsbildungsmodell ist es dagegen völlig irrelevant, wie, wo sowie in welcher Reihenfolge und zeitlichen Dauer die festgelegten Kompetenzen erworben wurden. Einzig und allein zählt der Nachweis der Beherrschung der definierten arbeitsrelevanten Fähigkeiten in einer spezifischen Anwendungssituation. Dies bedeutet folgerichtig auch eine wesentliche Aufwertung des informellen beruflichen Lernens.

Das zentrale Gestaltungsprinzip arbeitsorientierter Qualifikation spiegelt sich beim neu-europäischen Modell (3.) im Konstrukt der sog. „Units“. Während die traditionellen Berufsausbildungsmodelle in den verschiedenen Ländern Europas die Vermittlung von komplexen Qualifikationsbündeln, die sich in Berufen zusammengefaßt finden, zum Ziel haben, setzt die neue europäische Ausbildungskonzeption auf schmale Ausschnitte aus derartigen Qualifikationsbündeln. Entsprechende Kenntnisse, Fertigkeiten und Verhaltensweisen werden eher getrennt voneinander vermittelt, geprüft und zertifiziert. Die Einübung einer spezifischen Berufsrolle ist keine umfassende Zielperspektive. Bestenfalls können bestimmte Units mit Pflicht-, Wahlpflicht- und Wahlcharakter zu einer definierten „Qualifikation“ (vocational qualification) zusammengefaßt werden, d. h. zu quasi-„beruflichen“ Tätigkeitsprofilen von eher engem Zuschnitt.

Dieses Regelungsmuster wird zielstrebig ergänzt (4.) durch eine Fraktionierung des eigentlichen Ausbildungs- bzw. Lernprozesses. Die in traditionellen beruflichen längerfristigen Sozialisationsprogramme sollen ersetzt werden durch kurze Lerneinheiten – sogenannte *Module* – die als weitgehend standardisierte Veranstaltungen die Bestandteile der Units definieren. Modularisiertes Lernen hat die fatale Tendenz isolierte Wissens-, Handlungs- und Verhaltensformen zu befördern, d. h. den Aufbau einseitiger Lernresultate als Ergebnis zu produzieren, die schnell wieder vergessen werden müssen, um für den nächsten isolierten Lernprozeß ausreichend Platz zu schaffen („Bulimie-Effekt“).

Diese vier beschriebenen Basis-Elemente begründen in ihrem Zusammenspiel die Funktionslogik des neuen, fälschlich so genannten „Berufs“ausbildungsmodells, dessen ideologischer Hintergrund unschwer zu erkennnen ist: es handelt sich um eine Mischung von Marktökonomie, Taylorismus und behavioristisch fundierter Lerntheorie. Umgesetzt in spezifische übergeordnete Steuerungs-Instrumente ergeben sich aus dem Zusammenwirken dieser Basis-Elemente einerseits der *„Europäische Qualifiktionsrahmen“* (EQR), andererseits das *„Europäische Kreditpunktesystem für die Berufsausbildung“* (ECVET). Der *„EuroPass“* ist als ein reines individuell orientiertes Dokumentationssystem gedacht (vgl. Europäisches Parlament und Rat 2004). Er ist, genauso wie inzwischen der Europäische Qualifikationsrahmen (EQR) von den zuständigen Gremien der EU verabschiedet.

Unter einem Qualifikationsrahmen versteht man ein horizontal und vertikal ausgelegtes Schema, mit dessen Hilfe die Beziehungen zwischen existierenden Qualifikationen je nach Inhaltlichkeit und Komplexität beschrieben und bewertet werden können (vgl. Hanf/Hippach-Schneider 2005, S. 9). Derartige Rahmen sind mit nationaler Orientierung in den letzten Jahren in zahlreichen Staaten in und außerhalb Europas definiert worden. Bei näherer Betrachtung handelt es sich dabei meist um Staaten mit einem *marktorientierten Ausbildungsmodell*, also um Länder, die der angelsächsischen Tradition von Erwerbqualifizierung gefolgt sind (vgl. Greinert 1999). Aufgrund der dort erzeugten Unübersichtlichkeit über die ganz unterschiedlich erworbenen Qualifikationen, erweisen sich Orientierungshilfen wie Qualifikationsrahmen schlicht als Notwendigkeit. Nicht so in Ländern mit einer Tradition der Erwerbsqualifikation, die sich am Berufsprinzip ausrichtet; hier bestimmen Berufsausbildung und Prüfungen Inhaltlichkeit und Niveau der Berufe.

Der von den europäischen Gremien verabschiedete EQR (vgl. dazu die Graphik im Anhang) soll das übergreifende Bezugssystem für die nationalen Qualifiktionsrahmen bilden. Er hat die wichtige Aufgabe, ein Übersetzungs-Schema zu liefern, das es erlaubt, definierte Lern-Outcomes bzw. bestehende Qualifikationen – allgemeiner und beruflicher Art – durch Zuordnung zu Niveaus zu differenzieren und so zwischen den Ländern – bzw. den nationalen Rahmen – vergleichbar zu machen. Außerdem soll er den Bezugsrahmen für das *Europäische Kreditpunktesystem für berufliche Bildung* abgeben. Der EQR sieht – wie gezeigt – konkret acht Kompetenz-Niveaus vor, die sich nach dem Kriterium *„Komplexität der Handlungssituation"* unterscheiden. Die horizontale Strukturierung der einzelnen Niveaus erfolgt nach *drei Typen von Lernergebnissen* – Kenntnisse, Fertigkeiten sowie persönliche Kompetenzen, die letzteren verstanden als *Verhaltensdispositionen* und zusammengefaßt unter dem Begriff *„Kompetenz"*.

## 8.1 Die Berufsbildungspolitik der Bundesrepublik – zwischen Anpassungsdruck und Traditionsverhaftung

Die Haltung der Protagonisten der Berufsausbildung in der Bundesrepublik gegenüber diesem zum eigenen Ausbildungssystem wenig passgenauen Modell der Europäischen Union ist geprägt von einer Mischung von Unentschiedenheit und Attentismus. Einerseits setzt man im Vertrauen auf den Vertrag von Maastricht auf die Bestimmung, daß die Europäische Kommission keinen direkten Zugriff auf die nationalen Bildungssysteme entwickeln darf, andererseits fürchtet man im Falle der beruflichen Ausbildungssysteme aufgrund ihrer engen Verschränkung mit den Subsystemen Wirtschaft und Beschäftigung, auf deren Steuerung die EU weitgehenden Einfluß ausüben darf, indirekte doch deutliche Eingriffe.

Aufgrund dieser unklaren Situation gleicht die offizielle aktuelle Berufsbildungspolitik in der Bundesrepublik einem nicht ungefährlichen Spagat: einerseits haben sich die Sozialparteien – Arbeitgeberverbände und Gewerkschaften – zusammen mit den großen Parteien angesichts der demographischen Wende drauf verständigt, wieder auf die zukünftige Stabilisierung des Dualen Systems zu setzen, andererseits läßt man sich jedoch bis zu einem gewissen Grade auf die systemfremde Qualifizierungspolitik der EU ein, indem man sich vorsichtig auf die Übernahme typischer Elemente ihres Programms einstellt. So erfolgt unter dem Stichwort der „Weiterentwicklung" des Dualen Systems beispielsweise die Konstruktion von *„Ausbildungsbausteinen"* (um sich von dem verdächtigen Begriff *„Module"* abzugrenzen; vgl. dazu Frank/Grunwald 2008), von *zweijährigen Ausbildungsberufen* – die kaum dem Berufsprinzip ausreichend Rechnung tragen dürften – (vgl. Gruber/Weber 2007; Althoff 2006) und von einem *„Deutschen Qualifikationsrahmen"* (DQR), von dessen Zustandekommen oder besser Nicht-Zustandekommen im folgenden die Rede sein soll.

Bund, Länder sowie die Spitzenverbände der deutschen Wirtschaft und Wissenschaft haben sich vermutlich deswegen auf die Schaffung eines nationalen DQR eingelassen, um in Brüssel nicht als politische Quertreiber zu erscheinen, vor allem aber weil sie EQR und seine nationalen Bezugssysteme ausschließlich als „Übersetzungsinstrument für die Kommunikation zwischen den Bildungssystemen der Mitgliedstaaten" zu verstehen suchen (vgl. Küssner/Seng 2006, S. 18), also ohne direkte Auswirkung auf die Struktur der nationalen Berufsausbildungssysteme. Man geht also davon aus, daß – im Vertrauen auf *Maastricht* – die Unterschiede zwischen den verschiedenen nationalen Ausbildungsformen bestehen bleiben werden. Die entsprechenden Stellungnahmen und die für EQR und ECVET Seite verlangten „Prämissen" lassen indes begründete Zweifel daran aufkommen, ob die deutsche Seite wirklich verstanden hat, was die Europäische Kommission in Sachen Erwerbsqualifizierung in Europa eigentlich durchsetzen will.

Die Forderungen der deutschen Unternehmerverbände beispielsweise, daß „die Ganzheitlichkeit von Qualifikationen" gewahrt bleiben müsse und durch „Atomisierung nicht gefährdet werden", vor allem aber, „daß das Berufsprinzip (...) nicht in Frage gestellt werden" dürfe (vgl. Brunner/Esser/Kloas 2006, S. 16), widerspricht ganz eindeutig dem Basiskonzept des an England orientierten, rein marktwirtschaftlichen Ausbildungsmodells und damit den qualifikationspolitischen Grundsätzen bzw. Zielen der Kommission. Daß durchaus die Gefahr besteht, daß die den „Instrumenten" zugrundeliegenden Basisprinzipien früher oder später auch auf das „deutsche System" durchschlagen könnten, wird offensichtlich sowohl von Unternehmerseite wie von der offiziellen Berufsbildungspolitik der Bundesrepublik ignoriert.

So begannen Bund und Länder in Deutschland schon 2007 mit Verhandlungen über die Verfahrensweise der konkreten Ausformung eines DQR: Eine *„Bund-Länder-Koordinierungsgruppe DQR"* wurde eingerichtet, Mitte des Jahres der *„Nationale Arbeitskreis DQR"*. Damit hatte man sich der neuen Initiative der EU zur Schaffung einer vergleichenden Übersicht zum gesellschaftlichen Arbeitsvermögen in Europa angeschlossen, die sich von ihren gescheiterten Vor-Versuchen nicht unerheblich unterscheidet. Das Konstrukt Qualifikationsrahmen soll ermöglichen, daß (1.) alle

Qualifikationen, vom Hilfsarbeiter bis zum Universitätsprofessor, einem von acht Niveaus zugeordnet werden können, daß (2.) die acht Niveaus mit Deskriptoren für einschlägiges Wissen, notwendige Fertigkeiten und erwartete Kompetenz versehen werden, und daß (3.) diesen komplexen Operationalisierungen dann die gängigen nationalen Bildungs- bzw. Berufs- oder Tätigkeitsarrangements zugeordnet werden können.

Mit der offiziellen Einführung eines nationalen Qualifikationsrahmens mit Bezug auf ein verbindliches transnationales Vergleichssystem für Qualifikationen ergeben sich jedoch eine Reihe von Fragen im Hinblick auf bestimmte Risiken, vor allem für die Länder, die – wie Deutschland – auf eine lange Tradition historisch gewachsener komplexer Ausbildungssysteme zurückblicken können, die zudem mit dem von der EU präferierten (englischen) Marktmodell nicht korrespondieren. Drei dieser risikoverhafteten Fragenkomplexe lassen sich unmittelbar identifizieren:

Im Ringen um einen DQR manifestiert sich in Deutschland (1.) zweifellos eine Fortsetzung des Gleichstellungskampfes zwischen akademisch-humanistischer und beruflich-realistischer Bildung, dessen Geschichte in diesem Buch dokumentiert ist. Da ein DQR nicht den Geltungsanspruch eines wissenschaftlich fundierten Ordnungsmodells beanspruchen kann, sondern nur als das Ergebnis eines pragmatisch orientierten konsensuellen Prozesses legitimiert ist, besteht aufgrund der im Bildungswesen (besonders in der Berufsausbildung) vorfindlichen unvereinbaren Interessengegensätze das prinzipielle Risiko des Scheiterns für das ganze Unternehmen. Zahlreiche Beobachtungen im vorläufig abgelaufenen Verfahren konnten diesen Vorbehalt frühzeitig stützen (vgl. Greinert 2012, S. 288 ff.).

Der DQR markiert für sich genommen zwar kein neues Lernmodell, gleichwohl bildet er (2.) einen systemlogischen Teil eines solchen. Im Zusammenwirken mit dem ergänzenden *Europäischen Kreditpunktesystem* (ECVET) wird das für das „deutsche System“ zentrale Berufsprinzip automatisch ausgehebelt, was letztlich zur Erosion des Dualen Systems führen dürfte – das zumindest hat die deutsche Seite erkannt und steht daher dem ECVET kritisch gegenüber. Die Einführung eines nationalen Qualifikationsrahmens könnte gleichwohl in den Ländern, die über ein entwickeltes Berufsausbildungsmodell – schulisch oder dual – verfügen, ein existenzielles Risiko darstellen – sollte dem Konstrukt Qualifikationsrahmen von der EU-Kommission vor allem strategisch die Rolle eines „Troyanischen Pferdes“ zugewiesen werden.

Als noch völlig ungeklärt muß (3.) die Frage gelten, welche Rechtswirkungen aus den Zuweisungen von Berufs-Zertifikaten zu bestimmten Kompetenzniveaus erfolgen könnten. Nach einem Gutachten des Rechtsprofessors *Matthias Herdegen* im Auftrag des Bildungsministeriums erfüllt der DQR ausschließlich die Funktion eines Vergleichsinstrumentes. Langfristig kann indes – so der Gutachter – niemand ausschließen, daß die Zuordnung jeden Zeugnisses zum DQR – wie in der Bundesrepublik eigentlich schon ab dem Jahr 2012 geplant – spezifische Rechtsfolgen nach sich ziehen könnte. Diese Unsicherheiten werden verstärkt von dem Tatbestand, daß bislang weder Bund noch Länder sich um einen *Rechtsstatus des DQR* bemüht haben, eine fast unvermeidbare Folge ihres unentschlossenen Konkurrenzverhältnisses in Sachen Bildung.

## 8.2 Der faule Kompromiß – fünf Jahre Arbeit für den Papierkorb

Versucht man den aktuellen Stand der Verhandlungen um einen DQR zu charakterisieren, so hat man alle Mühe, sich von allen Gefühlen der Häme und des Hohns freizuhalten, denn man findet sich plötzlich in den alten bekannten Gefilden der deutschen Bildungspolitik wieder. Dabei hatte alles so harmonisch angefangen: es gab im Verhandlungsprozeß zum DQR anfangs einen breiten Konsens von Bundesregierung, Kultusministerkonferenz, Hochschulrektorenkonferenz, Wissenschaftsrat, Wirtschaftsministerien, Sozialparteien, Wirtschaftsorganisationen und anderen wichtigen Akteuren im deutschen Qualifizierungssystem, über eine Matrix, die von der Gleichwertigkeit von Allgemeinbildung, Hochschulbildung und beruflicher Bildung ausging. Bei der Zuordnung der Qualifikationen zu den Kompetenzniveaus hatten sich die genannten Gruppierungen gleichfalls abgestimmt: Qualifikationen bzw. Abschlüsse der Allgemeinbildung und der beruflichen Erstausbildung sollten den Niveaus 1 bis 4 zugeordnet werden, die der beruflichen Weiterbilung und der akademischen Bildung den Niveaus 5 bis 8.

Die interessenorientierte Lagerbildung war allerdings frühzeitig zu beobachten. Daß sich Arbeitgeberverbände und Gewerkschaften für die Aufwertung der beruflichen Qualifikationen kräftig ins Zeug legen dürften, war zu erwarten. Vor allem die Gewerkschaften hatten im Zuge der DQR-Verhandlungen von Anfang an gezielte Lobbypolitik betrieben: ihre Vorstellungen bezüglich der Gleichwertigkeit von akademischer und beruflicher Qualifikation gingen am weitesten. „Es muß möglich sein, das höchste Niveau zu erreichen (nämlich das Kompetenzniveau 8, der Verf.), ohne die Hochschule einen Tag von innen gesehen zu haben", forderte beispielsweise *Hermann Nehls* vom Bundesvorstand des DGB. Genau dies lehnten aber die Vertreter von Hochschulrektorenkonferenz und Wissenschaftsrat entschieden ab, die bestenfalls eine „Gleichwertigkeit" doch keine „Gleichstellung" von Studium und Berufsausbildung hinzunehmen bereit sind.

Die Hochschulseite, die wohl viel zu spät bemerkt hatte, was sich da bildungspolitisch in ihrem Interessenbereich zusammenbraute, befand sich lange in der Defensive, bis sich die Hochschulrektorenkonferenz genötigt sah darauf hinzuweisen, daß offensichtlich falsche Vorstellungen von den Ansprüchen an ein Studium und den notwendigen Vorqualifikationen vermittelt werden. Der Wissenschaftsrat bezog sehr deutlich Stellung wenn er Wert darauf legte, daß die Zulassung geeigneter Bewerber sowie die Definition von Zulassungsvoraussetzungen für bestimmte Studiengänge allein den Hochschulen vorbehalten bleiben müsse. Die Hochschulseite fühlte sich jedenfalls bis dahin von der Phalanx der beruflichen Bildung übervorteilt, was deren Selbstbewußtsein verständlicherweise sichtlich steigerte (vgl. Greinert 2012, S. 292 f.).

Doch fast alle schätzten wohl den Ausgang dieser Streitereien falsch ein, nämlich ohne den Ehrgeiz der aufmerksamen *Kultusministerkonferenz* (KMK), das Schlimmste zu verhindern. Am 20./21. Oktober 2011, auf einer ihrer Plenarsitzungen, faßte dieses Gremium den Beschluß zu verlangen, daß die allgemeine und die fachgebundene Hochschulreife dem Kompetenzniveau 5 zuzuordnen sei, die übrigen Sekundarschulabschlüsse, vor allem die berufliche Erstausbildung, dagegen dem Niveau 4. Dieser Beschluß aktivierte sofort wieder die alte Lagerordnung von allgemeiner und beruflicher Bildung, denn es war nichts anderes von der KMK beabsichtigt, als mittels dieser Regelung das traditionelle *Berechtigungssystem* in seinem zentralen Mechanismus weiter bestehen zu lassen. Doch diese reaktionäre Volte konnten die Vertreter der Gegenseite, die Sozialpartner, nun wirklich nicht mehr akzeptieren. Sie wiesen zu Recht darauf hin, daß das Abitur ein allgemeiner Schulabschluß sei, und den Kriterien des Niveaus 5 in keiner Weise entspreche (vgl. EQR im Anhang), und sie warnten vor den Folgen: Die Duale Berufsausbildung würde durch diese selektive Zuschreibung bzw. Abwertung einen massiven Attraktivitätsverlust erleiden; weniger junge Menschen würden sich für eine berufliche Ausbildung entscheiden, der schon stark um sich greifende Facharbeitermangel würde als Folge dieser Maßnahme das deutsche Beschäftigungs- und Qualifikationssystem empfindlich beschädigen.

Was tun? Zwei der mächtigsten politischen Gruppierungen unserer Gesellschaft, die Bundesländer mit ihrer KMK und die „Vertreter der Wirtschaft" können sich in einem politisch hoch aufgehängten Gremium in einer auf den ersten Blick nicht so wichtigen Frage nicht einigen. Mögliche Auswege gab es, doch der gewählte verblüffte dann doch die interessierte Fachwelt: Am 31. Januar 2012 einigten sich die an der Entwicklung eines DQR beteiligten Gruppierungen in einem Spitzengespräch auf einen sogenannten „Kompromiß": alle allgemeinen Schulabschlüsse werden vorerst wegen der offensichtlich nicht konsensfähigen Zuordnung des Abiturs aus dem als Torso verabschiedeten DQR herausgelassen. In fünf Jahren, so die offizielle Auskunft, wird man weiter sehen – oder auch nicht! Jedenfalls erstaunt es zu sehen, mit welcher Fernwirkung die deutsche Bildungstradition noch zuzuschlagen in der Lage ist. Doch wessen Interessen vertritt eigentlich derart eigensinnig die KMK? Die der gesellschaftlich abgestiegenen, politisch indes nur noch lose formierten Erben des untergegangenen Bildungsbürgertums? Oder die einer neuen aufstiegsorientierten Mittelschicht? Die Vertreter der beruflichen Bildung jubeln jedenfalls; vor allem die gleiche Einstufung der Meisterprüfung und des Bachelorabschlusses auf Niveau 6 wird als Durchbruch und vermeintlicher großer Sieg gefeiert (vgl. Pressemitteilung des BMBF mit Datum vom 31.01.12).

## 8.3 Das drohende Nullsummenspiel – die deutsche Berufsbildungspolitik vor neuen Herausforderungen

Nehmen wir an, daß Qualifikationsrahmen unter der Perspektive eines internationalen Vergleichsmaßstabes von arbeitsrelevanten Qualifikationen durchaus sinnvoll und nützlich sind, so könnte es doch sein, daß dieses Instrumentarium in fünf Jahren als eine eher nebensächliche Errungenschaft erscheint. Denn am bildungspolitischen Horizont zeichnen sich für die Zukunft bereits Probleme ab, für die das Konzept DQR keine Lösungen anbieten kann.

In der Bundesrepublik hat sich aufgrund der demographischen Entwicklung der letzten Jahrzehnte eine prekäre Situation ergeben: Angesichts des rapiden Rückganges der jährlichen Kohorten, die die allgemeinen Schulen verlassen – in den neuen Bundesländern bis 2010, in den alten bis 2025 – stellt sich das Verhältnis zwischen den Sechzehnjährigen, als Indikator für die in den Arbeitsmarkt einsteigenden Kohorten, und den Vierundsechzigjährigen, als Indikator der zu ersetzenden, aus dem Arbeitsmarkt ausscheidenden Kohorten als höchst dramatisch dar, wie die folgende Graphik dies eindrucksvoll zeigt.

**Entwicklung der Jahrgangsstärksten der 16-Jährigen und der 64-Jährigen von 2006 bis 2025** (Angaben in TSD.)

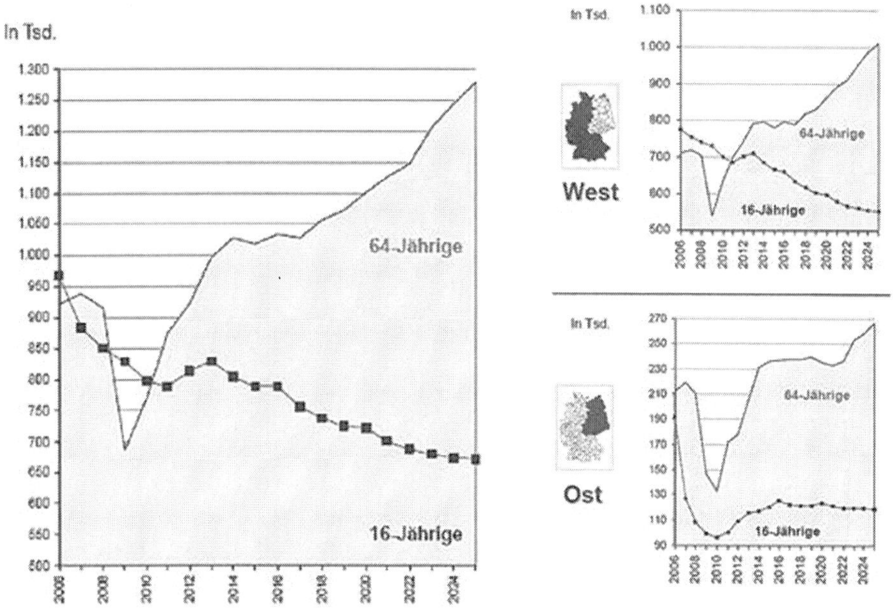


Krekel, E. M./Ulrich, J. G. (2009). *Jugendliche ohne Berufsausbildung – Handlungsempfehlungen für die Praxis.* Vortrag auf dem Fachgespräch der Friedrich-Ebert-Stiftung, Berlin, 01.04.2009.

(Graphik Krekel/Ulrich 2009; zit. bei Solga 2009: 3)

Die allgemeine Richtung einer erfolgreichen Bildungspolitik scheint international zwar relativ eindeutig vorgegeben: Während in den meisten entwickelten OECD-Ländern die praktisch-betriebliche Ausbildung in den letzten Jahrzehnten massiv an Bedeutung verloren hat, expandierte dort kräftig die tertiäre akademische Bildung an Universitäten und Hochschulen. In der sogenannten „College-for-all-Strategie" –

der deutlichen Erhöhung der Abiturienten- und Studentenquote – schien das rechte Mittel gefunden, auf die Herausforderungen der wachsenden Dienstleistungs- und Wissensgesellschaft zu reagieren. Fast ausschließlich die Bundesrepublik übte sich dagegen in der Verfolgung dieser Tendenz in auffälliger Zurückhaltung, was ihr bereits seit längerem verbreitet den Vorwurf einbrachte, in Sachen allgemeiner Qualifizierungspolitik in die falsche Richtung zu marschieren.

Doch die sog. „Akademiker-Lücke" scheint eher eine gefühlte zu sein als eine echte, reale – wie schon einmal in den sechziger Jahren des vorigen Jahrhunderts, als *Georg Picht* in ähnlicher Situation die „deutsche Bildungskatastrophe" glaubte beschwören zu können. Die undifferenzierte Akademisierung des Bildungswesens ist insofern heute unter den Bildungsexperten höchst umstritten, und ihre Kritiker haben inzwischen fundierte Argumente gegen diese Strategie aufzubieten, die nicht einfach als „Klischees" abzutun sind; sie lassen sich nämlich in der Regel empirisch untermauern (vgl. dazu Bosch 2010).

*Erstes Argument:* In allen OECD-Ländern liegen die Anteile der Beschäftigungsverhältnisse mit hochqualifizierten Tätigkeiten zwischen etwa 15 und 25 Prozent. In Deutschland wird der Anteil hochqualifizierter Tätigkeiten, für die ein Hochschulabschluß verlangt wird, von 18,3 Prozent (2003) auf 23,6 Prozent im Jahre 2020 wachsen. Der Arbeitsmarkt, von dessen Anforderungen in der Regel die gewichtigsten Qualifikationsforderungen abgeleitet werden, legt also in allen OECD- Staaten eher einen zurückhaltenden Ausbau des Hochschulwesens nahe.

*Zweites Argument:* Der Druck zum Ausbau der Hochschulen kommt also nicht vom Beschäftigungssystem. In den entwickelten Industriestaaten kommt er vielmehr vom aufstiegsorientierten Mittelstand, der einen akademischen Bildungsabschluß als einen der einzig sicheren Garanten für den sozialen Aufstieg zu begreifen scheint. Praktisch-berufliche Ausbildung wird von dieser Schicht in der Regel als zweite Wahl, wenn nicht als minderwertig betrachtet. Wenn der Staat in Berücksichtigung dieser Überzeugungen sich nicht bemüht, ein alternatives Qualifizierungsprogramm für die berufliche Massenausbildung zu installieren, wird hier ein verhängnisvoller Kreislauf in Gang gesetzt, der automatisch zu einer Überproduktion von Akademikern führt.

*Drittes Argument:* In Ländern mit hohen Akademikerquoten steigt bei den entsprechenden Berufen das Risiko von Dequalifikation und unterwertiger Beschäftigung. Für die Jugendlichen, die nur mit einem allgemeinen Bildungsabschluß die Schule verlassen und kein ausgebautes System beruflich-praktischer Qualifizierung vorfinden, bleibt weitgehend nur der Weg in die Arbeitslosigkeit. In den südlichen europäischen Ländern hat sich auf diese Weise inzwischen ein gefährliches soziales Potential herausgebildet, dessen Sprengkraft kaum unterschätzt werden kann.

*Viertes Argument:* Aus unterdurchschnittlichen Akademikerquoten bzw. -anteilen an der Arbeitsbevölkerung folgen offensichtlich keine wahrnehmbaren Kompetenzlücken. Ein Vergleich des Kompetenzniveaus Erwachsener zwischen 25 und 64 Jahren in den USA und Deutschland auf der Basis des IALS (= International Adult Literacy Survey) zeigt, daß die Kompetenzniveaus der beruflich qualifizierten Deutschen im Durchschnitt an das der Akademiker in den USA heranreichen.

*Fünftes Argument*: Es spricht einiges dafür, daß in der engen Kooperation von akademisch qualifizierten Entwicklern und Führungskräften mit praktisch qualifizierten Fachkräften das Geheimnis der deutschen Wettbewerbsfähigkeit liegt. Einige vergleichende Untersuchungen in deutschen und amerikanischen Betrieben bestätigen diesen Befund. Und hier kommen nun doch das spezifische duale Ausbildungssystem, das für die deutsche Arbeitskultur charakteristisch ist, und sein Verhältnis zur akademischen Qualifizierung ins Spiel.

Damit sind wir bei der deutschen Situation, die in der Argumentation wohl am stärksten gewertet werden muß: in Deutschland findet der größere Teil der Erwerbsqualifizierung im „Dualen System der Berufsausbildung" statt, zum Teil für Berufsfelder und Berufe, für die in zahlreichen Ländern der OECD eine Hochschulausbildung üblich bzw. notwendig ist. Insofern ist schon der häufige Einwand hinfällig, daß die Wettbewerbsfähigkeit der deutschen Wirtschaft grundlegend gefährdet ist, wenn nicht in Zukunft mindestens der OECD-Durchschnitt bei den Hochschulabsolventen erreicht wird. Entscheidend für die Nachhaltigkeit der Berufsqualifizierung in der Bundesrepublik dürfte für die nächste Zeit viel eher sein, ob es gelingt, eine zukunftsfähige Transformation des Dualen Systems politisch durchzusetzen (vgl. Greinert 2012).

Gelingt dies nicht, so steht die deutsche Berufsbildungspolitik vor dem Dauerproblem, zwischen drohendem Fachkräftemangel und bildungspolitischer Expansion einerseits oder „Akademiker-Lücke" und ausreichenden Fachkräftekapazitäten andererseits, zu entscheiden oder einen vertretbaren Mittelweg zu finden. Daß sie dafür schon eine schlüssige Strategie entwickelt hätte, läßt sich kaum behaupten, ganz im Gegenteil: es lassen sich zwischen den Verantwortlichen für die Bildungspolitik nicht nur massive Interessengegensätze ausmachen, inzwischen haben sich auch neue mächtige Mitspieler im Feld eingefunden, wie beispielsweise die *Europäische Kommission*. Daß damit die deutsche Bildungspolitik wesentlich verkompliziert wurde, dies läßt sich vortrefflich – wie beschrieben – am Ablauf der Bemühungen feststellen, sich auf einen „Deutschen Qualifikationsrahmen" zu einigen (vgl. Greinert 2012: 288 ff.). Doch das Kernproblem für die deutsche Qualifizierungspolitik bleiben die sinkenden Kohorten der Schulabgänger: Es gibt auf absehbare Zeit keine demographische Trendwende mehr in Deutschland; jede Generation reproduziert sich nur noch zu zwei Dritteln.

Doch die Bundesrepublik ist, genau besehen, im Hinblick auf eine nachhaltig wirksame künftige Bildungspolitik eigentlich gegenüber anderen Ländern im Vorteil: sie verfügt sowohl über ein ausgebautes Hochschulsystem wie über ein effizientes beruflich-praktisch orientiertes Bildungswesen. Das einzige Problem ist, daß beide Wege bis heute sehr unterschiedlich mit spezifischen Privilegien bzw. Berechtigungen ausgestattet sind, ein traditioneller Nachhall ihrer Herkunft aus dem 19. Jahrhundert. Eine einseitige Schwerpunktsetzung auf die akademische Bildung – für deren Bevorzugung Zeitgeist und Mode ja deutlich sprechen – könnte indes vermieden werden, wenn die deutsche Bildungspolitik sich auf eine echte „Bildungssystemarchitektur mit parallelen Bildungswegen“ (vgl. Rauner 2011) einlassen könnte, also auf die Konstruktion eines eigenständigen beruflichen Bildungsganges von der beruflichen Erstausbildung bis zur Hochschule neben dem existierenden akademischen Bildungsweg über die traditionellen Gymnasialformen. Unsere beiden Nachbarstaaten Österreich und die Schweiz, die eine ähnliche Tradition in der Erwerbsqualifizierung aufweisen wie Deutschland, haben diesen Weg der Reform bereits eingeschlagen bzw. sind – wie die Schweiz – zielstrebig dabei (vgl. Greinert 2012, S. 306 ff.).

Auch in Deutschland hat es derartige Bemühungen in der Vergangenheit gegeben, ihr regelmäßiges Scheitern kann indes nicht als Argument dafür gelten, daß eine politische Realisierung derartiger Bestrebungen bei uns grundsätzlich unmöglich erscheint (vgl. Greinert / Wolf 2010, S. 145 ff.). Wir halten jedenfalls eine allein von akademischer Systemlogik bestimmte Bildungs- und Ausbildungspolitik für höchst problematisch, weil diese – sieht man genauer hin – erkennbar auf drei *zentralen Mißverständnissen* bzw. Irrtümern beruht:

*Das erste Mißverständnis* basiert auf einer eklatanten Fehleinschätzung des technisch-ökonomischen Wandels. Die weitgehend schon von breiten Schichten verinnerlichte These vom Rückgang der Beschäftigten im Produktionssektor und das Vorrücken des Dienstleistungssektors als bestimmender Arbeitsbeschaffungsbereich leidet unter mangelnder Differenzierung der zu beurteilenden Situation. Es wird nicht unterschieden zwischen „personenbezogenen“ und „produktionsbezogenen“ Dienstleistungen. Folgt man den Ergebnissen des *„Büros für Technologiefolgeabschätzung des Deutschen Bundestages“*, so hat man zur Kenntnis zu nehmen, daß aktuell die industrielle Produktion einschließlich der zugehörigen produktionsbezogenen Dienstleistungen nahezu 60 Prozent der Arbeitskräfte der deutschen Wirtschaft absorbieren, und damit nahezu 80 Prozent aller Produktionswerte erreichen. Außerdem entfallen 90 Prozent aller Ressourcen, die die deutsche Wirtschaft für die Forschung ausgibt, auf das produzierende Gewerbe. Die Entscheidung für die Erhaltung einer qualifizierten Förderung der beruflich-praktischen Erwerbsqualifizierung dürfte angesichts dieser Daten nicht schwerfallen. Deutschland hat glücklicherweise wichtige Produktionskerne seiner Wirtschaft in den letzten Dekaden erhalten können, Länder, denen dies keiner Anstrengung wert war, kämpfen heute mit enormen ökonomischen Schwierigkeiten, da das Verschieben und Verleihen von Geldkapital zwar auch Gewinn verspricht, aber eben nicht sonderlich „produktiv“ im Sinne konkreter Wertschöpfung ist. – In der Bundesrepublik kommt es nun vorzugsweise darauf an, den Bildungsbereich auf diese Situation nachhaltig einzustellen.

*Das zweite Mißverständnis* beruht auf einer reichlich festgefahrenen bildungspolitischen Überzeugung von Experten und Laien, nämlich daß die Förderung von mehr Chancengerechtigkeit in der Gesellschaft vor allem durch den großzügigen Ausbau der gymnasialen und Hochschulbildungsgänge zu erreichen sei. In der Realität von Reformprojekten zeigt sich indes etwas anderes: die quantitative Steigerung des relativen Schulbesuchs der „bildungsfernen Schichten" stößt schnell an ihre Grenzen, wenn die weiterführenden Schulen und Hochschulen bei der Vermittlung ihrer bildungsbürgerlichen Inhalte und Demonstrationssymbole verharren. Wie durch empirische Untersuchungen nachgewiesen, scheitern Kinder und Jugendliche aus der Unterschicht im Gymnasium weitgehend deswegen, weil sie aufgrund ihrer unzureichenden Ausstattung mit bildungsbürgerlichem „kulturellen Kapital" sich die Inhalte, Denk- und Verhaltensweisen, die in dieser Schule vermittelt werden, nur oberflächlich aneignen können. Für den Sinn des Dargebotenen fehlt ihnen sozusagen ein erschließender „kultureller Code" (Bourdieu). Die emanzipierende Wirkung der Bildung wird bei den sog. bildungsfernen Schichten daher nur über die geistige Beherrschung der Lebensumstände eintreten, die ihre soziale Lage bestimmen. Dies spricht für die Realisierung eines alternativen weiterführenden Bildungsganges neben dem Gymnasium – und das heißt in Deutschland für eine primär berufspädagogisch orientierte Schule mit den didaktischen Schwerpunkten Wirtschaft und Technik.

*Das dritte Mißverständnis* ist ein typisch berufspädagogisches und besteht in der Fehldeutung, daß sich wissenschaftlich-akademische und beruflich-praktische Bildungsgänge im Sinne von Gleichstellung integrieren lassen, da sich Wissenschaft und Berufsausübung angeblich in einer zunehmend konvergenten Entwicklung befänden. Unsere Kritik an dieser Auffassung haben wir schon im Zusammenhang mit unseren Einwänden gegen die Integrationsmodelle von allgemeiner und beruflicher Bildung dargelegt; da dieses dritte Mißverständnis jedoch für die Berufspädagogik so entscheidende bildungspolitische Folgen hatte, sei auf seinen Kern an dieser Stelle wiederholt hingewiesen: es besteht in der Wissenschaftstheorie heute Einigkeit darüber, daß zwischen Erklärung von Sachverhalten und technologisch-praktischem Handeln keine Strukturidentität besteht. Strukturelle Verschiedenheit von Erklärung und Prognose (als Ergebnis beruflichen Handelns betrachtet) verbietet es daher, praktische Handlungsanleitungen unmittelbar aus wissenschaftlichen Theorien herleiten zu wollen. *Im Klartext: In der Wissenschaft geht es um Erklärungen, im beruflichen Handeln um Entscheidungen im Hinblick auf eine zu bewältigende Aufgabe. Dieser fundamentale Unterschied zieht wichtige Folgen für das akademische und berufliche Lernen nach sich: wissenschaftlich-akademisches Lernen orientiert sich didaktisch primär an wissenschaftlichen Disziplinen, berufliches Lernen an praktisch ausgerichteten bzw. beruflichen Handlungsmustern.*

Kein Wunder, daß die reformorientierten Integrationsversuche in der Sekundarstufe II letztlich alle gescheitert sind. Hinzu kommt allerdings ein entscheidender struktureller Grund, der die Entwicklung des anderen Lernmodells in der Sekundarstufe II

– des Gymnasiums – strikt entgegen Humboldts Intention dauerhaft bestimmt hat: diese Schule hat sich – wie in unserer Untersuchung gezeigt – aufgrund ihrer starken gesellschaftlichen Interesseneinbindung über die Jahrzehnte hinweg als reformunfähig erwiesen. Der gymnasiale Zweig der Sekundarstufe II in Deutschland, so kann man grundsätzlich feststellen, folgt seit seinem Start traditionell der Funktion der Selektion statt der pädagogischen Aufgabe der Förderung; er huldigt bis heute einer überholten vormodernen Fächerkombination, zwei zentrale Fehlorientierungen, die es beispielsweise verhindert haben, daß die deutsche Gymnasialentwicklung einen zeitgemäßen realistischen, soziologisch, ökonomisch und technisch orientierten Zweig aus sich hervorgetrieben hat. Als Ansatzpunkt einer zukunftsfähigen Reform der Sekundarstufe II erscheint das deutsche Gymnasium daher kaum geeignet, zumindest sehr viel weniger als das von Politik, Öffentlichkeit und auch Wissenschaft wenig beachtete System der beruflichen Bildung.

# 9. Anhang

## 9.1 Der Europäische Qualifikationsrahmen

Der Europäische Qualifikationsrahmen für lebenslanges Lernen

Deskriptoren zur Beschreibung der Niveaus des Europäischen Qualifikationsrahmens (EQR) (Übersicht ist zu finden unter: http://ec.europa.eu/education/pub/pdf/genreal/eqf/leaflet_de.pdf (25.07.2011)

| | KENNTNISSE | FERTIGKEITEN | KOMPETENZ |
|---|---|---|---|
| Jedes der acht Niveaus wird durch eine Reihe von Deskriptoren definiert, die die Lernergebnisse beschreiben, die für die Erlangung der diesem Niveau entsprechenden Qualifikationssystemen erforderlich sind. | In Zusammenhang mit dem EQR werden Kenntnisse als Theorie und / oder Faktenwissen beschrieben. | In Zusammenhang mit dem EQR werden Fertigkeiten als kognitive Fertigkeiten (unter Einsatz logischen, intuitiven und kreativen Denkens) und praktische Fertigkeiten (Geschicklichkeit und Verwendung von Methoden, Materialien, Werkzeugen und Instrumenten) beschrieben. | Im Zusammenhang mit dem EQR wird Kompetenz im Sinne der Übernahme von Verantwortung und Selbstständigkeit beschrieben. |
| Zur Erreichung von Niveau 1 erforderliche Lernergebnisse | Grundlegendes Allgemeinwissen | Grundlegende Fertigkeiten, die zur Ausführung einfacher Aufgaben erforderlich sind | Arbeiten oder Lernen unter direkter Anleitung in einem vorstrukturierten Kontext |
| Zur Erreichung von Niveau 2 erforderliche Lernergebnisse | Grundlegendes Faktenwissen in einem Arbeits- oder Lernbereich | Grundlegende kognitive und praktische Fertigkeiten, die zur Nutzung relevanter Informationen erforderlich sind, um Aufgaben auszuführen und Routineprobleme unter Verwendung einfacher Regeln und Werkzeuge zu lösen | Arbeiten oder Lernen unter Anleitung mit einem gewissen Maß an Selbstständigkeit |

| | KENNTNISSE | FERTIGKEITEN | KOMPETENZ |
|---|---|---|---|
| Zur Erreichung von Niveau 3 erforderliche Lernergebnisse | Kenntnisse von Fakten, Grundsätzen, Verfahren und allgemeinen Begriffen in einem Arbeits- oder Lernbereich | Eine Reihe kognitiver und praktischer Fertigkeiten zur Erledigung von Aufgaben und zur Lösung von Problemen, wobei grundlegende Methoden, Werkzeuge, Materialien und Informationen ausgewählt und angewandt werden | Verantwortung für die Erledigung von Arbeits- oder Lernaufgaben übernehmen.<br>Bei der Lösung von Problemen das eigene Verhalten an die jeweiligen Umstände anpassen. |
| Zur Erreichung von Niveau 4 erforderliche Lernergebnisse | Breites Spektrum an Theorie- und Faktenwissen in einem Arbeits- oder Lernbereich | Eine Reihe kognitiver und praktischer Fertigkeiten, die erforderlich sind, um Lösungen für spezielle Probleme in einem Arbeits- oder Lernbereich zu finden. | Selbstständiges Tätigwerden innerhalb der Handlungsparameter von Arbeits- oder Lernkontexten, die in der Regel bekannt sind, jedoch ändern können<br>Beaufsichtigung der Routinearbeit anderer Personen, wobei eine gewisse Verantwortung für die Bewertung und Verbesserung der Arbeits- oder Lernaktivitäten übernommen wird |
| Zur Erreichung von Niveau 5 erforderliche Lernergebnisse | Umfassendes, spezialisiertes Theorie- und Faktenwissen in einem Arbeits- oder Lernbereich sowie Bewusstsein für die Grenzen dieser Kenntnisse | Umfassende kognitive und praktische Fertigkeiten die erforderlich sind, um kreative Lösungen für abstrakte Probleme zu erarbeiten | Leiten und Beaufsichtigen in Arbeits- oder Lernkontexten, in denen nicht vorsehbare Änderungen auftreten;<br>Überprüfung und Entwicklung der eigenen Leistung und der Leistung anderer Personen |

| | KENNTNISSE | FERTIGKEITEN | KOMPETENZ |
|---|---|---|---|
| Zur Erreichung von Niveau 6 erforderliche Lernergebnisse | Fortgeschrittene Kenntnisse in einem Arbeits- oder Lernbereich unter Einsatz eines kritischen Verständnisses von Theorien und Grundsätzen | Fortgeschrittene Fertigkeiten, die die Beherrschung des Faches sowie Innovationsfähigkeiten erkennen lassen, und zur Lösung komplexer und nicht vorhersehbarer Probleme in einem spezialisierten Arbeits- oder Lernbereich nötig sind. | Leitung komplexer fachlicher und beruflicher Tätgkeiten oder Projekte und Übernahme von Entscheidungsverantwortung in nicht vorhersehbaren Arbeits- oder Lernkontexten > Übernahme der Verantwortung für die Entwicklung von Einzelpersonen und Gruppen |

| | | | |
|---|---|---|---|
| Zur Erreichung von Niveau 7 erforderliche Lernergebnisse | Hoch spezialisiertes Wissen, das zum Teil an neueste Erkenntnisse in einem Arbeits- oder Lernbereich anknüpft, als Grundlage für innovative Denkansätze und/ oder Forschung; Kritisches Bewusstsein für Wissensfragen in einem Bereich und an der Schnittstelle zwischen verschiedenen Bereichen | Spezialisietre Problemlösungsfertigkeiten im Bereich Forschung und/oder Innovation, um neue Kenntnisse zu gewinnen und neue Verfahren zu entwickeln sowie um Wissen aus verschiedenen Bereichen zu integrieren | Leitung und Gestaltung komplexer, unvorhersehbarer Arbeits- oder Lernkontexte, die neue strategische Ansätze erfordern.<br>Übernahme von Verantwortung für Beiträge zum Fachwissen und zur Berufspraxis und/oder für die Überprüfung der strategischen Leistung von Teams |
| Zur Erreichung von Niveau 8 erforderliche Lernergebnisse | Spitzenkenntnisse in einem Arbeits- oder Lernbereich und an der Schnittstelle zwischen verschiedenen Bereichen | Weitest fortgeschrittene spezialisierte Fertigkeiten und Methoden, einschließlich Synthese und Evaluierung, zur Lösung zentraler Fragestellungen in den Bereichen Forschung und/oder Innovation und zur Erweiterung oder Neudefinition vorhandener Kenntnisse oder beruflicher Praxis | Fachliche Autorität, Innovationsfähigkeit, Selbstständigkeit, wissenschaftliche und berufliche Integrität und nachhaltiges Engagement bei der Entwicklung neuer Ideen oder Verfahren in führenden Arbeits- oder Lernkontexten, einschließlich der Forschung |

## 9.2 Literaturverzeichnis


Abel, H.: Der Zweite Bildungsweg, in: Die Deutsche Schule 48 (1956), 183–193

Abel, H.: Zur Entwicklung und Problematik der Berufserziehung. Ein Bericht über die Zentralstelle zur Erforschung und Förderung der Berufserziehung, in: Neue Sammlung 2 (1962), 517–539

Abel, H. (a): Das Berufsproblem im gewerblichen Ausbildungs- und Schulwesen Deutschlands (BRD), Braunschweig 1963

Abel, H. (b): Von der Fortbildungsschule zur Berufsschule – die Lehrplandiskussion der neunziger Jahre, in: Die Deutsche Berufs- und Fachschule 59 (1963), 91–100

Abraham, K.: Der Betrieb als Erziehungsfaktor. Die funktionale Erziehung durch den modernen wirtschaftlichen Betrieb, Köln-Braunsfeld 1953, 2. Aufl. Freiburg 1957

Albrecht-Heide, A.: Entfremdung statt Emanzipation. Sozialisationsbedingungen des Zweiten Bildungsweges, Frankfurt a. M. 1974

Alfken, H.: Die Reichsschulkonferenz von 1920. Kritische Würdigung und Reminiszenzen, in: Die Deutsche Berufs- und Fachschule 66 (1970), 840–856

Althoff, H.: Entwicklungen und Perspektiven zweijähriger Ausbildungsberufe, in: Wirtschaft und Berufserziehung 58 (2006), 1, 16–19

Altvater, L. / F. Huisken (Hrsg.): Materialien zur politischen Ökonomie des Ausbildungssektors, Erlangen 1971

Anrich, E. (Hrsg.): Die Idee der deutschen Universität. Die fünf Grundschriften aus der Zeit ihrer Neubegründung durch klassischen Idealismus und romantischen Realismus, 2. Aufl. Darmstadt 1956

Arbeitsgruppe Bildungsbericht am Max-Planck-Institut für Bildungsforschung: Das Bildungswesen in der Bundesrepublik Deutschland. Strukturen und Entwicklungen im Überblick, Neuausgabe Reinbek 1997

Autorengruppe Bildungsberichterstattung: Bildung in Deutschland, Bielefeld 2008

Baethge, M.: Ausbildung und Herrschaft. Unternehmerinteressen in der Bildungspolitik, Frankfurt a. M. (1970)

Baethge, M.: Berufsbildungspolitik in den 70er Jahren. Eine Lektion in ökonomischer Macht und politischer Ohnmacht, in: Lipsmeier, A. (Hrsg.): Berufsbildungspolitik in den 70er Jahren. Eine kritische Bestandsaufnahme für die 80er Jahre (= Beiheft 4 zur Zeitschrift für Berufs- und Wirtschaftspädagogik), Wiesbaden 1983, 145–157

Baethge, M.: Abschied vom Industriekapitalismus: Konturen einer neuen gesellschaftlichen Ordnung der Arbeit, in: SOFI-Mitteilungen, Nr. 28 (Juli 2000), 87–104

Baumert, J. / E. Klieme u. a. (Hrsg.): PISA 2000. Basiskompetenzen von Schülerinnen und Schülern im internationalen Vergleich, Opladen 2001

Beck, K.: Zur Kritik des Lernortkonzepts – Ein Plädoyer für die Verabschiedung einer untauglichen pädagogischen Idee, in: Georg, W. (Hrsg.): Schule und Berufsausbildung. Gustav Grüner zum 60. Geburtstag, Bielefeld 1984, 247–262

Beck, U. / M. Brater / H. Daheim: Soziologie der Arbeit und der Berufe. Grundlagen, Problemfelder, Forschungsergebnisse, Reinbek 1980

Becker, H. / G. Kluchert: Die Bildung der Nation. Schule, Gesellschaft und Politik vom Kaiserreich zur Weimarer Republik, Stuttgart 1993

Behrend, F.: Vom Sinn und Unsinn des Berechtigungswesens, Leipzig 1929

Belser, H.: Zweiter Bildungsweg. Das Problem eines berufsbezogenen Bildungsganges zur Hochschulreife, 2. Aufl. Weinheim 1965

Benner, H.: Zum Stand der Neuordnung der metallgewerblichen Ausbildungsberufe in Industrie und Handwerk, in: Die berufsbildende Schule 37 (1985), 508–516

Benner, H,: Arbeiten zur Ordnung der Berufsausbildung vom DATSCH bis zum BiBB, in: Greinert, W.-D. u. a. (Hrsg.): Berufsausbildung und Industrie, Berlin/Bonn 1987, 269–293

Beschlüsse der Kultusministerkonferenz. Berufliche Bildung, Bände 1–6, Neuwied/Darmstadt

Bildungskommission NRW: Zukunft der Bildung – Schule der Zukunft. Denkschrift der Kommission ›Zukunft der Bildung – Schule der Zukunft‹ beim Ministerpräsidenten des Landes Nordrhein-Westfalen, Neuwied etc. 1995

Blättner, F.: Das Gymnasium. Aufgaben der höheren Schule in Geschichte und Gegenwart, Heidelberg 1960

Blankertz, H.: Bildung im Zeitalter großen Industrie, Pädagogik, Schule und Berufsbildung im 19. Jahrhundert, Hannover etc. 1969

Blankertz, H.: Kollegstufenversuch in Nordrhein-Westfalen – das Ende der gymnasialen Oberstufe und der Berufsschulen, in: Die Deutsche Berufs- und Fachschule 68 (1972), 2–20

Blankertz, H.: Die Geschichte der Pädagogik. Von der Aufklärung bis zur Gegenwart, Wetzlar 1982

Blinkert, B.: Die Situation von Abengymnasien und Kollegs in der Bundesrepublik Deutschland, (= Deutscher Bildungsrat, Gutachten und Studien, Bd. 31), Stuttgart 1974

Bollenbeck, G.: Bildung und Kultur. Glanz und Elend eines deutschen Deutungsmusters, 2. Aufl. Frankfurt/M./Leipzig 1994

Bosch, G.: Zur Zukunft der dualen Berufsausbildung in Deutschland, in: Bosch, G/D. Langer/S. Krone (Hrsg.): Das Berufsbildungssystem in Deutschland. Aktuelle Entwicklungen und Standpunkte, Wiesbaden 2010, 37–61

Bourdieu, P./J.-C. Passeron: Die Illusion der Chancengleichheit. Untersuchungen zur Soziologie des Bildungswesens am Beispiel Frankreichs, Stuttgart 1971

Bourdieu, P./J.-C. Passeron: Grundlagen einer Theorie der symbolischen Gewalt, Frankfurt/M. 1973

Brandau, W.: Das mittlere Bildungswesen in Deutschland, Weinheim 1959

Bruck,W.: Das Ausbildungsproblem des britischen Beamtentums in Verwaltung und Wirtschaft, Jena 1928

Brunner, O.: Das „ganze Haus“ und die alteuropäische „Ökonomik“, in: Derselbe: Neue Wege der Verfassungs- und Sozialgeschichte, 2. Aufl. Göttingen 1968, 103–127

Brunner, S./F. H. Esser/P.-W. Kloas: Der Europäische Qualifikationsrahmen – Bewertung durch die Spitzenverbände der Wirtschaft, in: Berufsbildung in Wissenschaft und Praxis 35(2006), 2, 14–17

Bund-Länder-Kommission für Bildungsplanung (Hrsg.): Bildungsgesamtplan, Band 1, Stuttgart 1973

Bunk, G. P.: Erziehung und Industriearbeit, Weinheim/Basel 1972

Comenius, J. A.: Große Didaktik. Neubearbeitet und eingeleitet von Hans Ahrbeck, Berlin(-Ost) 1961

Conze, W./J. Kocka (Hrsg.): Bildungsbürgertum im 19. Jahrhundert, Teil I: Bildungssystem und Professionalisierung in internationalen Vergleichen, Stuttgart 1985

Dahrendorf, R./H.-D. Ortlieb (Hrsg.): Der Zweite Bildungsweg im sozialen und kulturellen Leben der Gegenwart, Heidelberg 1959

Dahrendorf, R.: Bildung ist Bürgerrecht. Plädoyer für eine aktive Bildungspolitik (= Die ZEIT Bücher), o. O. 1965

Dehnbostel, P.: Grundbildung zwischen Schule und Beruf. Zur Bildungstheorie von historischen, beruflichen und gymnasialen Grundbildungskonzepten, Stuttgart 1988

Deutscher Ausschuß für das Erziehungs- und Bildungswesen: Empfehlungen und Gutachten 1953–1965. Gesamtausgabe hrsg. von F. Bohnekamp u. a., Stuttgart 1966

Deutscher Bildungsrat. Empfehlungen der Bildungskommission (a): Zur Neugestaltung der Abschlüsse im Sekundarschulwesen, Bonn 1969

Deutscher Bildungsrat. Empfehlungen der Bildungskommission (b): Zur Verbesserung der Lehrlingsausbildung, Bonn 1969

Deutscher Bildungsrat. Empfehlungen der Bildungskommission (c): Zur Entwicklung von Schulversuchen mit Gesamtschulen, Bonn 1969

Deutscher Bildungsrat. Empfehlungen der Bildungskommission: Strukturplan für das Bildungswesen, Bonn 1970

Deutscher Bildungsrat. Empfehlungen der Bildungskommission: Zur Neuordnung der Sekundarstufe II, Bonn 1974

Die Reichsschulkonferenz 1920. Ihre Vorgeschichte und Vorbereitung und ihre Verhandlungen, Leipzig 1921

Dikau, J.: Berufsfeldbezogene Oberstufenzentren – ein Nachruf auf ein Reformkonzept, in: Greinert, W.-D. (Hrsg.): Lernorte der beruflichen Bildung, Frankfurt/New York 1985, 118–135

Dilthey, W.: Über die Möglichkeit einer allgemeingültigen pädagogischen Wissenschaft, hrsg. von H. Nohl, Weinheim o. J.

Dolch, J.: Lehrplan des Abendlandes. Zweieinhalb Jahrtausende seiner Geschichte, 2. Aufl. Ratingen 1965

Drewek, P./D.K. Müller: Zur sozialen Funktion der gymnasialen Oberstufe, in: Enzyklopädie Erziehungswissenschaft, Band 9, Sekundarstufe II hrsg. von H. Blankertz u. a., Teil I, Stuttgart 1982, 108–129

Drexel, I.: Das Duale System und Europa. Ein Gutachten im Auftrag von Ver. Di und IG Metall, (Berlin/Frankfurt a. M., September 2005

Ebert, R.: Zur Entstehung der Kategorie Facharbeiter als Problem der Erziehungswissenschaft, Bielefeld 1984

Edding, F.: Ökonomie des Bildungswesens, Freiburg 1966

Europäisches Parlament und Rat. Entscheidung über ein einheitliches gemeinschaftliches Rahmenkonzept zur Förderung der Transparenz der Qualifikationen und Kompetenzen (Europass), in: Amtsblatt der Europäischen Union (31.12.2004)

Ferber, Chr. v.: Zum Geleit, in: Jungk, D.: Probleme des sozialen Aufstiegs berufstätiger Jugendlicher, Stuttgart 1968, S. III–XV

Fiedler, R.: Die klassische deutsche Bildungsidee. Ihre soziologischen Wurzeln und pädagogischen Folgen, Weinheim 1972

Flitner, W. (a): Einzelgutachten, in: Universität Hamburg 1949, 37–40

Flitner, W. (b): Zum Problem des „modernen" Humanismus, in: Schola 4 (1949), 584–593

Flitner, W.: Hochschulreife und Gymnasium. Vom Sinn wissenschaftlicher Studien und von der Aufgabe der gymnasialen Oberstufe, Heidelberg 1959, 2. Aufl. 1960

Flitner, W.: Die gymnasiale Oberstufe, Heidelberg 1961

Flitner, W.: Grundlegende Geistesbildung. Studien zur Theorie der wissenschaftlichen Grundbildung und ihrer kulturellen Basis, Heidelberg 1965

Friedeburg, L. v.: Bildung als Instrument etatistischer Gesellschaftsorganisation. Notizen zur Geschichte des deutschen Bildungssystems, in: Zeitschrift für Sozialisationsforschung und Erziehungssoziologie 6 (1986), 173–191

Fritsche, V.: Analyse der gegenwärtigen Abiturregelungen unter Berücksichtigung vergleichbarer Abschlüsse im Sekundarschulwesen, in: Deutscher Bildungsrat: Zur Neugestaltung der Abschlüsse im Sekundarschulwesen, 2. Aufl. Bonn 1971

Froese, L. (Hrsg.): Bildungspolitik und Bildungsreform, München 1969

Führ, C.: Die preußischen Schulkoferenzen von 1890 und 1900. Ihre bildungspolitische Rolle und bildungsgeschichtliche Bedeutung, in: Baumgart, P.: Bildungspolitik zur Zeit des Kaiserreichs, Stuttgart 1980, 189–223

Geißler, K. A.: Perspektiven der Weiterentwicklung des Systems der dualen Berufsausbildung in der Bundesrepublik, in: Bundesinstitut für Berufsbildung (Hrsg.): Die Rolle der beruflichen Bildung und Bildungsforschung im internationalen Vergleich, Berlin/Bonn 1991, 101–110

Gentsch, D. H.: Zur Geschichte der sozialdemokratischen Schulpolitik in der Zeit der Weimarer Republik, Frankfurt a. M. etc. 1994

Giese, G. (Hrsg.): Quellen zur deutschen Schulgeschichte seit 1800 (= Quellensammlung zur Kulturgeschichte, Bd. 15), Göttingen 1961

Giesecke, H.: Die Schulpolitik der Sozialdemokraten in Preußen und im Reich, in: Vierteljahreshefte für Zeitgeschichte 13 (1965), 162–177

Giesecke, H.: Pädagogische Illusionen. Lehren aus 30 Jahren Bildungspolitik, Stuttgart 1998

Goldschmidt, F./P. Goldschmidt: Das Leben des Staatsraths Kunth, 2. Aufl. Berlin 1888

Greinert, W.-D. (a): Schule als Instrument sozialer Kontrolle und Objekt privater Interessen. Der Beitrag der Berufsschule zur politischen Erziehung der Unterschichten, Hannover etc. 1975

Greinert, W.-D. (b): Die Illusion der Chancengleichheit. Über das Schicksal der Reform der beruflichen Bildung, in: Greiffenhagen, M./H. Scheer (Hrsg.): Die Gegenreform, Reinbek 1975, 200–211

Greinert, W.-D.: Das Berufsgrundbildungsjahr als Gegenstand erziehungswissenschaftlicher orschung, in : Die berufsbildende Schule 30(1978), 34–47

Greinert, W.-D./G. Hanf: Indoktrination und Disziplinierung: Die Fortbildungsschule in Berlin um 1900, in: Hilfe Schule, ein Bild-Lese-Buch über Schule und Alltag Berliner Arbeiterkinder, hrsg. von der Arbeitsgruppe Pädagogisches Museum, Berlin 1981, 102–106

Greinert, W.-D./D. Jungk (Hrsg.): Berufliche Grundbildung. Erfahrungen bei der Gestaltung des Berufsgrundbildungsjahres in Niedersachsen, Frankfurt/New York 1982

Greinert, W.-D.: Das Berufsgrundbildungsjahr. Weiterentwicklung oder Ablösung des „dualen" Systems der Berufsausbildung, Frankfurt/New York 1984

Greinert, W.-D.: Konzepte beruflichen Lernens unter systematischer, historischer und kritischer Perspektive, Stuttgart 1997

Greinert, W.-D.: Das „deutsche System" der Berufsausbildung. Tradition, Organisation, Funktion, 3. Aufl., Baden-Baden 1998

Greinert, W.-D.: Berufsausbildung und digitaler Kapitalismus: Eine Problemskizze, in: Zeitschrift für Pädagogik 47 (2001), 725–737

Greinert, W.-D./F. Schütte: Die Fachhochschule – ihre historischen Anfänge und ihre gegenwärtigen Probleme, in: Janisch, R./H.-G. Kohnke (Hrsg.): 10 Jahre Fachhochschule Brandenburg, Brandenburg 2002, 137–147

Greinert, W.-D.: Berufliche Breitenausbildung in Europa, Luxemburg 2005

Greinert, W.-D./S. Wolf: Die Berufsschule – radikale Neuorientierung oder Abstieg zur Restschule, Frankfurt am Main 2010

Greinert, W.-D.: Erwerbsqualifizierung jenseits des Industrialismus. Zur Geschichte und Reform des deutschen Systems der Berufsbildung, 2. Auflage Frankfurt a. M. 2012

Gruber, S./H. Weber: Differenzierung der Ausbildungsangebote: Integration von Hauptschülern durch zweijährige Berufe, in: Berufsbildung in Wisenschaft und Praxis 36 (2006), 2, 18–21

Grüner, G.: Die Entwicklung der höheren technischen Fachschulen im deutschen Sprachgebiet. Ein Beitrag zur historischen und angewandten Berufspädagogik, Braunschweig 1967

Grüner, G.: Quellen und Dokumente zur schulischen Berufsbildung 1945–1982, 2 Bände, Köln/Wien 1983

Grüner, G.: Das berufliche Schulwesen, in: Jeserich, G. A. u. a. (Hrsg.): Deutsche Verwaltungsgeschichte, Bd. V: Die Bundesrepublik Deutschland, Stuttgart 1986, 643–653

Gutachten zur Berufsausbildung der deutschen Jugend. Erstattet vom Ausschuß für Berufserziehung im Auftrage der Ständigen Konferenz der Kultusminister in der Deutschen Bundesrepublik, Bielefeld 1952

Halbritter, M.: Schulreformpolitik in der britischen Zone von 1945 bis 1949, Weinheim 1979

Hamacher, P.: Bildung und Beruf bei Studierenden des Zweiten Bildungsweges, Stuttgart 1968

Hanf, G. / U. Hippach-Schneider: Wozu dienen nationale Qualifikationsrahmen? – ein Blick in andere Länder, in: Berufsbildung in Wissenschaft und Praxis 34 (2004), 1, 9–14

Harney. K.: Die preußische Fortbildungsschule. Eine Studie zum Problem der Hierarchisierung beruflicher Schultypen im 19. Jahrhundert, Weinheim / Basel 1980

Haug, H. J. / H. Maessen: Was wollen die Lehrlinge? Frankfurt a. M. / Hamburg 1971

Heck, G. / G. Edlich (Hrsg.): Die Sekundarstufe II. Grundlagen – Modelle – Entwürfe, Darmstadt 1978

Heinemann, M. (Hrsg.): Sozialisation und Bildungswesen in der Weimarer Republik, Stuttgart 1976

Hentig, H. v.: Bildung. Ein Essay, München / Wien 1996

Herrlitz, H.-G.: Studium als Standesprivileg. Die Entstehung des Maturitätsproblems im 18. Jahrhundert, Frankfurt a. M. 1973

Herrlitz, H.-G.: Geschichte der gymnasialen Oberstufe. Theorie und Legitimation seit der Humboldt-Süvernschen Reform, in: Enzyklopädie Erziehungswissenschaft, Bd. 9.1, hrsg. von H. Blankertz u. a., Stuttgart 1982, 89–107

Herrlitz, H.-G. / W. Hopf u. a.: Deutsche Schulgeschichte von 1800 bis zur Gegenwart, 2. Aufl. Weinheim / München 1998

Hesse, H. A.: Berufe im Wandel. Ein Beitrag zur Soziologie des Berufs, der Berufspolitik und des Berufsrechts, 2. Aufl. Stuttgart 1972

Hofmann, M. E.: Offene Schule und geschlossene Welt. Die höhere Schule in der ersten Hälfte des 19. Jahrhunderts im Königreich Bayern, Köln etc. 1991

Homann, M.: Von der Heckerschen Realschule zur Kepler-Oberschule. Berliner und Neuköllner Schulgeschichte von 1747–1992, Frankfurt / M. 2001

Hüfner, K. (Hrsg.): Bildungsinvestitionen und Wirtschaftswachstum, Stuttgart 1970

Humboldt, W. v.: Ideen zu einem Versuch, die Gränzen der Wirksamkeit des Staates zu bestimmen, in: Derselbe: Werke in fünf Bänden. hrsg. von A. Flitner und K. Giel, Bd. 1: Schriften zur Anthropologie und Geschichte, 3. Aufl. Darmstadt 1980, 56–233

Huster, E.-U. / H. Schweiger: Die „vergessene" Einheitsschule. Schulpolitik in Hessen zwischen Neuordnung und Restauration 1945–1951, in: Die Deutsche Schule 71 (1979), 740–758

Huth, A.: Entwicklungspsychologie und Schulorganisation, in: Lehrer und Schule in Bayern 5 (1951), 6–11

Huth, A.: Was fordert die Wirtschaft von der Schule?, in: Die Bayerische Schule 5 (1952), 133–135

Jeismann, K.-E.: Das preußische Gymnasium in Staat und Gesellschaft, Stuttgart 1974

John, P.: Handwerk im Spannungsfeld zwischen Zunftordnung und Gewerbefreiheit, Köln 1987

Jost, W.: Gewerbliche Schulen und politische Macht. Zur Entwicklung des gewerblichen Schulwesens in Preußen in der Zeit von 1850–1880, Weinheim / Basel 1982

Jüttemann, S.: Die gegenwärtige Bedeutung des Zweiten Bildungsweges vor dem Hintergrund seiner Geschichte, Weinheim 1991

Karow, W./R. Egdmann u.a.: Berliner Berufsschulgeschichte. Von den Ursprüngen im 18. Jahrhundert bis zur Gegenwart, Berlin 1993

Kern, H./C.F. Sabel: Verblaßte Tugenden – die Krise des deutschen Produktionsmodells, in: Beckenbach, N./W.v. Treek (Hrsg.): Umbrüche gesellschaftlicher Arbeit (= Soziale Welt, Sonderband 9), Göttingen 1994, 605–624

Kern, H./M. Schumann: Industriearbeit und Arbeiterbewußtsein, Frankfurt a.M. 1970

Kern, H./M. Schumann: Das Ende der Arbeitsteilung? München 1984

Kerschensteiner, G.: Staatsbürgerliche Erziehung der deutschen Jugend. Gekrönte Preisschrift, Erfurt 1901

Kerschensteiner, G. Grundlagen der Schulorganisation, Leipzig 1907

Kerschensteiner, G.: Theorie der Bildungsorganisation, Leipzig/Berlin 1933

Kipp, M./G. Miller-Kipp: Erkundungen im Halbdunkel. Einundzwanzig Studien zur Berufserziehung und Pädagogik im Nationalsozialismus, Frankfurt a.M. 1995

Klafki, W.: Die fünfziger Jahre – eine Phase schulorganisatorischer Restauration, in: Bänsch, D. (Hrsg.): Die fünfziger Jahre. Beiträge zur Politik und Kultur, Tübingen 1985, 131–162

Klafki, W.: Neue Studien zur Bildungstheorie und Didaktik, 5. Aufl., Weinheim 1996

Klewitz, M.:Berliner Einheitsschule 1945-1951, Berlin 1971

Knoll, M.: Dewey gegen Kerschensteiner. Der Streit um die Einführung der Fortbildungsschule in den USA 1910–1917, in: Pädagogische Rundschau 47 (1993) 131–145

Kocka, J. (Hrsg.): Bildungsbürgertum im 19. Jahrhundert, Teil IV: Politischer Einfluß und gesellschaftliche Formation, Stuttgart 1989

Köhler, H.: Der relative Schul- und Hochschulbesuch in der Bundesrepublik Deutschland 1952 bis 1975, Berlin 1978

Koenen, G.: Das rote Jahrzehnt. Unsere kleine deutsche Kulturrevolution 1967–1977, Köln 2001

König, W.: Höhere technische Bildung in Preußen und im Kaiserreich, in: Sodan, G. (Hrsg.): Die Technische Fachhochschule Berlin im Spektrum Berliner Bildungsgeschichte, Berlin 1988, 183–213

Körzel, R.: Berufsbildung zwischen Gesellschafts- und Wirtschaftspolitik, Frankfurt a.M. 1996

Kollegstufe NW (= Strukturförderung im Bildungswesen des Landes Nordrhein-Westfalen, Heft 17), Ratingen etc. 1972

Kommission, Europäische: Auf dem Wege zu einem Europäischen Qualifikationsrahmen für lebenslanges Lernen und: das Europäische Leistungspunktesystem für lebenslanges Lernen (Informationsmaterial 8.7.2005 und 30.5.2005)

Kommission für Zukunftsfragen der Freistaaten Bayern und Sachsen: Erwerbstätigkeit und Arbeitslosigkeit in Deutschland. Ursachen und Maßnahmen, Teil III: Maßnahmen zur Verbesserung der Beschäftigungslage, Bonn 1997

Konietzka, D.: Ausbildung und Beruf. Die Geburtsjahrgänge 1919-1961 auf dem Weg von der Schule in das Erwerbsleben, Opladen/Wiesbaden 1999

Kosellek, R. (Hrsg.): Bildungsbürgertum im 19. Jahrhundert, Teil II: Bildungsgüter und Bildungswissen, Stuttgart 1990

Krischok, D.: Das methodische Vorgehen bei der Neuordnung der industriellen Metallberufe, in: Die berufsbildende Schule 37 (1985), 516–528

Kübler, O.: Geh. R. Dr. L. Wiese's Sammlung der Verordnungen und Gesetze für die höheren Schulen in Preußen, 3. Aufl. Berlin 1886

Kühnhold, G.: Möglichkeiten und Grenzen eines erwachsenengemäßen berufsbezogenen Unterrichts an Instituten zur Erlangung der Hochschulreife, Bad Honnef 1979

Kümmel, K. (Hrsg.): Quellen und Dokumente zur schulischen Berufsbildung 1918–1945, Köln/Wien 1980

Küssner, K./E. Seng: Der Europäische Qualifikationsrahmen – eine deutsche Stellungnahme, In Berufsbildung in Wissenschaft und Praxis 35 (2006), 2, 11–13

Kuhlmann, C.: Versäumte Chancen in der Neuordnung des westdeutschen Schulwesens nach 1945, in: Speck, J. (Hrsg.): Probleme der Curriculumforschung, Münster 1969, 43–58

Kuhlmann, C.: Schulreform und Gesellschaft in der Bundesrepublik Deutschland 1946–1966. Die Differenzierung der Bildungswege als Problem der westdeutschen Schulpolitik, in: Robinsohn, S. B. (Hrsg.): Schulreform im gesellschaftlichen Prozeß. Ein interkultureller Vergleich, Band I, Stuttgart 1970, 1/1–1/206

Landé, W.: Die Schule in der Reichsverfassung. Ein Kommentar, Berlin 1929

Lehmann, J.: Hintergründe und Planung einer bildungspolitischen Konzeption zur Integration von Allgemeinbildung und Berufsbildung. Das Projekt der berufsfeldbezogenen Oberstufenzentren in Berlin (West), (Diplomarbeit an der Freien Universität Berlin 1977), Manuskript 1977

Leinemann, W./T. Taubert: Berufsbildungsgesetz. Kommentar, München 2002

Leitlinien zur Bildungspolitik vom 7.11.1974: Pressemitteilung des Bundesministers für Bildung und Wissenschaft, (Bonn o. J.)

Lempert, W.: Leistungsprinzip und Emanzipation. Studien zur Realität, Reform und Erforschung des beruflichen Bildungswesens, Frankfurt/M. 1971

Lempert, W.: Materiale Chancengleichheit für alle? Der Modellversuch Kollegstufe in Nordrhein-Westfalen, in: Neue Sammlung 12 (1972), 288–309; Wiederabdruck in Heck, G./G. Edlich (Hrsg.): Die Sekundarstufe II, Darmstadt 1978, 391–421

Lempert, W.: Rezension von W.-D. Greinert. Realistische Bildung in Deutschland, in: Zeitschrift für Berufs- und Wirtschaftspädagogik 99 (2003), 612–619

Lepsius, M. R. (Hrsg.): Bildungsbürgertum im 19. Jahrhundert, Teil III: Lebensführung und ständische Vergesellschaftung, Stuttgart 1992

Leski, H.: Schulreform und Administration. Vom Einheitsschulprogramm der Weimarer Reichsverfassung bis zu den Schureformprogrammen des niedersächsischen Kultuministeriums, (Oldenburg 1990)

Leschinsky, A./P. M. Roeder: Schule im historischen Prozeß, Stuttgart 1976

Lexis, W. (Hrsg.):Die Reform des höheren Schulwesens in Preußen, Halle 1902

Lingelbach, K. C.: Materialien zur Reform der Sekundarstufe II, Kronberg/Ts. 1975

Lipsmeier, A.: Technik und Schule. Die Ausformung des Berufsschulcurriculums unter dem Einfluß der Technik als Geschichte des Unterrichts im technischen Zeichnen, Wiesbaden 1971

Loccumer Protokolle 11/93. Fachhochschulen im Aufwind. Gründe, Konsequenzen, Perspektiven (Evangelische Akademie Loccum 1993)

Lundgreen, P.: Techniker in Preußen während der frühen Industrialisierung. Ausbildung und Berufsfeld einer entstehenden sozialen Gruppe, Berlin 1975

Lundgreen, P.: Sozialgeschichte der deutschen Schule im Überblick (1770–1918), Göttingen 1980

Lundgreen, P./A. Grelon (Hrsg.): Ingenieure in Deutschland 1770–1990, Frankfurt a. M. 1994

Lutz, B.: Die Interdependenz von Bildung und Beschäftigung und das Problem der Erklärung der Bildungsexpansion, in: Sozialer Wandel in Westeuropa. Verhandlungen des 19. Deutschen Soziologentages, hrsg. von J. Matthes, Frankfurt/New York 1979, 634–670

Lutz, B.: Der kurze Traum immerwährender Prosperität, Frankfurt/New York 1984

Lutz, B.: Es geht um die Zukunft qualifizierter Industriearbeit, in: Müntefering, F. (Hrsg.): Jugend – Beruf – Zukunft, Marburg 1995, 8–22

Manegold, K.-H.: Eine Ecole Polytechnique in Berlin. Über die im preußischen Kultusministerium in den Jahren 1820 bis 1850 erörterten Pläne zur Gründung einer höheren mathematisch-naturwissenschaftlichen Lehranstalt, in: Technikgeschichte 33 (1966), 182–196

Manegold, K.-H.: Technische Forschung und Promotionsrecht. Zur Geschichte des Dr.-Ing. und des Promotionsrechtes der Technischen Hochschulen in Deutschland, in: Technikgeschichte 36 (1969), 291–300

Manegold, K.-H.: Universität, Technische Hochschule und Industrie. Ein Beitrag zur Emanzipation der Technik, Berlin 1970

Margies, D.: Das höhere Schulwesen zwischen Reform und Restauration. Die Biographie Hans Richerts als Beitrag zur Bildungspolitik der Weimarer Republik, Rheinstetten 1972

Matthias, A.: Erlebtes und Zukunftsfragen aus Schulverwaltung, Unterricht und Erziehung. Ein Buch für Freunde deutscher Bildung, Berlin 1913

Maunz, Th. / G. Dürig u. a.: Grundgesetz. Kommentar, Art. 7, Rdn. 34–37

Meier, Chr.: Athen. Ein Neubeginn der Weltgeschichte, Berlin 1993

Menze, C.: Die Bildungsreform Wilhelm von Humboldts, Hannover 1975

Meyer, R.: Das Berechtigungswesen in seiner Bedeutung für Schule und Gesellschaft im 19. Jahrhundert, in: Zeitschrift für die gesamte Staatswissenschaft 124 (1968), 763–776; Wiederabdruck in: Herrmann, U. (Hrsg.): Schule und Gesellschaft im 19. Jahrhundert, Weinheim/Basel 1977, 371–383

Meyser, J.: Instrumente der Gewerbeförderung im 19. Jahrhundert – Regionalbeispiel Preußen, in: Bonz, B. / W.-D. Greinert u. a. (Hrsg.): Berufsbildung und Gewerbeförderung, Berlin / Bonn 1994, S. 67–87

Ministerium für Schule, Wissenschaft und Forschung des Landes Nordrhein-Westfalen: Schule nach Maß. Das Berufskolleg (= MSWF 12 / 2001)

Müller, D. K.: Sozialstruktur und Schulsystem. Aspekte zum Strukturwandel des Schulwesens im 19. Jahrhundert, Göttingen 1977

Müller, D. K.: Sozialstruktur und Schulsystem. Aspekte zum Strukturwandel des Schulwesens im 19. Jahrhundert. (Gekürzte Studienausgabe), Göttingen 1981

Müller, D. K.: Rahmenbedingungen der Entwicklung des Bildungssystems im 19. Jahrhundert: Die Einjährigen-Freiwilligen-Berechtigung, in: Derselbe / B. Zymek (Hrsg.): Sozialgeschichte und Statistik des Schulsystems in den Staaten des Deutschen Reiches 1800–1945 (= Datenhandbuch zur deutschen Bildungsgeschichte, Bd. 1), Göttingen 1987, 21–34

Müller, K. V.: Die Begabung in der sozialen Wirklichkeit, Göttingen o. J.

Müller, K. V.: Begabung in sozialer Sicht, in: Hessischer Philologenverband, Mitteilungsblatt 10 (1959), 3–9

Müller, K. V.: Begabungsreserven, in: Die pädagogische Provinz 14 (1960), 4–10

Müller, M.: Das Berechtigungswesen und seine Bedeutung für den Arbeitsmarkt, Diss. Jena 1931

Müller, S. F.: Zur Sozialisationsfunktion der höheren Schule. „Die Neuordnung des preußischen höheren Schulwesens“ im Jahre 1924/25, in: Heinemann, M. (Hrsg.): Sozialisation und Bildungswesen in der Weimarer Republik, Stuttgart 1976, 105–116

Müllges, U.: Bildung und Berufsbildung. Die theoretische Grundlegung des Berufserziehungsproblems durch Kerschensteiner, Spranger, Fischer und Litt, Ratingen 1967

Münk, D.(Hrsg.): Modernisierung der Berufsbildung, Opladen 2009

Muth, W.: Berufsausbildung in der Weimarer Republik, Stuttgart 1985

Nolte, H. / H.-J. Röhrs (Hrsg.): Das Berufsbildungsgesetz. Text und Diskussion 1969–1976, Bad Heilbrunn 1979

Nolte, P.: Riskante Moderne. Die Deutschen und der neue Kapitalismus, München 2006

Pätzold, G.: Die betriebliche Berufsbildung 1918–1945, Köln 1980

Pätzold, G.: Quellen und Dokumente zur Geschichte des Berufsbildungsgesetzes 1875–1981, Köln/Wien 1982

Paul, M.: Gaspard Monges „Géométrie descriptive" und die Ecole Polytechnique – Eine Fallstudie über den Zusammenhang von Wissenschafts- und Bildungsprozeß, (= Materialien und Studien Bd. 17 des Instituts für Didaktik der Mathematik der Universität Bielefeld), Bielefeld 1980

Paulsen, F.: Geschichte des gelehrten Unterrichts auf den deutschen Schulen und Universitäten vom Ausgang des Mittelalters bis zur Gegenwart. Mit besonderer Rücksicht auf den klassischen Unterricht, Leipzig 1885

Peters, L.: Baugewerkschulen, in: Handbuch für das Berufs- und Fachschulwesen, hrsg. von A. Kühne, 2. Aufl. Leipzig 1929, 319–330

Petry, L.: Kollegschulversuch in Nordrhein-Westfalen. Nachzeichnung eines Reformprozesses, in: Die Deutsche Schule 79 (1987), 174–190

Picht, G.: Die deutsche Bildungskatastrophe, 1. Aufl. Freiburg 1964

Pulte, P./K.-H. Vorbrücken (Hrsg.): Berufliche Bildung. 39 Modelle, Meinungen und Entwürfe zu einem Reformvorhaben, Opladen 1974

Plessner, H.: Die verspätete Nation. Über die politische Verführbarkeit bürgerlichen Geistes, Frankfurt/Main 1974

Quark, M.: Kommunale Schulpolitik. Ein Führer durch die Gemeindetätigkeit auf dem Gebiet der Volksschule, Berlin 1906

Rauner, F.: Perspektiven und Wege zur dynamischen Beruflichkeit, in: Pahl, J.-P./Petersen, R. (Hrsg.) Individualisierung – Flexibilisierung – Ortientierung. Metalltechnische Erstausbildung neu denken, Neusäß 1998, 17–32

Rauner, F.: Berufsbildung – Quo vadis ? Aktuelle Entwicklungen, in: Erwachsenenbildung 57 (2011), 1, 6–12

Regierender Bürgermeister von Berlin (Hrsg.): Abschlußbericht Sekundarstufe II (Oberstufenzentren), Berlin 1975

Reichsverband der Elternbeiräte mittlerer Schulen Deutschlands (Hrsg.): Das Berechtigungswesen im Licht der öffentlichen Meinung, Berlin 1929

Richert, H.: Die deutsche Bildungseinheit und die höhere Schule, Berlin 1920

Richter, I.: Die sieben Todsünden der Bildungspolitik, München/Wien 1999

Robinsohn, S. B.: Bildungsreform als Revision des Curriculum und: Ein Strukturkonzept für Curriculumentwicklung, 4. Aufl. Neuwied/Berlin 1972

Robinsohn, S. B./J. C. Kuhlmannn: Two Decades of Non-Reform in West-German Education, in: Comparative Education Review, October 1967, 311–330

Roessler, W.: Die Entstehung des modernen Erziehungswesens in Deutschland, Stuttgart 1961

Rosenberg, H.: Große Depression und Bismarckzeit. Wirtschaftsablauf, Gesellschaft und Politik in Mitteleuropa, Berlin 1967

Rosin, H.: Der Schulkompromiß, Berlin 1920

Sammlung der Beschlüsse der Ständigen Konferenz der Kultusminister in der Bundesrepublik Deutschland, Bände 1–5, Neuwied/Darmstadt

Schelsky, H.: Einsamkeit und Freiheit. Idee und Gestalt der deutschen Universität und ihrer Reformen, Reinbek 1963

Scheuerl, H.: Probleme der Hochschulreife. Bericht über die Verhandlungen zwischen Beauftragten der Ständigen Konferenz der Kultusminister und der Westdeutschen Rektorenkonferenz 1958–1960. „Tutzinger Gespräche" I–III, Heidelberg 1962

Schiersmann, Ch.: Zur Sozialgeschichte der preußischen Provinzial-Gewerbeschulen im 19. Jahrhundert, Weinheim/Basel 1979

Schindler, I.: Die Umsetzung bildungstheoretischer Reformvorschläge in bildungspolitische Entscheidungen, Saarbrücken 1974

Schlieper, F.: Die Aktualität der Handwerkslehre (= Berufserziehung im Handwerk, 4. Folge), Köln 1959

Schlieper, F.: Allgemeine Berufspädagogik, Freiburg 1963

Schmidt, C.: Krisensymptom Übergangssystem. Die nachlassende Inklusionsfähigkeit beruflicher Bildung, Bielefeld 2011

Schorb, O.: Für und wider den Rahmenplan, Stuttgart 1960

Schütte, F.: Berufserziehung zwischen Revolution und Nationalsozialismus. Ein Beitrag zur Bildungs- und Sozialgeschichte der Weimarer Republik, Weinheim 1992

Schütte, F.: Technisches Bildungswesen in Preußen-Deutschland. Aufstieg und Wandel der Technischen Fachschule 1890–1938, Köln/Weimar/Wien 2003

Schulz, H.: Sozialdemokratie und Schule, Berlin 1907, 2. Aufl. 1919

Schulz, H.: Die Schulreform der Sozialdemokratie, Dresden 1911, 2. Aufl. Berlin 1919

Schwanitz, D.: Bildung – Alles was man wissen muß, Frankfurt a. M. 1999

Senator für Schulwesen (Hrsg.): Schulentwicklungsplan für das Land Berlin 1970–1975 (= Schulentwicklungsplan I), Berlin o. J. (1970)

Senator für Schulwesen (Hrsg.): Schulentwicklungsplan II für das Land Berlin 173–1977, Berlin 1973

Seubert, R.: Berufserziehung und Nationalsozialismus, Weinheim/Basel 1977

Spranger, E.: Grundlegende Bildung, Berufsbildung, Allgemeinbildung, in: Preußische Fortbildungsschulzeitung, Jg. 1918, 65–77

Spranger, E.: Allgemeinbildung und Berufsschule. Rede auf dem 13. Deutschen Fortbildungsschultag in Dresden, am 26.,27. und 28 Mai 1920, Wittenberg o. J. (1920), 29–40

Spranger, E.: Berufsbildung und Allgemeinbildung, in: Kühne, A. (Hrsg.): Handbuch für das Berufs- und Fachschulwesen, Leipzig 1923, 24–38

Storch, K.: Der Zweite Bildungsweg. Chance oder Illusion, (= Fischer Taschenbuch Nr. 1372), Frankfurt a. M. 1974

Stratmann, K.: Diskussion und Ansätze der öffentlichen Berufsberatung im 18. Jahrhundert, in: Die Deutsche Berufs- und Fachschule 62 (1966), 902–913

Stratmann, K.: Die Krise der Berufserziehung im 18. Jahrhundert als Ursprungsfeld pädagogischen Denkens, Ratingen 1967

Stratmann, K.: Kernprobleme der Berufsgrundbildung, in: Die Deutsche Berufs- und Fachschule 67 (1971), 652–677

Stratmann, K.: Berufsausbildung auf dem Prüfstand: zur These vom „bedauerlichen Einzelfall“, in: Zeitschrift für Pädagogik 19 (1973), 731–758

Stratmann, K.: Zur Sozialgeschichte der Berufsbildungsidee, in: Zeitschrift für Berufs- und Wirtschaftspädagogik 84 (1988), 579–598

Stratmann, K.: „Zeit der Gärung und Zersetzung“. Arbeiterjugend im Kaiserreich zwischen Schule und Beruf, Weinheim 1992

Stratmann, K.: Die gewerbliche Lehrlingserziehung in Deutschland. Modernisierungsgeschichte der betrieblichen Berufsbildung, Bd. I: Berufserziehung in der ständischen Gesellschaft (1648–1806), Frankfurt a. M. 1993

Stratmann, K./M. Schlösser: Das Duale System der Berufsbildung. Eine kritische Analyse seiner Reformdebatten, Frankfurt a. M. 1990

Strzelewicz, W.: Bildung und gesellschaftliches Bewußtsein, in: Strzelewicz/Rapke/Schulenburg: Bildung und gesellschaftliches Bewußtsein, Stuttgart 1966, 1–38

Stütz, G. (Hrsg.): Das Handwerk als Leitbild der deutschen Berufserziehung, Göttingen 1969

Stütz, G.: Berufspädagogik unter ideologiekritischem Aspekt, Frankfurt a.M. 1970

Tenorth, H.-E.: Hochschulzugang und gymnasiale Oberstufe in der Bildungspolitik von 1945–1973, Bad Heilbrunn 1975

Tessaring, M.: The Future of Work an Skills – Visions, Trends and Forecasts, in: Cedefop: Vocational education and training – the European research field. Background Report, Volume I, Thessaloniki 1998, 271–317

Theis, J./S. Pohl: Die Anfänge der Gesamtschule in Nordrhein-Westfalen, Frankfurt a.M. 1997

Thyssen, S.: Die Berufsschule in Idee und Gestaltung, Essen 1954

Titze, H.: Die Politisierung der Erziehung. Untersuchungen über die soziale und politische Funktion der Erziehung von der Aufklärung bis zum Hochkapitalismus, Frankfurt/M. 1973

Treue, W.: Die Geschichte des technischen Unterrichts, in: Festschrift zur 125-Jahrfeier der Technischen Hochschule Hannover, 1831–1956, (Hannover 1956), 9–64

Ulshöfer, R.: Die Geschichte des Gymnasiums seit 1945. Dokumente und Kommentare, Heidelberg 1967

Wagenschein, M.: Die pädagogische Dimension der Physik, Braunschweig 1962

Wagenschein, M.: Ursprüngliches Verstehen und exaktes Denken, Stuttgart 1965

Wagner, P.: Soziologie der Moderne. Freiheit und Disziplin, Frankfurt/New York 1995

Ware, G.W.: Berufserziehung und Lehrlingsausbildung in Deutschland (= Amt des Hohen Kommissars in Deutschland, Kulturabteilung), Frankfurt a.M. 1952

Wefeld, H.J.: Christian Peter Wilhelm Beuth. Wegbereiter der Ingenieurausbildung, in: Sodan,G. (Hrsg.): Die Technische Fachhochschule Berlin im Spektrum Berliner Bildungsgeschichte, Berlin 1988, 45–100

Weinstock, H.: Realer Humanismus, Heidelberg 1955, 2. Aufl. 1958

Wehler, H.-U.: Bismarck und der Imperialismus, 3. Aufl. Köln 1972

Weil, H.: Die Entstehung des deutschen Bildungsprinzips, 2. Aufl. Bonn 1967

Weiler, J./R. Freitag: Ausbildung statt Ausbeutung. Der Kampf der Essener Lehrlinge, Reinbek 1971

Wiese, L.: Das höhere Schulwesen in Preußen, Berlin 1864

Wilhelm, Th.: Das Arbeitsethos der Gegenwart im Lichte der deutschen Bildungsüberlieferung, in: Die berufsbildende Schule 18 (1966), 472–484

Winkler, H.A.: Der rückversicherte Mittelstand. Die Interessenverbände von Handwerk und Kleinhandel im deutschen Kaiserreich, in: Rüegg, W./O. Neuloh (Hrsg.): Zur soziologischen Theorie und Analyse des 19. Jahrhunderts, Göttingen 1971, 163–179

Winkler, H.A.: Mittelstand, Demokratie und Nationalsozialismus, Köln 1972

Winkler, H.A.: Der lange Weg nach Westen, 2 Bände, München 2000

Winterhager, W.D.: Lehrlinge – die vergessene Majorität, Weinheim etc. 1970

Wittwer, W.: Die sozialdemokratische Schulpolitik in der Weimarer Republik. Ein Beitrag zur politischen Schulgeschichte im Reich und in Preußen, Berlin 1980

Wolsing, T.: Untersuchungen zur Berufsausbildung im Dritten Reich, Kastellaun 1977

Zabeck, J.: Die Sekundarstufe II zwischen Studierfähigkeit und Berufsqualifikation, in: Wirtschaft und Erziehung 25(1973), 31–39; Wiederabdruck in: Heck, G./G. Edlich (Hrsg.): Die Sekundarstufe II, Darmstadt 1978, 449–470

Zabeck, J.: Geschichte der Berufserziehung und ihrer Theorie, Paderborn 2009

Zapf, W.: Der nachgeholte Aufstieg, in: Neue Sammlung 11 (1971), 250–262

Ziertmann, P.: Das Berechtigungswesen, in: Handbuch für das Berufs- und Fachschulwesen, 2. Aufl. Leipzig 1929, 571–604

Zymek, B.: Die Entwicklung des Schulsystems während der Weimarer Republik und der nationalsozialistsichen Herrschaft in Deutschland, in: Müller, D. K./B. Zymek (Hrsg.): Sozialgeschichte und Statistik des Schulsystems in den Staaten des Deutschen Reiches 1800–1945, (= Datenhandbuch zur deutschen Bildungsgeschichte, Bd. 1), Göttingen 1987, 121–140